GrowBook

25 Pasos para Madurar su Negocio en Latinoamérica

Segunda Edición: Actualizada y & Expandida

Evan Keller

con Jennifer Pettie, Mano De La Vega & Grace John

DeLand, FL

*Grow*Book: 25 Pasos para Madurar su Negocio en Latinoamérica: Segunda Edición: Actualizada y & Expandida

Derechos de autor © 2020 de Creating Jobs Inc

Todos los derechos reservados. Ninguna parte de este libro puede ser reproducida de ninguna forma sin el permiso escrito de Creating Jobs Inc.

Publicado por: Creating Jobs Inc
1702 N Woodland BLVD #116437
DeLand FL 32720
World Wide Web: www.creatingjobs.org
E-mail: info@creatingjobs.org

ISBN: 978-1-7334519-8-7

Impreso en los Estados Unidos de América

Dedicado a mi preciosa esposa de hace 28 años,

Karen Keller.

Gracias por siempre creer en mí,

y ser un ejemplo tan asombroso de amor desinteresado.

¡Eres genial!

Contenido

Introducción 1

Parte 1 | Liderazgo

Capítulo 1 | Condúzcase a sí Mismo 13

Capítulo 2 | Establezca el Rumbo 39

Capítulo 3 | Persiga Objetivos 55

Capítulo 4 | Desarrolle Sistemas 65

Capítulo 5 | Innove Constantemente 79

Capítulo 6 | Supere el Fatalismo 95

Parte 2 | Posición en el Mercado

Capítulo 7 | Cliente de Artesanía - Branding Enfocado 111

Capítulo 8 | Genere un Flujo Suficiente de Clientes 125

Parte 3 | Producción

Capítulo 9 | Cree Soluciones Únicas para los Clientes 143

Capítulo 10 | Produzca con Eficiencia 153

Parte 4 | Ventas y Servicio

Capítulo 11 | Cierre Suficientes Ventas de Alto Margen 171

Capítulo 12 | Multiplique los Clientes Felices 185

Parte 5 | Empleados 201

Capítulo 13 | Contrate y Delegue a Líderes 203

Capítulo 14 | Enganche a los Empleados 219

Capítulo 15 | Construya Trabajo en Equipo 235

Parte 6 | Finanzas

Capítulo 16 | Alcance un Flujo de Efectivo Positivo 251

Capítulo 17 | Ahorre Dinero con Diligencia 263

Capítulo 18 | Controle los Gastos de Cerca 273

Capítulo 19 | Negocie Buenos Tratos 287

Capítulo 20 | Acceda al Capital y Limite la Deuda 299

Capítulo 21 | Administre los Riesgos Principales..................315

Capítulo 22 | Resista a la Corrupción 329

Parte 7 | Devolviendo

Capítulo 23 | Ayude a sus Empleados a Crecer 345

Capítulo 24 | Aconseje a Otros Emprendedores...................359

Capítulo 25 | Sirva con Tiempo, Talento & Valor................373

Conclusión...387

Contribuidores... 399

Bibliografía.. 403

Introducción

Por Evan Keller

DESVIARSE HACIA LOS NEGOCIOS:

¿Qué hay en la confluencia del huracán Katrina y la enfermedad de Lyme? Ahí comenzó mi desvío hacia los negocios – tomando mi vida por asalto. El consejo ganado con esfuerzo en este libro vino de este inesperado tropiezo con el espíritu empresarial. Un par de meses después de ser voluntario en Mississippi – quitando los árboles derribados por el Katrina de las casas y los coches– mi desinteresada esposa de hace 13 años me sentó para hablar de corazón a corazón, lo que cambiaría el curso de nuestras vidas para siempre. Tenía 34 años y estaba en una carrera aparentemente de toda la vida como gerente de nivel medio de una organización nacional sin fines de lucro. Karen, una ex enfermera mitad japonesa de 39 años y la mejor cocinera que he conocido, estuvo en la pelea de su vida. Estaba casi postrada en la cama con la enfermedad de Lyme. Le había robado seis años, y la energía que hubiera requerido la crianza de los niños. (Además, su médico le había negado una primera ronda de antibióticos después de la mordedura de garrapata que habría evitado por completo la aparición de Lyme).

LA CONVERSACIÓN DE CORAZÓN A CORAZÓN QUE CAMBIÓ **TODO**:

"¿Podemos hablar?" Su tono silencioso pero serio me dijo "esto es algo importante" mientras llevaba una silla junto a mi escritorio en nuestra acogedora casa de Florida Central. "Ya que no estoy bien para seguir trabajando, tu salario sin fines de lucro no es suficiente para seguir esos costosos tratamientos alternativos de Lyme que nuestro seguro no cubre." Sus ojos marrones estaban llenos de lágrimas, pero eran de acero con determinación. Karen es una luchadora. "Quiero *vivir de nuevo*… ¿Qué podemos hacer?"

Karen estaba desesperada, y su lucha tenía que convertirse en mi lucha. Tenía que ser un hombre y *hacer* algo al respecto… ¿pero qué? Sus padres murieron jóvenes de cáncer de pulmón y ella no tenía otra familia. Yo era su única red de seguridad. Así que pensé y recé y… comencé un negocio cuatro días después. No tenía capital, ni tiempo, ni educación de negocios, ni conocimientos o experiencia en la industria que elegí – excepto por esa semana de ayuda por el Katrina.

INTRODUCCIÓN

UN COMIENZO TEMBLOROSO PERO CON **AGALLAS**:

Pero sí que *capté* la férrea determinación de Karen. Poco sabía que la determinación tenaz es el rasgo principal que un empresario necesita para atravesar los años de adversidad que preceden al éxito. Así que salí y vendí mi sonrisa, llamando a las puertas después de mi trabajo sin fines de lucro cada día y todo el día los sábados. No tenía equipo, ni seguro, ni empleados, ni plan de negocios, sólo una campaña de el-fracaso-no-es-una-opción para que funcione. El primer trabajo que conseguí fue quitar dos pinos para un conocido con el que había jugado al baloncesto en la YMCA. Dada mi inexperiencia, acepté hacer el trabajo por la mitad de la tarifa vigente. Su riesgo valió la pena ya que su valla permaneció indemne. ¡Poco sabía que yo había buscado técnicas de tala de árboles en Internet la noche anterior! Las dos motosierras prestadas se rompieron en el trabajo, y la camioneta Ford de 1979 se atascó en el barro cuando se llenó de troncos de pino. Pensé en empezar un pequeño negocio y ganar unos cuantos dólares. Pronto descubrí que los negocios consumen toda la vida - extraen mucho antes de dar un poco de dinero.

LA LOCURA DE LOS NEGOCIOS:

Robando una hora rara del caos de mi vida como nuevo empresario, deslicé mi kayak en el pacífico río Wekiva. Pero en el interior, había una clara falta de paz. Normalmente, con la cabeza plana, estaba lleno de emociones que, como hombre, no sabía que tenía. Mi voz atravesó el espeso silencio de esa vía fluvial alimentada por un manantial - "¡Ayuda! Voy a explotar." Si no es por la palabra "explotar," cualquier remero que hubiera oído habría conectado ese grito desesperado con un ataque de uno de los muchos caimanes de 10 pies que acechan bajo las aguas oscuras del tanino. En ese momento, enfrentarme a un solo y simple bocado de dientes hubiera sido casi preferible a la compleja serie de desafíos que me quitaban trozos de mí todo el día, todos los días. Mi vida estaba siendo destrozada por las mandíbulas de apenas hacer la nómina, clientes que se negaban a pagar sin razón, empleados cuya existencia parecía empeñada en mi destrucción, averías diarias de costosos equipos pesados, los constantes azotes del timbre del teléfono celular, la rutina de los días de trabajo de 18 horas, y sitios de trabajo en los que había varias maneras de morir. Y esto fue después de que tuve jefes de tripulación en mi lugar y ya no pasaba largos días bajo el sol caliente cargando troncos, arrastrando montones de arbustos y trepando árboles. (Un día perdí la visión debido al agotamiento del calor en la cima de un pino.) ¿En qué me había metido?

LOS NEGOCIOS TE CONVIERTEN EN UNA PERSONA DIFERENTE:

Sin embargo, junto con todo este caos había un profundo sentido de satisfacción por esta nueva empresa que había dado a luz, la docena de empleos que había creado y mantenido en uno de los condados más pobres de Florida, y el nuevo sentido de conexión con (y la correspondiente influencia en) mi comunidad. Al tener un título en arte, me sorprendió que el negocio fuera un lugar tan fértil para la creatividad. También me maravilló cómo los negocios *me* habían cambiado: envejecí 10 años en los tres primeros, desarrollé una piel bastante gruesa y descubrí algunos talentos latentes. Mi exceso de optimismo había sido atenuado por un duelo minuto a minuto con la Ley de Murphy. Había aprendido sobre la gente: sorprendido por su inmensa bondad y su maldad apenas revelada. Aprendí que el bootstrapping te obliga a ser provechoso desde el primer día y proporciona un mayor sentido de logro. ¿Cómo te están cambiando los negocios a *ti*?

INTRODUCCIÓN

Este libro comparte lo que aprendí sobre cómo transformar el caos de una start-up en una máquina bien engrasada que sirva bien a todos – ustedes, sus empleados, y sobre todo: clientes. Aprendan de mis errores, y quizás hagan menos de los suyos.

EL NEGOCIO COMO UNA FUERZA PARA EL **BIEN**:

Me sorprendió todo el bien que los empresarios pueden hacer con su influencia, sus beneficios y sus habilidades. Esto, junto con la pasión por servir a los pobres que creció en ocho viajes de ayuda a Haití y al Katrina, me llevó a crear una organización sin fines de lucro para aumentar la capacidad de los empresarios del mundo en desarrollo para satisfacer las necesidades de sus propias comunidades. Así es como empecé a trabajar con mis tres coautores: Mano De La Vega (abajo a la derecha), Jennifer Pettie (abajo a la izquierda), y Grace John.

Juntos, "asesoramos y capacitamos a los empresarios para hacer crecer las empresas, crear puestos de trabajo y ayudar a las comunidades a prosperar." De hecho, gran parte del material de este libro lo hemos desarrollado y enseñado a grupos de empresarios en los EE.UU. y en el extranjero. Esperamos que le ayude a llevar su negocio más lejos de lo que ha soñado. Tal vez nuestros consejos, ganados con tanto esfuerzo, harán su camino un poco más fácil. Esperamos que a medida que su empresa crezca, utilice su creciente influencia, perspicacia y recursos para hacer de este mundo un lugar mejor. Si estás interesado en ser voluntario con nosotros para dar poder a otros empresarios a nivel nacional o internacional, visítanos en CreatingJobs.org.

CÓMO USAR GROWBOOK:

Para una visión general de cómo llevar su empresa al éxito, lea GrowBook de principio a fin. Mejor aún, lea un capítulo al mes y comience a implementar lo que aprenda, acelerando poderosamente su negocio en un período de dos años. O puede ir directamente a los capítulos que quiere implementar ahora. A medida que lea, conecte *Grow*Book a su negocio con las herramientas de planificación y aplicación esparcidas a lo largo y al final. Disfrute del libro y hágame saber lo que piensa: evan@creatingjobs.org. También puede interesarle la precuela: *Start*Book, que proporciona siete simples pasos para lanzar un negocio exitoso (disponible en Amazon).

INTRODUCCIÓN

GrowBook
Sinopsis

GrowBook ofrece 25 pasos para madurar su negocio para operar sin problemas y de manera rentable, incluso cuando no está presente. Todo comienza con el establecimiento de metas para mejorarse a sí mismo y a su negocio constantemente, luego tomar medidas constantes...

Construir una marca que se centra en las necesidades del cliente. Encuentre una solución que los clientes anhele y "wow" cada vez. Dar un esfuerzo prioritario para convertir esa confianza en un flujo constante de nuevos clientes. Para producir de manera eficiente lo que sus clientes quieren, construya un equipo de empleados prósperos que: compartan sus valores, tengan una responsabilidad real, disfruten de un fuerte trabajo en equipo y sigan perfeccionando sus habilidades. Déles un camino claro para desarrollar dentro de su empresa. Con la ayuda de sus empleados, cree sistemas que puedan utilizar para producir resultados fiables y eficientes. Sea frugal con el gasto y diligente con el ahorro para desarrollar pacientemente la fortaleza financiera. Usa tus recursos en expansión, perspicacia e influencia para servir a los demás.

El pivote clave para poner GrowBook en práctica es trabajar menos "en" su negocio y más "en" su negocio. Transición de ser un gran técnico a un emprendedor exitoso.

GrowBook
Un Vistazo

Descubre quién eres y hacia dónde te diriges como persona y como empresa. Mejora como persona y a tu negocio todos los días, utiliza la lectura, la reflexión y la escritura como herramientas principales y ponte en acción!

Centra tus mensajes de marketing en las necesidades del cliente. Hasta que tengas más clientes de los que puedas atender, convierte en tu prioridad número encontrar clientes sea en línea o presencialmente de uno a uno.

Brinda soluciones que los clientes anhelen y utiliza la retroalimentación de clientes para mejorarlas. Trabaja para producir con eficiencia cada vez más.

Vende a un alto margen basado en confianza y en un valor superior. Refuerza ambos excediendo las expectativas del cliente.

Multiplica tu capacidad empoderando líderes con una autoridad real. Crea una situación donde puedan ganar-ganar ayudando a los empleados a desarrollar sus habilidades y construir su trabajo en equipo. Muéstrales un camino de avance, y que les importas.

Crea riqueza de forma constante siendo vigilante en la administración del efectivo, diligente en el ahorro, ahorrador al gastar, estratégico en la negociación, cauteloso con los préstamos y cuidadoso en la protección de tu negocio.

Usa todo lo que te han dado para servir a los demás, para bendecir a tus empleados, empresarios, comunidad y al mundo. En esto tu talento y tesoro encontrarán su verdadero propósito y gozo.

INTRODUCCIÓN

¿Qué necesidad tiene cada aspecto de tu negocio?
Escriba "mantener", "afinar" o "reconstruir" debajo de cada icono.

Mi Gran Enfoque:

INTRODUCCIÓN

1. Liderazgo

Averigue quién es usted y a dónde va como persona y como negocio. Mejórese a sí mismo y a su negocio cada día, usando la lectura, el pensamiento, la escritura y la actuación como herramientas principales.

Capítulo 1 | Condúzcase a sí mismo

Por Evan Keller

 Definición

Mientras que el enfoque es naturalmente en dirigir su negocio, todo comienza con conducirse bien. Demasiadas organizaciones han colapsado junto con la vida personal de su líder. Quién es usted, la calidad de sus relaciones, cómo emplea su tiempo, cómo desarrolla su mente, espíritu y cuerpo, todo contribuye a su efectividad como líder de negocios.

Cita de Experto

"Los logros espectaculares siempre van precedidos de una preparación poco espectacular" (Zig Ziglar Secrets of Closing the Sale).

Preguntas de evaluación (Estas 10 preguntas de sí/no le permiten darse una calificación porcentual.)

1. ¿Está desarrollando su mente y su carácter?
2. ¿Está desarrollando sus habilidades de liderazgo?
3. ¿Su ritmo y su horario son sostenibles a largo plazo?
4. ¿Es organizado?
5. ¿Hace un uso productivo de su tiempo?

6. ¿Tiene un ritmo regular de descanso y reflexión?
7. ¿Sus actividades de descanso son renovadoras para su mente y cuerpo?
8. ¿Duerme, hace ejercicio y se alimenta adecuadamente?
9. ¿Tiene una visión de su vida fuera de los negocios?
10. ¿Invierte intencionalmente en su familia y amigos?

¿POR QUÉ? Beneficios

Salud. Si se cuida, tendrá más para dar a su familia y compañía.

Sostenibilidad. Logrará más en su compañía a largo plazo si se conduce bien.

Cumplimiento. Invertir en sí mismo y en los demás le traerá alegría.

Barreras

Orientación temporal. Muchas culturas no ven el tiempo como un activo valioso para administrar. Sin intencionalidad, le será difícil invertir en su propio crecimiento mientras cuida fielmente de su familia y su negocio.

Orientación de grupo. Las culturas que ponen el énfasis en el grupo por encima del individuo tienen muchas ventajas, pero un inconveniente es que puede parecer egoísta invertir en uno mismo.

Por el contrario, tendrás más para dar al grupo si está comprometido con su propio crecimiento y salud.

Acceso Limitado. Será más difícil seguir aprendiendo sobre liderazgo y negocios si tales recursos no están disponibles en su idioma o ubicación. Del mismo modo, los alimentos saludables pueden no estar disponibles.

Valores Subyacentes

Carácter. Quien eres es más importante que lo que logras. – Proverbios 28:6

Relaciones. Como criatura de relación, sus conexiones con los demás superan sus tareas más importantes. Si lo duda, pregúntese qué le gustaría que se dijera de usted en su funeral. No creo que haya respondido: "Trabajó tanto que nunca vio a su familia". Al final, la vida es todo acerca de las relaciones.

Confianza. Demostrar tu fiabilidad es primordial en casa y en el trabajo. - Proverbios 20:6-7

Inversión. Puede lograr más si se invierte más en la propia capacidad y salud. – Eclesiastés 10:10

Equilibrio. El trabajo es algo bueno, pero no es lo *único*.

Humildad. Eres finito – tienes límites. Hónralos o pueden destruirte.

Autoconciencia. Desarrolla tus fortalezas. Haz más de lo que haces mejor. – Romanos 12:3

Administración. Su cuerpo, mente, dinero, tiempo y dones le son confiados para un uso sabio. – Mateo 25:14-30

Pasos a Implementar

Conducirse bien requiere invertir fuertemente en estas seis áreas de tu vida: relaciones, carácter, tiempo, cuerpo, mente y dinero. Aquí hay algunos primeros pasos para cada una….

RELACIONES: Negocie el equilibrio entre el trabajo y la vida privada con su familia. Esta es mi mayor debilidad para dirigirme ya que soy adicto a la resolución creativa de problemas en mis dos emprendimientos. ¡Karen es una mujer paciente! Echa un vistazo a este gran artículo de la revista INC por Meg Cadoux Hirshberg: http://www.inc.com/magazine/201212/meg-cadoux-hirshberg/lets-talk-about-this.html (Diciembre 2012 edición, p.41-42). Hirshberg habla directamente de sus conversaciones con su marido empresario. Ella ofrece 15 preguntas que las familias pueden usar para estar en la misma página.

RELACIONES: Cumpla sus promesas a la familia. Si tiene hijos, esté ahí para ellos. Los matrimonios no siempre funcionan, pero nos damos por vencidos muy fácilmente. Ayudaría tener algo de integridad moral – sea fiel a su cónyuge. La libertad individual que valoramos tanto a menudo sabotea nuestra vocación humana superior de amar desinteresadamente. El divorcio no sólo es la principal causa de pobreza en los EE.UU., sino que también puede traer la ruina financiera a su negocio. No es lo más popular que se dice, pero se los digo.

RELACIONES: Construya amistades fuertes. Encuentre a la gente que le gusta y que quiera ser como ellos. Muéstreles que se preocupa y valora a sus amistades. Haga tiempo para conversaciones que conecten a nivel del alma. Busque maneras de emular los rasgos que más respeta en ellos. No permita que el ajetreo de la vida desplace estas amistades íntimas. Aquí están mis dos formas favoritas de invertir en ellas: hacer un trabajo significativo juntos en mi organización sin ánimo de lucro y disfrutar juntos de aventuras en la montaña. Ambos crean un tiempo significativo para hacer algo alegre juntos.

RELACIONES: Construya relaciones de confianza. "Demasiados líderes olvidan la ley básica de la influencia: Un líder puede ejercer influencia sólo si la gente está dispuesta a ser influenciada. Aparte de la coacción directa, la confianza es la única manera de crear esa voluntad. Sin confianza no hay influencia, no hay liderazgo" (Kent Lineback en "Leadership 2013: What Matters Most"). Otra cita para hacer comprender la necesidad de construir la confianza: "La confianza es la base de todas las relaciones exitosas. También es la base de todas las organizaciones exitosas. La confianza no es un derecho sino una virtud que se establece con el tiempo. Nuestras acciones son evaluadas continuamente por aquellos con los que interactuamos para determinar nuestro nivel de confiabilidad... Un papel primordial del liderazgo es desarrollar un alto nivel de confianza dentro de la organización. Por consiguiente, el éxito duradero de una organización se construye sobre la confianza de sus líderes....Los clientes desean fuertemente hacer negocios con gente en la que confían....Una gran manera de ganar confianza es:

1. Haga lo que dice.
2. Hágalo cuando dice que lo va a hacer.

3. Hágalo bien la primera vez.
4. Siempre con promesas bajas y entregas altas.

(Kris Den Besten Shine p.61-62)

CARÁCTER: Comprométase a un crecimiento constante. Un experto nacional en capacitación en ventas hizo la audaz afirmación de que "el camino final para el éxito de los negocios es mucho más acerca de mejorarte a ti mismo que de encontrar el producto, mercado o modelo correcto." (David Kahle) ¿Le cree? De manera similar, Mark Miller escribe: "Su capacidad de crecimiento determina su capacidad de liderazgo." (Chess Not Checkers p.43) ¡Eso resume este capítulo en una sola frase!

CARÁCTER: Aumente sus rasgos empresariales. Algunos dicen que los tienes o no los tienes. Al menos puede desarrollar aún más los que tiene. Como propietario de un negocio, es probable que ya las encarne. Los siete rasgos que creo que más necesita para tener éxito como empresario son: tenacidad, optimismo, aceptación de riesgos, enfoque en el futuro, confianza en sí mismo, creatividad e inconformidad. Joe Robinson expone su similar lista de los top siete en el artículo de la revista Entrepreneur de enero de 2014 titulado "The Seven Traits of Successful Entrepreneurs" (p.48-49, http://www.entrepreneur.com/ article/230350). Si tiene espacio para más, Edpmindset.com tiene una lista de 14. Siéntase libre de calificarse en mi lista de los 16 mejores.

¿Qué tan fuertes son mis rasgos empresariales?

Evalúa cada rasgo del 1(débil) al 5 (fuerte):

___ tenaz

___ optimista

___ valiente

___ centrado en el futuro

___ seguro de sí mismo

___ creativo

___ soluciónador de problemas

___ problem-solving

___ orientado a la acción

___ auto control

___ trabajador duro

___ ansioso por aprender

___ humilde

___ de corazón servicial

___ confiable

___ lleno de integridad

Puntuación media: Puntuación total 16 ___ dividido

CARÁCTER: Fortalezca su carácter. ¿Qué hábitos, vicios o rasgos de carácter negativos le gustaría desechar? Estoy trabajando en ser menos crítico y orientado a las tareas (al daño de mis relaciones). ¿En qué virtudes le gustaría crecer? Busco encarnar mejor la paciencia, la gratitud, la abnegación y la generosidad. He identificado a los amigos que encarnan bien esto. Los estoy observando, emulándolos, y preguntándome cómo llegaron a crecer en estos rasgos de carácter. Ha oído decir que su potencial está limitado por las cinco personas con las que pasa más tiempo. El carácter es la forma más alta de riqueza – la verdadera medida de su valor neto. Es lo más importante de ti.

CARÁCTER: Busque la transformación. Una cosa es *querer* crecer en varios rasgos de carácter, pero ¿*cómo* se cultiva realmente ese crecimiento? Sospecho que las respuestas más profundas a esa pregunta se encuentran en las disciplinas de formación espiritual que están más allá del alcance de este libro. Tal crecimiento no es ciertamente tan simple como cultivar una planta de tomate - sólo hay que añadir tierra, sol, agua y fertilizante. La gente no cambia fácilmente. Es un proceso largo y duro como cambiar tu físico a través de la disciplina de la dieta y el ejercicio. El hábito de ejercitarse lentamente construye el músculo y te deja con un aspecto diferente. Así es como se ve un entrenamiento para desarrollar el carácter, según David Kahle: "Nuestros rasgos de carácter se desarrollan con el tiempo como resultado de las elecciones individuales que hacemos para pensar o actuar de ciertas maneras. Nuestros pensamientos llevan a nuestras acciones. Nuestras acciones, repetidas, se convierten en hábitos. Los hábitos se endurecen en rasgos de carácter. El carácter determina nuestro destino." Así que, por difícil que sea, ¡cambiar de carácter es posible!

TIEMPO: Haz que tu plan de negocios encaje con tu plan de vida. El empresario en serie y columnista de la revista INC, Norm

Brodsky, hace de esto el más importante de sus "Diez Mandamientos de Negocios": "El plan de vida tiene que venir antes que el plan de negocios." En su libro, Street Smarts, comparte cómo su vida "fue una carrera de 24 horas sin parar para crear un negocio de 100 millones de dólares." mientras descuida a su familia y sus actividades favoritas. "Construir un negocio exitoso no es un fin en sí mismo. Es un medio para un fin. Es una forma de crear una vida mejor para usted y sus seres queridos...Necesita hacer el plan de vida primero y luego seguir revisándolo, para asegurarse de que está al día y que su plan de negocios le está ayudando a lograrlo". A veces me preguntan si mi empresa es parte de una cadena nacional. Lo tomo como un cumplido a nuestra marca, profesionalismo y sistemas. Tomé la decisión hace años de *no* ir a nivel nacional o a la franquicia debido a mi fuerte sentido de la llamada a mi trabajo sin fines de lucro.

¿Cómo harás que *tu* plan de negocios encaje con tu plan de vida – no viceversa? Espero que su plan de vida sea más profundo que simplemente liberar tiempo y dinero. ¿Qué haría con ese tiempo y dinero extra? ¿Por qué está aquí? Escriba una breve declaración de misión personal que capte lo que quiere que sea su vida.

TIEMPO: Delegue. Contrate y entrene a otros para que asuman algunos de sus papeles. ¡Puede que incluso los hagan mejor! Esto aumenta la capacidad de su negocio – y su valor también. Nos cuesta mucho confiar, no queremos renunciar a parte de nuestro "bebé", pensar que sólo nosotros podemos hacerlo, y disfrutar del complejo de mártir del empresario extremadamente ocupado. ¡Pero esa mentalidad evitará que su "bebé" siga creciendo! Eso no es saludable para su negocio ni sostenible para usted. ¿Quién quiere cambiar pañales para siempre? ¡Un negocio *nuevo* lo consume todo, pero si no se cambia nada después de cinco años, el problema está ahí en el espejo! Si entrena a otros para que usen algunos de sus sombreros, podrá desarrollar mejor su liderazgo y enfocarse en el gran cuadro del crecimiento de su negocio. (Ver más sobre la delegación en el capítulo 13.)

TIEMPO: Organice su flujo de trabajo. Encuentre un sistema que le permita tener un escritorio limpio, separar rápidamente el papel y los correos electrónicos en carpetas de borrar/hacer ahora/hacer después. ¿Por qué? Porque la productividad viene de una mente clara. Las cinco etapas de la gestión del flujo de trabajo son: "Nosotros... 1. Recogemos cosas que llaman nuestra atención, 2. Procesamos lo que significan y qué hacer con ellas, 3. Organizamos los resultados, 4. Revisamos como opciones lo que elegimos... 5. Hacemos" (David Allen <u>Getting Things Done</u> p.24).

TIEMPO: Organice su tiempo. Priorice los grandes objetivos para su año/trimestre/semana y asegúrese de que estas prioridades obtengan grandes trozos de tiempo ininterrumpido. No dejes que todos los demás – especialmente a través del correo electrónico y el teléfono – dictar sus prioridades. No es el número de cosas que tache de su "lista de cosas por hacer" lo que importa, sino más bien si sus prioridades principales se hicieron con excelencia. Haz lo que pueda para limitar las distracciones y así poder concentrar la energía creativa en lo importante. "La clave no es priorizar lo que está en su agenda, sino programar sus prioridades" (Steven Covey <u>Seven Habits of Highly Effective People</u> p.161). Covey lleva este principio a casa con su "Time Management Matrix" – ver abajo. Sus cuatro cuadrantes dividen nuestros usos del tiempo por "urgencia" e "importancia." Una idea clave es que los asuntos urgentes gritan "Soy importante" – ¡pero a veces mienten! "Reaccionamos a asuntos urgentes. Los asuntos importantes que no son urgentes requieren más iniciativa, más proactividad" (p.151). Sugiere que pasemos la mayor parte del tiempo en tareas que son importantes pero no urgentes, y que limitemos severamente las actividades que no lo son. Señala que muchas crisis pueden evitarse por completo si se centran en trabajos que no son urgentes pero que son importantes, como "el establecimiento de relaciones, la planificación, el ejercicio, el mantenimiento preventivo y la preparación." (p.154). Otros buenos libros te aconsejan no gastar mucho tiempo en cosas en las que no eres bueno, sino jugar con tus fortalezas.

Steven Covey's **Matriz de Gestión del Tiempo**

	Urgente	No Urgente
Importante	**I** **Lucha contra el Fuego** Crisis Problemas urgentes Proyectos con fecha límite	**II** **Tiempo de Calidad** Prevención, mejora de la capacidad La Construcción de relaciones Reconocer nuevas oportunidades Planificación, recreación
No es Importante	**III** **Distracción** Interrupciones, algunas que llamadas Algunos correos, algunos informes Algunas reuniones Materia próxima y apremiante Actividades populares	**IV** **Pérder el tiempo** Trivialidades, trabajo ocupado Algo de correo Algunas llamadas telefónicas Pérdidas de tiempo... Actividades agradables

Creating Jobs
Equipping People to Thrive

TIEMPO: Deje de desperdiciarlo. ¿Su tiempo de inactividad es realmente renovador? ¿Su uso de la tecnología está fuera de control? ¿Se da un atracón en Netflix? ¿En qué actividades suele arrepentirse de pasar tanto tiempo? Decida en qué invertirá en su lugar.

CUERPO: Muévase. Si relaciona el ejercicio con la diversión, es más probable que lo haga. Si bien soy adicto a los deportes y hago mucho ejercicio, estoy en peligro a mediana edad de empezar a perder masa muscular. Por lo tanto, me estoy forzando a entrenar con pesas después de un paréntesis de 30 años. Desde que un amigo culturista me dijo, "el mejor entrenamiento es el que harás", Estoy empezando con un par de series diarias de pull-ups, flexiones y rizos. Una vez que el hábito se endurezca, espero hacer el entrenamiento más sustancial.

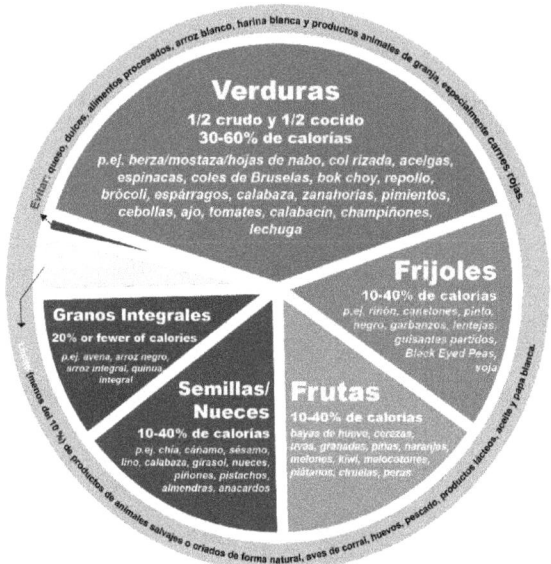

CUERPO: Obtenga una nutrición suficiente. Nuestra comida nos está matando. Las enfermedades cardíacas, el cáncer y la diabetes *no* son genéticas. Y todas se pueden prevenir. Esa es la historia del libro del Dr. Michael Greger How Not to Die, que está repleto de investigaciones científicas devastadoramente convincentes. Los americanos están sobrealimentados y desnutridos. Comemos por placer, no por nutrición, pero somos estrictos en cuanto a poner el combustible adecuado en nuestros coches. Recientemente he eliminado dos tercios de la carne, los lácteos, el azúcar y los alimentos procesados que había estado comiendo. Perdí una docena de libras en unos pocos meses. Eso está bien, pero sobre todo quiero vivir más sano y más tiempo. Aquí hay una imagen de una nutritiva dieta basada en alimentos integrales y plantas.

CUERPO: Duerma adecuadamente. Un libro titulado <u>Brain Rules</u> (bib) cita la investigación de que el sueño profundo ayuda a procesar lo que se aprende durante el día. La gente realmente tomó mejores decisiones después de una buena noche de sueño. Así que, el viejo dicho de "déjame consultarlo con la almohada" está respaldada por la ciencia. Normalmente tengo ocho horas y a menudo me despierto con buenas ideas antes de salir de la cama o terminar mi ducha. De hecho, me desperté de un sueño profundo en 2015 con el concepto y el título de *Grow*Book. Así que, el sueño es en realidad menos sobre el cuerpo, y más sobre nuestro siguiente tema: la mente.

MENTE: Cree un ritmo de descanso y reflexión. Medio día a la semana y un día completo al mes pueden ser buenos intervalos para tener tiempo a solas para pensar y rezar sobre tu vida. Este hábito probablemente traerá claridad a tu vocación, decisiones importantes, y las formas en que te gustaría crecer.

MENTE: Conózcase mejor a sí mismo. Tome evaluaciones como la de Myers-Briggs, DISC, y especialmente StrengthsFinder para aprender más acerca de su personalidad, fortalezas y tendencias relacionales. Obtenga información sobre los resultados de las personas que mejor lo conocen. Úselos para dar forma a su enfoque de trabajo y para entender mejor cómo se relaciona con las personas. "Es la gestión de uno mismo lo que debería ocupar el 50 por ciento de nuestro tiempo y lo mejor de nuestra capacidad" (Dee Hock, "The Art of Chaordic Leadership," Leader to Leader, Winter, 2000, p.22).

MENTE: Perfecciona tus habilidades empresariales y de liderazgo. Lea las revistas Entrepreneur e INC. Aprenda a través de blogs y podcasts. Obtenga certificaciones y educación continua para su industria, pero céntrese en ser un líder en lugar de un técnico.

MENTE: Estimule su creatividad. Crezca intelectualmente a través de libros y artículos. Aprenda toda la vida. Esto lo mantendrá alerta y beneficiará a su negocio de maneras inesperadas. La lectura agudiza las habilidades creativas de su mente, preparándolo para crear soluciones inusuales. Aquí hay un ejemplo reciente que me ocurrió… Estaba buscando formas de vivir mejor nuestros valores fundamentales de "ayudándonos mutuamente a prosperar" y "la gente sobre los beneficios." Quería aumentar el compromiso y la retención de los empleados. Este consejo de Bo Burlingham <u>Small Giants</u> me puso a pensar: "crear una cultura de la intimidad implica recordar a la gente de *forma inesperada* lo mucho que la compañía se preocupa por ellos….*haciendo lo que la mayoría de las compañías no soñarían con hacer*" (p.112). Esa misma noche, leí un artículo de Lausanne.org que aplica la siguiente metáfora agrícola antigua del Deuteronomio al contexto comercial moderno: "No pongas bozal a un buey mientras pisa el grano." Imagina a un animal de trabajo que quiere probar el grano que está ayudando a cosechar.

La principal aplicación sugerida por el artículo era compartir las recompensas de su negocio con sus empleados. Así que me fui a la cama pensando, "¿cómo puedo compartir las recompensas de mi compañía de manera inesperada haciendo algo que otras compañías no soñarían en hacer?" Entonces, de repente, tan pronto como mi cabeza golpeó la almohada, ¡me llegó! Estoy construyendo a mi esposa una linda casa este año y mi hermano compró una hermosa granja el año pasado, así que ¿por qué no podemos ayudar a nuestros empleados a *comprar una casa?*

Demasiado emocionado para dormir, nuestro nuevo Programa de Asistencia Hipotecaria comenzó a tomar forma en mi cabeza. Al terminar el artículo del "buey" en la mañana, Me llamó la atención el hecho de que lo que confirmó a los israelitas que realmente ya no eran esclavos en Egipto fue el hecho de que en la Tierra Prometida, cada familia poseía propiedades. ¡Tomé eso como una confirmación de que estaba en el camino correcto! Para relacionar esta historia con la conexión entre la lectura y la creatividad: nada de lo que leí dijo que se lanzara un programa de asistencia hipotecaria. Más bien, diferentes cosas que leí fueron ingredientes que se mezclaron con mi deseo de encarnar nuestros valores fundamentales. Como toques de óleo de diferentes colores en la paleta del pintor, las aportaciones intelectuales nos permiten dar vida a nuevas creaciones. Así que, lea mucho para alimentar su creatividad. Mark Cuban lo hace - ¡por tres horas al día! Y Warren Buffet dedica el doble de tiempo a la lectura. Claramente, estos empresarios multimillonarios están en algo.

DINERO: Sea prudente con las finanzas personales. Limitar la deuda de los consumidores. Gasta menos de lo que ganas. Acumula de 3 a 6 meses de gastos de manutención en caso de que el negocio no pueda pagarte por un tiempo. Ahorre diligentemente para la jubilación, tal vez en la SIMPLE IRA de su empresa, que permite hasta $12.500 dólares de ahorro con impuestos diferidos por año. Usted y su negocio son como dos barcos amarrados juntos en el mar. Si uno se hunde financieramente, el otro probablemente se vaya con él. Por lo tanto, preste atención a la salud financiera de ambos barcos.

¡Si hace grandes inversiones en estas seis áreas de su vida, quedará muy impresionado con su futuro yo! Y en su capacidad para dirigir bien a los demás. Vaya a por ello.

Estudio de caso

De camino a Haití, leí estas palabras de James Schall: "La verdadera riqueza del universo es la mente humana." (On Christians and Prosperity) Al llegar, me encontré con la prueba de esa afirmación. Se llama Cadete Olmy. A sus veinte años, Cadete es un padre casado de uno que dirige una pequeña tienda de repuestos de motocicletas en una esquina de la calle en Léogâne (el epicentro del terremoto de enero de 2010). La amplia (y ligeramente torcida) sonrisa que se corresponde perfectamente con su rostro juvenil y guapo sólo ocasionalmente desplaza los labios fruncidos y los ojos penetrantes. ¡Esos ojos inquisitivos insinúan la mente hambrienta que lo llevó a pedirme traducciones al francés de las 62 fuentes de la bibliografía de GrowBook! (Lamentablemente, la mayoría están sólo en Inglés. ¿Quién más se da cuenta de la bibliografía?) Él procede a mencionar algunas formas en que ha puesto en práctica su edición criolla haitiana de GrowBook, como, extrañamente, convertirse en un entrenador de fútbol ya que escribimos sobre la importancia de la salud de un líder en este capítulo.

Su hambre de aprender aparece incluso en sus estados financieros, los mejores que he visto en Haití. Le atribuye a su mentora de Creación de Empleos (y mi co-autora de GrowBook) Jennifer Pettie el haberle entrenado en eso. Sus largos dedos, que imitan su estructura enjuta, se ciernen sobre los registros de ingresos y gastos con la precisión de una araña. Además de las listas estándar de "beneficio bruto," "costo de las mercancías vendidas," y cosas por el estilo, tenía totales mensuales de "ventas perdidas" – la cantidad de ingresos adicionales que habría generado si tuviera todas las piezas de motocicleta en stock que sus clientes conductores de moto-taxi habían pedido.

En una industria dependiente de inventarios como la suya, sabe que es el mayor obstáculo para el crecimiento. Cadete nos dijo: "Este negocio no es para mí, es para el cliente. Por lo tanto, debo pedir las piezas que ellos quieren."

En su lugar, muchos se resignarían a seguir siendo un pequeño negocio, lamentando la falta de crédito disponible. Nuestro consejo habría sido registrar diligentemente qué piezas solicitan los clientes y reinvertir una parte de los beneficios semanales para acumular lentamente ese inventario. Pero el voraz enfoque de Cadete en el aprendizaje ayudó a encender algo mucho más inventivo. ¿Qué es lo que hizo? Empezó un... ¡BANCO! ¿Qué hizo qué? Sí, lo has leído bien. Ahora recoge depósitos de ahorro y usa parte de ese capital para aumentar su inventario. ¡Eso es crear riqueza directamente de la mente humana! Cuando nos maravillamos con su ingenioso plan, dijo: "Todas estas ideas las encontré en el GrowBook." En lugar de nuestro capítulo sobre la innovación, creo que se refería a la chispa que la lectura proporciona.

Entonces, ¿cómo funciona? Cada uno de sus 47 clientes de ahorros le traen pequeños depósitos diarios o semanales y pueden retirar el total más el 3% de interés después de 6 meses. Esto le da una cantidad conocida con la que trabajar durante un período de tiempo conocido. Con un margen de beneficio superior al 3%, puede aumentar fácilmente el capital comprando piezas al por mayor y vendiéndolas al por menor. Como en todas las buenas transacciones, ¡todos ganan! Sus ventas y beneficios aumentan, junto con el placer de hacer más felices a sus clientes. Los conductores de moto-taxi tienen menos tiempo de espera para las piezas, por lo que pueden cuidar mejor de sus familias y pasajeros. Muchos de los clientes de ahorros de Cadete son también clientes de sus moto-partes, y reciben crédito en las partes hasta el monto de su saldo de ahorros – ganándose tanto el interés como la confianza.

¡Hablando de confianza, el hecho de que 47 personas confíen felizmente su dinero duramente ganado a un chico de los recambios es notable! Si no hubiera establecido una reputación de años como una persona íntegra, su incipiente banco nunca habría despegado. El carácter importa. Así que, para corregir la cita con la que empezamos, se necesita tanto ingenio como confianza para crear riqueza.

Mientras media docena de clientes se detienen para dejar pequeños depósitos, nos llama la atención lo felices que son de darle su dinero arduamente ganado.

¡Cadete les ayuda a financiar sus sueños como ellos financian los suyos! Mientras ellos tendían vertiginosamente más de 100 billetes de gourde, el banquero presidía seriamente el registro de las transacciones con sellos de tinta y firmas. Les devuelve sus libretas de ahorro (ver más abajo), cuya portada los amonesta con esta cita del capítulo de GrowBook sobre Ahorrar dinero con diligencia (en criollo): "Ahorrar dinero es una disciplina importante que construye el carácter." Cadete encarna perfectamente el tema de este capítulo de crecer en sabiduría como una base segura para liderar a otros y crear riqueza.

Liderando el yo, Empleados, Sistemas

YO – Haga una autoevaluación honesta. Invierta seriamente en su propio crecimiento.

EMPLEADOS – Su ejemplo puede ayudarles en su propio desarrollo personal y profesional.

SISTEMAS – Programe días de retiro regulares, días familiares y noches de citas.

¿Y AHORA QUÉ?

Resumen

Con los negocios llamando tanto su atención, se necesita intencionalidad para invertir en usted, su familia y amigos. Dedique tiempo a leer, recrearse y reflexionar. Cuide bien de su cuerpo y construya relaciones fuertes y confiables. Crezca como persona y como líder, con un tiempo regular a solas para reflexionar sobre su propio desarrollo personal y profesional. Aprenda a aprovechar su tiempo y su flujo de trabajo para la productividad. Sera una persona más feliz y un mejor líder en el trabajo.

Preguntas sobre la Aplicación

1. Por favor, tome la autoevaluación de "Qué tan fuertes son mis rasgos empresariales". ¡Mejor aún, pídale a su familia, amigos y empleados que lo califiquen con honestidad!

2. Por favor, tome la autoevaluación "Invertir en mí..." de la página 35. ¿En qué auto inversión se centrará primero y cómo?

3. ¿Qué ha saboteado sus esfuerzos anteriores para conducirse bien? ¿Cómo será diferente esta vez?

4. "¿Qué podría hacer en su vida personal y profesional que, si lo hiciera regularmente, marcaría una tremenda diferencia positiva en su vida?" (de Steven Covey).

5. ¿La confianza de quién debe ganarse y cómo?

6. ¿Cuál es su "plan de vida" o declaración de misión personal?

7. ¿Qué cambios en el flujo de trabajo y en la gestión del tiempo quieres hacer?

8. ¿Con qué frecuencia se detendrá para descansar y reflexionar?

9. ¿Qué necesita aumentar más: el descanso, el ejercicio o la nutrición?

10. ¿Cuántos libros quieres leer en los próximos 12 meses?

Lecturas Recomendadas

Los Siete Hábitos de la Gente Altamente Efectiva por Stephen Covey

Invirtiendo en mis...

Relaciones
Circula una: Mantener   Afinar   Revisar

Carácter
Circula una: Mantener   Afinar   Revisar

Tiempo
Circula una: Mantener   Afinar   Revisar

Cuerpo
Circula una: Mantener   Afinar   Revisar

Mente
Circula una: Mantener   Afinar   Revisar

Dinero
Circula una: Mantener   Afinar   Revisar

¡Haz que suceda!

¿Qué ideas ha despertado en mi este capítulo?

¿Qué luz nueva brilla sobre mi liderazgo y negocio?

¿Qué cambios planeo hacer?

Mis actos para ¡Hacer que Suceda!	Fechas de terminación	
	Propuesta	Actual

Capítulo 2 | Establezca el Rumbo

Por Evan Keller

 Definición

La elaboración y el uso de documentos fundacionales le ayuda a llevar su empresa en una sola dirección para lograr mucho a lo largo del tiempo. Una declaración de visión pinta el cuadro del buen futuro que vendrá de cumplir su misión. Una declaración de misión describe cómo su empresa convertirá su visión en realidad. Los valores de la compañía establecen lo que es importante a lo largo del camino, revelando parámetros y distintivos. Juntos, estos documentos fundacionales deben ser utilizados para definir y dirigir su empresa.

Cita de Experto

"'El zorro sabe muchas cosas, pero el erizo sabe una gran cosa,' escribió Isaiah Berlin. Su erizo combina su pasión y sus talentos especiales con lo que puede ganar haciendo dinero" (Jim Collins en INC Magazine Junio 2012, p.71, basado en su libro clásico Good to Great).

Preguntas de Evaluación

1. ¿En qué puedes ser el mejor del mundo?
2. ¿Están alineados entre sí sus documentos fundacionales?
3. ¿Expresan sus mayores esperanzas para su empresa?
4. ¿Se expresan sucintamente con poderosas combinaciones de palabras?
5. ¿Las utiliza para llevar a su empresa hacia adelante?

¿POR QUÉ? Beneficios

Propósito. Documentos fundacionales bien concebidos vinculan el trabajo diario a un sentido más elevado de propósito. Satisfacer esta profunda necesidad humana de sentido aumentará la satisfacción y el rendimiento laboral.

Identidad. Los documentos fundacionales ayudan a definir a una empresa y pueden atraer a posibles empleados que resuenan con ellos. Sin embargo, los empleados pueden no quedarse si descubren que la *verdadera* dirección y valores de su compañía son inferiores a los que están por escrito.

Dirección. Conocer tu visión y misión te ayuda a avanzar con firmeza y determinación hacia un futuro mejor.

Logros. Debido a que la gente y las empresas tienen tiempo y energía finitos, lograrán más si no intentan hacer demasiadas cosas. Los documentos fundacionales dan un enfoque que puede llevar a un éxito notable.

Barreras

Reactividad. Permitir que la "tiranía de lo urgente" dicte su dirección sólo producirá resultados dispersos a corto plazo

Distracciones. La elaboración de buenos documentos fundamentales es un trabajo duro que requiere tiempo, energía creativa y buenas habilidades de escritura. No se apresure; refina sus borradores en un período de semanas ya que nuevas ideas vendrán cuando regrese con ojos frescos.

Indecisión. Algunas personas no saben qué dirección quieren que tome su compañía. Se sienten arrastrados en muchas direcciones ya que no han reflexionado seriamente sobre su lugar en el mercado, sobre cómo sus dones y pasiones pueden satisfacer mejor las necesidades del mundo.

Valores Subyacentes

Centrar. Definir lo que es más importante hace que sea más fácil decir "sí" a lo que se alinea y "no" a lo que no. – Mateo 6:33

Concentración. Ir en una dirección particular a largo plazo es mejor que saltar de una prioridad y estrategia a otra. – Filipenses 3:13-14

Prospección. Los cambios duraderos y que valen la pena a menudo tardan mucho tiempo en producirse. La visión es ver el futuro que quieres convertir en realidad.

Estrategia. La visión necesita piernas para salir de tu mente y entrar en la realidad. Tu misión describe la estrategia que usarás para dirigir todos los recursos de tu negocio hacia tu visión. – Proverbios 31:16

Ética. La despiadada búsqueda de objetivos que pisotea a las personas y al medio ambiente a lo largo del camino socava cualquier virtud que los objetivos puedan haber poseído. Así, los valores escritos proporcionan parámetros en los que la misión puede avanzar en buena conciencia. – Proverbios 11:1,3

Pasos a Implementar

¿CÓMO?

Escriba y haga una lluvia de ideas sobre las grandes ideas para su visión y misión.

1. Haga espacio y tiempo para pensar (capítulo 1).
2. Reflexione sobre en qué es lo que su negocio puede llegar a ser el mejor del mundo.
3. Piense en lo que quiere lograr a largo plazo y qué acciones le llevarán allí.
4. Escriba un párrafo o viñetas sobre su visión.
5. Escriba un párrafo o viñetas sobre su misión.
6. Obtenga la opinión de personas que le conozcan bien y a las que respete. Incluya mentores, socios, clientes y empleados si los tienes. Específicamente, pregúnteles cuáles de sus ideas de visión y misión le ayudarán a construir una compañía fuerte. Registre sus aportaciones.

7. Simplifique, condense y concéntrese. No intente decir todo. El problema es que nos enamoramos de nuestras propias palabras. ¡Es difícil tachar alguna de ellas! Pero, "cuando todo es importante, nada es importante." (Traction p.68) Busca una llave que si la adquieres, desbloqueará muchos otros logros a los que aspiras. Esta llave es probablemente el logro más difícil y más deseable en su industria.

Yo elegí "Ser los expertos en árboles de mayor confianza" como la visión de Tree Work Now, ya que la confianza es esquiva en nuestra industria de mala calidad. Sin embargo, es este capital relacional central el que crea tantos aspectos positivos que harán que mi negocio prospere: relaciones a largo plazo, enfoque en la calidad en lugar del precio, aumento de la demanda, repetición de negocios y referencias.

Elegí "Formar líderes fuertes" como nuestra misión porque es la clave para ganar esa confianza. Si mis empleados crecen en responsabilidad, habilidades técnicas, conocimiento del árbol, carácter y habilidades de comunicación, naturalmente fomentarán relaciones de confianza con nuestros clientes. Así que, al identificar las claves de la confianza y el liderazgo, soy capaz de destilar todos mis sueños para mi empresa en nueve palabras cortas. Eso es lo que es una buena visión y misión: resúmenes poderosos y memorables que te ayudan a dar forma al futuro.

8. Ahora que ha identificado los logros y acciones clave, acorte sus párrafos en declaraciones. Decida la única visión a largo plazo que quiere realizar y la forma en que la logrará. Escriba cada una de ellas como frases u oraciones individuales. Estos

son tus primeros borradores de declaraciones de visión y misión.

9. Los guardamos completamente, y los volvemos a visitar una semana después con los ojos frescos. Hágalo un par de veces y haga revisiones menores si es necesario. Recuerde que los recientes avances en la ciencia del cerebro confirman la eficacia del lema "consultar a la almohada", así que intenta leer tu borrador de visión/misión antes de acostarte, piénsalo durante unos minutos, y luego haz revisiones por la mañana después de que se haya filtrado en tu cerebro durante el sueño. ¡Realmente funciona!

Elabore una declaración de visión que sea...

1. Una vívida imagen del futuro escrita en tiempo presente. Debemos ver en el futuro y así ayudar a crearlo.

2. Una desafiante declaración de cómo será el resultado de su trabajo si lleva a cabo su misión con éxito. Debería responder a la pregunta: "¿Cómo será diferente el mundo cuando se cumpla nuestra misión?"

3. Lo suficientemente grande como para estirarlo a usted y a su equipo, pero aun así que sea posible dado el suficiente tiempo y esfuerzo.

4. Enfocado en resultados a largo plazo que tomarán de 10 a 20 años para comenzar a realizarse.

5. La fuente de los objetivos y planes de su compañía.

6. Algo en lo que su compañía pueda llegar a ser la mejor.

7. Una imagen de lo que espera lograr en su mercado objetivo.

8. Atando su trabajo al bien común. "¿Cómo podemos server mejor?"

9. Moviendo su empresa hacia la solución de un problema importante o la satisfacción de verdaderas necesidades en el mundo.

10. Inspirador y motivador para usted, sus empleados y clientes.

11. Memorable y breve - capaz de ser dicho en una sola respiración.

12. Revisítelo para una posible revisión cada diez años, aunque las mejores declaraciones de visión necesitarán poca o ninguna revisión.

Elabore una declaración de misión que...

1. Declare *quién* hace *qué*, para *quién* y *cómo*.

2. Establezca las cosas más importantes que debe hacer constantemente para trabajar hacia su visión.

3. Forme el núcleo de la estrategia de su compañía- cómo perseguirá su visión.

4. Persiga su visión de una manera que se alinea con los valores de su empresa.

5. Es una sola frase u oración que sea "simple, clara, concisa, inesperada, concreta, creíble, emotiva y única." (Made to Stick por Chip & Dan Heath).

6. Es medible – tiene un aspecto tangible y posiblemente numérico que se relaciona con la llegada a su mercado.

7. Se revisa con más frecuencia que su declaración de visión, quizás cada cinco años.

Diferencias entre las declaraciones de visión y misión:

1. Mientras que su visión define la diferencia que quiere hacer, su misión dice cómo lo hará.

2. Mientras que su visión es una imagen de un futuro exitoso, su misión identifica las estrategias y acciones clave que su organización tomará para avanzar hacia esa visión.

3. Mientras que su visión está destinada a inspirar el compromiso, su misión dirige la acción.

Cree un conjunto de valores que...

1. Defina la cultura de la compañía que espera construir.

2. Comparta las expectativas del carácter, la actitud, el trabajo en equipo, las habilidades y la postura de tus empleados hacia los clientes.

3. Refleje "por qué" Está persiguiendo su visión y su misión. Sus valores revelan sus más profundas motivaciones para su trabajo.

4. Explique su enfoque único.

5. Revele los parámetros más importantes que quiere encarnar.

6. Establezca los límites éticos en los que perseguirá su visión y misión, como la preocupación por las personas y el medio ambiente. Los valores son un enfático "no" para Machiavelli – los "medios" son tan importantes como los "fines." Te comprometes a alcanzar tus objetivos de manera que no violen los valores que consideras importantes.

7. Es breve para enfatizar sus distintivos. De tres a cinco valores aprovecharán el poder de la concentración. Si tiene muchos

ESTABLEZCA EL RUMBO

más, agrúpelos por tema y resuma cada grupo con una frase poderosa. En "Tree Work Now", teníamos 14 valores que nos parecían importantes. Para hacerlos más memorables, útiles y fáciles de comunicar, los agrupé como viñetas bajo las siguientes cinco frases. Valoramos: "**cautivando** a los clientes, liberando el **potencial** de los compañeros de equipo, redimiendo los conflictos del **equipo**, **respetando** a todos y **mejorando** constantemente". Las cinco palabras en negrita condensan aún más nuestros valores.

8. Son herramientas importantes para atraer y evaluar a los nuevos contratados. Si un solicitante no comparte sus valores fundamentales, es un mal ajuste. Punto. Aunque tenga un talento increíble, te arrepentirás de la contratación más tarde.

Utilice estos documentos fundacionales de las siguientes maneras.

1. Hágalos una parte importante de su identidad como empresa, similar a la constitución de un país. Luego conéctelas a todo lo demás refiriéndose a ellas constantemente: "La forma en que Mykal reunió a su equipo para completar este proyecto fue un ejemplo asombroso de nuestro valor central de..." o "Nuestro equipo de ventas nos acercó mucho más a nuestra visión al ..."

2. Construye la cultura de tu compañía alrededor de ellos. Esto no ocurre automáticamente; una cultura crece orgánicamente – a menudo en contra de las intenciones del empresario. "La cultura impulsa una empresa. A largo plazo, el trabajo más importante del jefe es definirla y hacerla cumplir." (Norm Brodsky <u>Street Smarts</u> p.xiv).

3. Vivirlos de verdad. De lo contrario, se vuelven contraproducentes, haciendo más daño que bien. La

autenticidad es un alto valor en nuestra cultura hoy en día, así que admite a los empleados cuando una de las declaraciones de tu compañía es más aspiracional que real.: "Nos quedamos cortos en esta área, pero así es como avanzamos. Necesitamos su ayuda para llegar allí."

4. Utilícelos como base para establecer objetivos y hacer planes. Conecte los puntos para sus empleados, mostrando cómo los objetivos a corto y largo plazo crecen a partir de sus documentos fundacionales.

5. Tome las decisiones de personal con ellos. "Debes contratar, despedir, revisar, recompensar y reconocer a las personas en base a estos valores fundamentales. Así es como se construye una cultura próspera alrededor de ellos." (Wickman p.35) En Tree Work Now, un desajuste de valores descalifica a un solicitante de empleo aunque sus habilidades encajen perfectamente. La primera página de las nuevas políticas que escribimos explica cómo se alinea con nuestros valores. Cada empleado es calificado en revisiones de pares sobre lo bien que han encarnado nuestros valores fundamentales en los seis meses anteriores. Abrimos muchas reuniones con elogios para las personas que recientemente han vivido un valor central particularmente bien.

Gene Wickman habla de una compañía "que ofrecía una tarjeta de regalo semanal de $20 dólares, aunque con un giro único. El empleado que la recibió la semana anterior se la daría al siguiente empleado que exhibiera uno de los valores centrales de la compañía. Tenían que enviar un correo electrónico a toda la organización y decir a todos a quién se la daban y qué valor principal exhibía esa persona" (Wickman p.76-77).

6. Pruebe todo por ellos. Antes de introducir nuevos productos o servicios, pedir dinero prestado, abrir otro local, comprar equipos o contratar a un empleado, pregúntese: "¿Esta acción se alineará con nuestra visión, misión y valores? ¿Nos llevará esto hacia nuestra visión o nos alejará de ella?"

7. Utilícelos para asignar recursos. Dirija la mayor parte de su tiempo, talento y energía hacia el avance de su visión y misión, de acuerdo con sus valores. Incluso las buenas ideas pueden distraerle de su propósito central. Jim Collins escribe que "Bueno es el enemigo de grandioso" (Good to Great, p.1).

8. Muéstrelos donde los empleados y clientes puedan verlos - en sus lugares y en sus documentos. Átelos en las conversaciones diarias.

Estudio de Caso

A menudo se necesitan años para que una nueva organización se establezca en su identidad y dirección. Nuestra organización sin fines de lucro, Creating Jobs Inc, pasó por varios documentos fundacionales (e incluso nombres de organizaciones) antes de establecerse en "Negocios para el Bienestar Mundial" como su visión (se dobla como el eslogan en nuestro logo) y "mentor y capacitar a los empresarios para hacer crecer las empresas, crear puestos de trabajo, y ayudar a las comunidades a prosperar" como su misión. Observe cómo la visión es breve, amplia, y pinta un gran cuadro del futuro. La misión muestra cómo esperamos hacer realidad la visión. Esboza nuestras dos principales acciones estratégicas para alcanzar nuestros tres objetivos principales. Mientras que la visión proporciona un final inspirador, la misión detalla nuestra estrategia para llegar allí. Nuestros cuatro valores revelan aún más nuestro enfoque distintivo. Juntos, es fácil medir cualquier objetivo o iniciativa potencial para ver si se alinea con estos documentos fundacionales.

Liderando el Yo, Empleados, Sistemas

YO – Este es uno de los trabajos más importantes y de mayor alcance que hará en su negocio. Dele todo el tiempo y la reflexión que sea necesaria. Recuerde asegurarse de que su plan de negocios sirva a su plan de vida, como se discutió en el capítulo anterior.

EMPLEADOS – Involucre a los empleados en el proceso de pulir estos documentos. Mientras que *usted* necesita guiar las ideas, obtenga la opinión de sus empleados sobre las formulaciones más potentes. "Si desea ir rápidamente, vaya solo. Si quieren ir lejos, vayan juntos." (African Friends and Money Matter, p.65, por David Maranz, SIL International 2015).

SISTEMAS – Las hojas de trabajo para establecer metas pueden tener su visión, misión y valores incorporados en ellas, animando a su equipo a escribir metas a largo y corto plazo que las encarnan. Puedes construir otros procesos para desarrollar, comunicar y construir la propiedad alrededor de tus documentos fundacionales.

Resumen

¿Y AHORA QUÉ?

Afinar su visión, misión y valores agudiza el enfoque en quién quiere llegar a ser y lo que espera lograr como empresa. Cuando estén bien escritos y se utilicen bien, inspirarán y moverán a su equipo en una sola dirección. Todo, desde los objetivos hasta los productos, la cultura de la empresa y las iniciativas estratégicas, debe fluir y permanecer fiel a estos documentos fundacionales.

Preguntas de Aplicación

1. ¿Mantendrá, revisará o reemplazará sus documentos fundacionales existentes?
2. ¿Comprende las diferencias y la sinergia entre su visión, misión y valores?
3. ¿Qué personas clave dentro y fuera de la empresa involucrará en el proceso?
4. ¿Cuándo se tomará el tiempo para trabajar en esto?
5. ¿Cuántas semanas contemplará sus documentos antes de finalizarlos?
6. ¿Cómo los comunicará y los incorporará a la cultura de su empresa?
7. ¿Cómo los utilizará para impulsar las iniciativas de la empresa?
8. ¿Cómo se relacionarán estas piezas de identidad interna con su marca externa? (Véase el capítulo 6).
9. ¿Necesita mejorar sus habilidades de escritura? (Ver abajo).

Lectura Recomendada

De Bueno a Grandioso por Jim Collins

Writing Tools por Roy Peter Clark

Made to Stick por Chip & Dan Heath

¡Haz que suceda!

¿Qué ideas ha despertado en mi este capítulo?

¿Qué luz nueva brilla sobre mi liderazgo y negocio?

¿Qué cambios planeo hacer?

Mis actos para ¡Hacer que Suceda!	Fechas de terminación	
	Propuesta	Actual

Capítulo 3 | Persiga Objetivos

Por Evan Keller

 Definición

Establecer y alcanzar los objetivos del año puede ser el mayor catalizador para hacer crecer su negocio y avanzar hacia su visión y estrategia a largo plazo.

Cita de Experto

"'Empezar con el fin en mente' se basa en el principio de que todas las cosas son creadas dos veces. Hay una creación mental o primera creación, y una física o segunda creación para todas las cosas". – Stephen Covey, p.99 <u>Los Siete Hábitos de la Gente Altamente Efectiva</u>.

Preguntas de Aplicación

1. ¿Qué barreras, como la mentalidad de supervivencia a corto plazo, le impiden establecer objetivos?

2. ¿Qué te impide alcanzar los objetivos, no establecer los correctos o no trabajar en ellos de forma consistente?

3. ¿Cuáles son sus principales objetivos para el año? ¿Sus empleados saben cuáles son?
4. ¿Sus objetivos a corto y largo plazo están vinculados a su visión, misión y valores?
5. ¿Con qué frecuencia consulta sus objetivos y discute el progreso hacia ellos con sus empleados?

¿POR QUÉ? Beneficios

Concentración. Construir una empresa exitosa requiere un esfuerzo concentrado durante un largo período de tiempo. Los objetivos ayudan a establecer y mantener ese enfoque.

Dirección. Los líderes efectivos saben a dónde van. Sin esta disciplina de "auto-liderazgo," los emprendedores no pueden comunicar una imagen clara de hacia dónde se dirige su empresa. Utilice los objetivos de la empresa para que sus empleados trabajen en la misma dirección que un equipo.

Discernimiento. Identificar de antemano lo que es realmente importante le ayuda a navegar por las circunstancias caóticas que enfrenta diariamente en los negocios. Las metas le ayudan a ser "proactivo" en vez de "reactivo." Si no se trabaja conscientemente a partir de los objetivos, se encuentra simplemente "apagando incendios" todo el día en lugar de ir intencionadamente en una cierta dirección. Un enfoque en los objetivos le ayuda a discernir entre lo que es meramente "urgente" y lo que verdaderamente es "importante." Así que en lugar de vagar sin rumbo, puede mover sus negocios de manera constante y con propósito hacia su visión.

Productividad. Los objetivos ayudan a aprovechar el tiempo para la productividad. Todos tenemos *las mismas* 24 horas del día para ser buenos administradores. "No puede comprar, depositar o pedir prestado ni un segundo más, pero *puede* usar el tiempo que tienes sabiamente." – Larry McGehe (fue escuchado en una capacitación de empresarios en Honduras).

Barreras

Falta de esperanza. ¿Quién planea un futuro que cree que es oscuro y que está más allá de su influencia? La positividad impulsa la planificación.

Falta de visión. Si la visión y la estrategia de su compañía carecen de claridad o enfoque, será difícil planear las formas de avanzar.

Falta de margen. Si su empresa depende demasiado de usted para sus operaciones, no tendrá tiempo ni energía creativa para fijar el rumbo hacia el futuro.

Falta de estrategia. Muchos empresarios se entusiasman con la gran visión, pero pierden fuerza en la rutina diaria de la aplicación detallada. Algunos no saben qué pasos incrementales podrían llevar a la realización de su gran visión. Conózcase a sí mismo y apóyese en otros que lo complementen.

Valores Subyacentes

"Si apuntas a la nada, le darás siempre." Si no está empujando hacia adelante, se está desviando hacia atrás.

"**Roma no se construyó en un día.**" No te desanimes si el éxito está lejos. Las grandes victorias llevan tiempo.

"**Toma el toro por los cuernos.**" Afronta tu mayor obstáculo con una iniciativa directa e intrépida. – Proverbios 14:4

"**Carpe diem**" traducido como "aprovecha el día." Tomar la iniciativa para que esto suceda mientras "la oportunidad llama a la puerta" (Poeta Romano Horace).

"**Las hormigas son criaturas de poca fuerza, pero almacenan su comida en el verano**" (Proverbios 30:25). Planear con anticipación es sabio.

"**La buena planificación y el trabajo duro conducen a la prosperidad, pero los atajos apresurados conducen a la pobreza**" (Proverbios 21:5). La planificación cuidadosa vale la pena.

Pasos a Implementar

Haga tiempo para pensar. Reflexionar sobre el futuro de su negocio es una de las cosas más importantes que puede hacer con su tiempo. Es realmente trabajar "en" los versos "en" su negocio.

Escriba sus metas. Esto trae el enfoque a sus pensamientos, y hace que sus objetivos sean más "real." "Escribir es pensar en una copia impresa." – Dr. Carol Keller-Vlangas (como fue mencionado al autor).

ESTABLEZCA EL RUMBO

Comparta sus objetivos con sus empleados, ¡sobre todo porque necesita su ayuda! Obtenga la opinión de los empleados sobre sus objetivos. Delegue la responsabilidad apropiadamente y proporcione cualquier apoyo que les ayude a ser efectivos. ¡Celebren juntos las metas alcanzadas!

Conecte las metas con su visión a largo plazo. Comience su sesión de establecimiento de objetivos reflexionando sobre su visión, misión y valores. Esto ancla sus objetivos a lo que es más importante para su negocio, dándoles un propósito y motivándolo a usted para lograrlos. Comience estableciendo objetivos a tres años, luego retroceda a objetivos de un año y 90 días. Esto une el presente con el futuro.

Elaborar objetivos en respuesta a un análisis SWOT. Observando tus fortalezas, debilidades, oportunidades y amenazas, considera preguntas como: ¿qué ineficiencias necesitas corregir? ¿Qué problemas y carencias de los empleados necesitan ser abordados? ¿Qué cambios en el mercado debe ajustar? ¿Cuál es el cuello de botella en su producción? ¿Cómo puede usted atraer y "cautivar" clientes? ¿Qué mejoras de capital aumentarán su capacidad? Es posible que desee elaborar objetivos en cada una de las siete categorías de gestión empresarial identificadas en este libro (utilizando el Cuadro General). El Plan de Acción (también al final del libro) le ayudará a identificar cuál de los 24 capítulos de *Grow*Book le ayudará para establecer metas.

Haga que sus objetivos sean específicos y medibles. Un buen objetivo es lo suficientemente concreto para que todos puedan ver claramente si se ha cumplido o no. Si es necesario, divida los objetivos conceptuales o complejos en pequeños pasos de acción que puedan ser abordados individualmente. Piensa en grande; empieza por lo pequeño.

Asigne un plazo para completar cada objetivo. Esto fomenta el sentido de urgencia.

Priorice sus objetivos. Esto asegura que los más importantes reciban el enfoque que se merecen.

Realice un seguimiento de los objetivos con regularidad. Colóquelos en un lugar donde los vea con frecuencia y consúltelos en su trabajo todas las semanas. Haga un seguimiento de su progreso una vez al mes.

Repita. Ajuste sus metas cada trimestre, con metas a largo plazo una vez al año.

Estudio de Caso

Hice una página llena de objetivos para completar en tres años, - y luego los abandoné. ¿Por qué? Leer sobre el compromiso de los empleados me convenció de que "si te dan peso te comprometes." Si mi equipo de liderazgo ayuda a dar forma a las metas, ayudarán a cumplirlas. He proporcionado cierta dirección al crear cuatro objetivos básicos permanentes que surgen de nuestra visión, misión y valores.

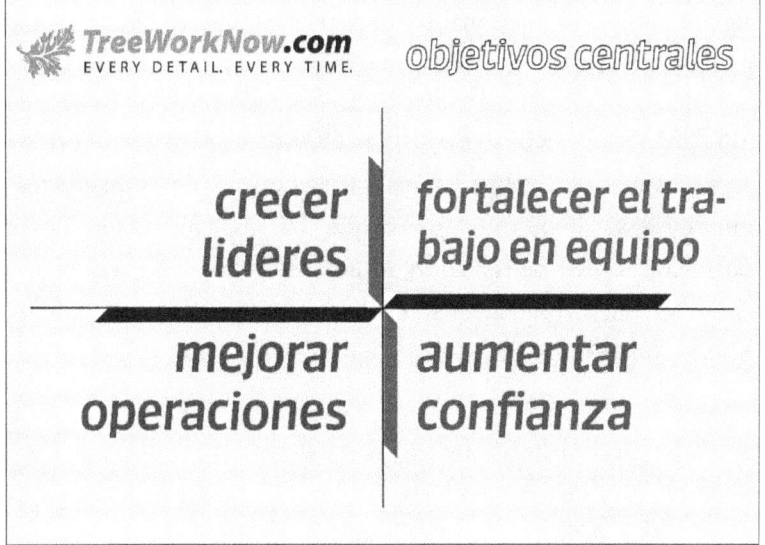

Entonces le pedí a nuestro equipo de liderazgo: "¿Qué en nuestro ADN (visión, misión, valores) se relaciona con estos objetivos centrales?" Después de mostrar cómo los objetivos crecen a partir de nuestro ADN, comenzamos el proceso de crear un objetivo principal bajo cada objetivo, con indicadores clave de rendimiento de 90 días para medir nuestro progreso. Este es un proceso mucho más largo que el de simplemente crear objetivos por mi cuenta. Pero vale la pena si no estoy persiguiendo objetivos por mi cuenta.

Liderando el Yo, Empleados, Sistemas

YO – ¿Ha delegado suficiente responsabilidad para tener un margen para centrarse en el panorama general? ¿Sabe cuál debería ser su prioridad más importante para este trimestre? Ser un buen modelo para sus empleados haciendo progresos constantes en los objetivos que se hace responsable de completar.

EMPLEADOS – Necesitan saber a dónde van, lo que también les da una base para la responsabilidad y la recompensa. Puede que haya algunos objetivos (personales o financieros) que querrá mantener para usted mismo.

SISTEMAS – Los objetivos escritos son sistemas si tienes un proceso para perseguirlos. Acoplar las metas con el calendario - otro sistema - multiplica su impacto e inmediatez. La implementación de un calendario regular de revisión y revisión de planes hará la diferencia entre las buenas intenciones olvidadas rápidamente y el cambio positivo integrado en la cultura de su empresa.

Resumen

¿Y AHORA QUÉ?

Con la aportación de los empleados clave, tómese un tiempo significativo para escribir los objetivos del año basados en su visión y estrategia a largo plazo, y luego sígalos cada mes con un esfuerzo enfocado e impávido.

Preguntas de Aplicación

1. ¿Puede reservar un día cada trimestre para reflexionar sobre la dirección de su empresa?

2. ¿Qué puede hacer este año para avanzar hacia su visión y estrategia a largo plazo? ¿Qué objetivos más pequeños pueden ser abordados en los próximos 90 días?

3. ¿Cuál de los 24 pasos de este libro le gustaría dominar en los próximos doce meses? (Ver el Plan de Acción, una herramienta para establecer metas al final del libro).

4. ¿Cómo se mantendrá a sí mismo y a su equipo en el camino de la persecución de objetivos a lo largo del año?

5. ¿Cómo puedes alinear mejor tus metas empresariales, personales, espirituales, financieras, de salud y familiar?

Lectura Recomendada

SMART Goals: wikipedia.org/wiki/SMART_criteria

¡Haz que suceda!

¿Qué ideas ha despertado en mi este capítulo?

¿Qué luz nueva brilla sobre mi liderazgo y negocio?

¿Qué cambios planeo hacer?

Mis actos para ¡Hacer que Suceda!	Fechas de terminación	
	Propuesta	Actual

Capítulo 4 | Desarrolle Sistemas

Por Evan Keller

Definición

Un sistema es una forma específica de hacer las cosas. Muestre a sus empleados "como lo hacemos aquí." Se pueden desarrollar sistemas encontrando la mejor manera de hacer las cosas y repitiendo el proceso de la misma manera cada vez para mejorar la eficiencia. Los sistemas funcionan mejor cuando se registran paso a paso para que los empleados puedan implementarlos sin una caída en la calidad o la productividad. Hacer las cosas de una manera predecible y uniforme produce resultados más fiables.

Cita de Experto

"Una buena documentación designa el propósito del trabajo, especifica los pasos necesarios para realizarlo y resume las normas asociadas tanto con el proceso como con el resultado" (Michael Gerber E-Myth Mastery).

Preguntas de Aplicación

1. ¿Trabaja para su negocio o su negocio trabaja para usted?
2. ¿Qué aspectos de su negocio dependen completamente de usted?
3. ¿Qué le impide documentar sus sistemas y usarlos en sus operaciones diarias?

Beneficios para Empleados: ¿POR QUÉ?

Estructura. Los sistemas contribuyen a un orden que genera confianza en los empleados. "La documentación dice, 'Así es como lo hacemos aquí.' Proporciona a su gente la estructura que necesitan y un informe escrito de cómo hacer el trabajo de la manera más eficiente y efectiva." (Michael Gerber E-Myth Revisited p.104).

Expectativas claras. Tener expectativas de trabajo claras es una necesidad importante para los empleados, y los sistemas documentados ayudan a satisfacer esa necesidad. Saber lo que se espera de ellos proporciona una sensación de seguridad mientras hacen bien su trabajo.

Seguridad. Los sistemas pueden mejorar la seguridad incluyendo medidas de precaución y haciendo que los resultados sean más predecibles.

Beneficios de la Producción:

Calidad. La calidad fiable aumentará a medida que el sistema se adhiera y se perfeccione continuamente.

Capacidad Incrementada. Los sistemas preparan el camino para el crecimiento. Pero si insistes en hacer todo tú mismo, tu negocio seguirá siendo pequeño. Si delega el trabajo sin los sistemas adecuados, su negocio será demasiado ineficiente para crecer. Pero si desarrolla continuamente más sistemas y entrena a los empleados para usarlos, puede delegar con éxito más funciones de su negocio. Esto es lo que se trata el trabajo "sobre" su negocio, en lugar de "en" su negocio.

Menos dependiente de las personas. ¿Su empresa depende de los empresarios o de los sistemas? McDonald's tiene 28.000 tiendas y tiene la misma comida en cada una... ¡increíble! Su sistema maneja el negocio y su gente maneja el sistema. McDonald's no es conocido por tener las personas más talentosas; no tienen que tener a los mejores y más brillantes porque tienen un sistema impresionante que divide las tareas complejas en pasos manejables. Michael Gerber dice que los sistemas "ayudar a la gente común a producir resultados extraordinarios."

Beneficios a Clientes:

Previsibilidad. Los sistemas aumentan la previsibilidad, lo que crea confianza con los clientes. "Un buen sistema garantiza al cliente que sus expectativas se cumplirán exactamente de la misma manera cada vez" (Michael Gerber).

Confianza. Hacer lo que dice que hará demuestra su integridad. La entrega de resultados consistentes crea clientes satisfechos.

Beneficios para el emprendedor:

Ganancias. A medida que los sistemas ayudan a cada parte de su negocio a mejorar la productividad, el resultado debería ser un aumento de las ganancias.

Herramientas de capacitación. Cuando se escriben, se explican y se modelan, los sistemas pueden ser utilizados para entrenar a los empleados. Compilarlos en un manual de operaciones.

Supervisión consistente. Si dos empleados llegan tarde al trabajo de manera consistente, pero no son tratados de manera igualitaria, esto causará disensión entre ellos. Si tiene una política de tardanzas y la hace cumplir consistentemente con todos los empleados, sabrán que son tratados de manera igualitaria. También puedes tener menos tardanzas y ellos sabrán que hablas en serio.

Gerentes virtuales. Cuando diriges una pequeña empresa, a menudo deseas tener otro tú. Los buenos sistemas son probablemente la siguiente mejor opción. Los sistemas actúan como gerentes para usted ya que ayudan a hacer cumplir cómo quiere que se hagan las cosas, especialmente cuando usted no está cerca. Puedes mantener a los empleados responsables de seguir los sistemas requiriendo una firma cada vez que pasan por el proceso, así como discutir la adhesión a los sistemas en las conversaciones de supervisión.

Ahorro de tiempo. Los sistemas le ahorran tiempo al realizar tareas ocasionales. No tienes que reinventar la rueda cuando haces algo que no has hecho en mucho tiempo. Por ejemplo, si no ha contratado a nadie durante un año, pero anotó buenas preguntas de entrevista la última vez, entonces puede comenzar el proceso rápidamente. Si ha escrito artículos para entrenar a los nuevos empleados, le da una ventaja la próxima vez que contrate a alguien.

Ganancias. Como los sistemas ayudan a cada parte de su negocio a mejorar la productividad, el resultado debería ser un aumento de las ganancias.

Herramientas de capacitación. Cuando se escriben, se explican y se modelan, los sistemas pueden ser usados para entrenar a los empleados. Compilarlos en un manual de operaciones.

Supervisión consistente. Si dos empleados llegan tarde al trabajo de manera consistente, pero no son tratados de manera igualitaria, esto causará disensión entre ellos. Si tienes una política sobre tardanzas y la haces cumplir consistentemente con todos los empleados, ellos sabrán que son tratados de manera igualitaria. También puede tener menos retrasos y ellos sabrán que usted es serio.

Gerentes virtuales. Cuando diriges un pequeño negocio, a menudo deseas tener otro tú. Los buenos sistemas son probablemente la siguiente mejor opción. Los sistemas actúan como gerentes para usted porque ayudan a hacer cumplir la forma en que usted quiere que se hagan las cosas, especialmente cuando usted no está cerca. Puede hacer responsables a los empleados del seguimiento de los sistemas exigiendo una firma cada vez que pasan por el proceso, así como discutir el cumplimiento de los sistemas en las conversaciones de supervisión.

Ahorre tiempo. Los sistemas le ahorran tiempo cuando se realizan tareas ocasionales. No tiene que comenzar desde el principio cuando hace algo que no ha hecho en mucho tiempo. Por ejemplo, si no has contratado a nadie durante un año, pero anotó buenas preguntas de entrevista la última vez, entonces puede comenzar el proceso rápidamente. Si ha escrito artículos para entrenar a los nuevos empleados, le da una ventaja la próxima vez que contrate a alguien.

Barreras

Falta de tiempo. Poner tus sistemas por escrito es un trabajo duro porque requiere pensamiento, concentración, creatividad y tiempo.

Resistencia al cambio. Es natural que los empleados y los empresarios se resistan al cambio, incluso cuando es claramente necesario.

Una nueva forma de pensar. Puede ser difícil identificar los pasos de un proceso familiar que haces todo el tiempo. Puedes hacer una grabación de audio de cómo ejecutas un proceso particular en tu negocio, y luego escribir los pasos mientras lo escuchas.

Valores subyacentes

Eficiencia. Los empleados no se preocupan por su negocio tanto como usted, pero sus sistemas pueden ayudarles a producir eficientemente sin tener que pensar tanto como usted. – Proverbios 22:29

Calidad. Los empleados no se preocupan por su negocio tanto como usted, pero sus sistemas pueden ayudarles a producir eficientemente sin tener que pensar tanto como usted. – Marcos 7:37

Orden. Los empleados y clientes valoran esto. – I Corintios 14:33

Fiabilidad. Los clientes quieren una experiencia predecible.

Innovación. Es más fácil analizarlo y mejorarlo cuando un sistema está escrito en pasos en el papel.

Disciplina. Definir procesos repetibles es un trabajo minucioso. – 2 Tesalonicenses 3:8

¿CÓMO?

Pasos a Implementar

Identifique sus sistemas existentes. Todo el mundo confía en los sistemas en su vida diaria, como en cualquier rutina que se hace automáticamente de forma más o menos regular, como vestirse o conducir un coche. "Lo podría hacer mientras duermo" se refiere a los sistemas incorporados en su rutina. Usted ya tiene tales sistemas en su negocio también, incluso si sólo hace las cosas con procesos no escritos. Le animo a identificarlos, escribirlos, mejorarlos y usarlos para entrenar y supervisar a sus empleados para que hagan su trabajo correctamente.

Elija el tipo de sistema correcto. El proceso que está diseñando puede ser más adecuado como una receta, un programa, una base de datos, una política, una guía de instrucciones, un contrato, un diagrama, un gráfico, una tabla, una lista de control o un formulario.

Desglose en pasos. Identifique algo que debería hacerse una y otra vez en su negocio. Divida la tarea en pasos y escríbalos como una guía. Identifique el qué, dónde, cuándo, por qué, cómo. Especifique los estándares para alcanzar el nivel de calidad que desea.

Inténtelo. Pruebe una versión de prueba de su sistema durante un corto período de tiempo con un público limitado. Algunas mejoras se harán evidentes.

Mejore sus sistemas. Tener sistemas no es suficiente. Hay muchos sistemas que no funcionan. ¿Podemos ser honestos? Porque pueden cobrar impuestos en lugar de tener que complacer a los clientes, los gobiernos de todo el mundo tienen sistemas pobres. Los sistemas ineficientes pueden en realidad ralentizar los procesos y hacerlos más difíciles – la "burocracia" del gobierno probablemente ya ha venido dolorosamente a la mente, con muchos "aros para saltar". Por otra parte, los buenos sistemas son eficientes, completando los procesos en el menor número posible de pasos sencillos y tratando a las personas con dignidad. Son implementados por las personas adecuadas en el intervalo correcto, y se utilizan para aumentar la calidad y la eficiencia.

Utilice sus sistemas para capacitar a los empleados y hacerlos responsables. Obtenga información continua sobre su efectividad de las personas que implementan sus sistemas y de las personas a las que sus sistemas sirven. Utilice la retroalimentación tanto de los empleados como de los clientes para mejorar los sistemas de manera regular, tal vez cuatro veces al año.

Establezca un marco de tiempo para cada paso. Un sistema bien diseñado que se lleva a cabo demasiado lentamente sigue siendo un fracaso. Establezca objetivos para acelerar sus sistemas lentos.

Entrene y supervise su uso. Entregue copias del sistema escrito a sus empleados, comunicando por qué y cómo. Tal vez desee que registren el cumplimiento de los pasos, como la limpieza de un baño, la inspección previa al viaje de un camión o el despacho de medicamentos a un cliente de la farmacia. Usando la guía paso a paso que ha creado, entrene a sus empleados para ponerla en práctica. Muéstreles cómo, y luego supervíselos mientras siguen los pasos para asegurarse de que está produciendo los resultados que quieres.

Considere qué sistemas necesita construir en estas categorías:

1. **Generación de clientes potenciales y ventas** - proceso de seguimiento de clientes potenciales, programa para aumentar el programa de ventas recurrentes, proceso de

venta cruzada, programa de referencia, seguimiento de la fuente de clientes potenciales y seguimiento de la conversión de clientes potenciales.

2. **Clientes** - catálogo de productos, proceso para una comunicación clara antes y durante la venta, calendario/guion para agradecer y asegurar la satisfacción después de la venta, proceso para abordar problemas y quejas, y seguimiento regular con los principales clientes.

3. **Empleados** - solicitud de empleo, proceso de contratación, descripciones de los puestos, procedimientos de capacitación, política sobre el abuso de sustancias, política de asistencia, manual del empleado y procesos para acceder a diversos beneficios. Tener "procedimientos operativos estándar" publicados donde puedan utilizarlos son buenos pasos para ponerlos en práctica.

4. **Mantenimiento de las instalaciones y la maquinaria** - listas de verificación para: el mantenimiento de los equipos, la apertura y el cierre de una tienda/oficina, y la limpieza de los baños, salas de exposición y cocinas. Haga un gráfico y que los empleados pongan sus iniciales al terminar.

5. **Producción** - división del trabajo, diseño del flujo de trabajo, instrucciones de montaje, recetas, procedimientos de seguridad, gestión de compras e inventarios, guía de producción para cada producto y proceso de envío. Para más información, véase el capítulo 10.

6. **Finanzas** - estado de ganancias y pérdidas, balance general, estado de flujo de caja, seguimiento de los índices de eficiencia importantes para su negocio, y procesos de recolección y almacenamiento de registros y documentos de impuestos.

7. **Tiempo** - utilice un calendario para marcar las tareas semanales, mensuales, trimestrales y anuales que necesita hacer pero que puede olvidar hacer. Esto no ayudará a menos que haga el hábito de mirar el calendario todos los días.

Estudio de Caso

Debido a que hay buena gente y buenos sistemas en mi negocio, puedo dedicar el 60% de mi tiempo a dirigir mi organización sin fines de lucro, Creating Jobs Inc. Aunque amo mi compañía, mi pasión más profunda es ayudar a otros a aprovechar "el negocio para el bien global". Si no hubiera buenos procesos en mi negocio, no hay forma de que hubiera podido escribir este libro, que es un sistema en sí mismo. Aquí hay un ejemplo de uno de nuestros sistemas en Tree Work Now, nuestra política de entrada y seguimiento de clientes potenciales:

Para aquellos que se ajustan a nuestro perfil de cliente, nos comunicamos con TODOS con prontitud, pero establecemos diferentes expectativas de tiempo para el tamaño del trabajo y la distancia al trabajo, de la siguiente manera:

a. Los objetivos de los trabajos de emergencia son: entrada de grande inmediata, servicio el mismo día o la mañana siguiente si es de noche.

b. Los objetivos para los trabajos más grandes y cercanos son: estimación programada dentro de 2 días hábiles (pero lo más pronto posible), estimación dada dentro de 5 días, y trabajo completado dentro de 10 días.

c. Los objetivos para trabajos más pequeños y distantes son: primer contacto telefónico dentro de 2 días hábiles,

DESARROLLE SISTEMAS

estimación dada dentro de 10 días y trabajo completado dentro de 20 días.

d. Los objetivos posteriores al huracán son: primer contacto telefónico dentro de 5 días hábiles, estimación dada dentro de 15 días y trabajo completado dentro de 25 días, con comunicación más frecuente mientras esperan.

e. Si no podemos cumplir con las expectativas anteriores, llamamos a cada cliente para realinear las expectativas.

Tenga en cuenta que mientras que a los trabajos más pequeños y distantes se les asignan plazos más largos, estas directrices garantizan que cada cliente reciba una comunicación rápida y un seguimiento fiable.

Liderando el Yo, Empleados, Sistemas

YO – Crear sistemas es un uso muy inteligente de su tiempo. Hay algo en la creación de palabras que te ayudan a recrear las realidades físicas a las que se refieren. Increíble.

EMPLEADOS – Pide a los que conocen ciertos procesos que los documenten para revisarlos contigo. Asegúrate de enmarcar los sistemas como herramientas dinámicas que puedan ayudarte a refinar. Lejos de encajonarlos, los sistemas pueden liberarlos para enfocar la energía creativa en nuevos desafíos.

SISTEMAS – ¿Cómo dirigir sistemas en sistemas? ¡Redundante! Pero en serio, puede que quieras armar una línea de tiempo para priorizar el desarrollo de los sistemas necesarios durante el próximo año.

¿Y AHORA QUÉ?

Resumen

Un sistema es un proceso paso a paso que se sigue para completar una tarea particular de manera que se obtiene un resultado específico. En lugar de comenzar de cero cada vez que debes hacer algo, tienes una lista de verificación escrita de los pasos que usted o sus empleados pueden seguir para completar la tarea "a su manera". Al crear sistemas, puede enseñar fácilmente a otra persona cómo hacer lo que usted hace, y luego delegar las tareas para que tenga más tiempo para concentrarse en las cosas que sólo usted puedes hacer. Esto aumenta la eficiencia de su producción y proporciona una experiencia más consistente para sus clientes. Dada la multitud de beneficios mencionados anteriormente para los empleados, clientes, producción y empresarios, es una maravilla que muchos aún manejen sus negocios ellos mismos, sin salir nunca del modo de crisis. Ciertamente no es fácil, pero definir procesos repetibles es esencial cuando se amplía la fuerza de trabajo, se abre un nuevo local o se crea una franquicia. Por lo tanto, le animo a identificar los sistemas que ya tiene, crear nuevos, luego compilarlos, usarlos y refinarlos.

Preguntas de Aplicación

1. ¿Qué sistemas tiene ya? ¿Cómo han ayudado a su negocio? ¿Qué tan buenos son? ¿Necesita mejorarlos o entrenar a sus empleados para usarlos?

2. ¿Qué sistemas necesita agregar? ¿Cuál desarrollará primero?

3. ¿En cuál de las siguientes categorías necesitas construir sistemas: generación de clientes potenciales, ventas, producción, gestión de empleados, finanzas, tiempo, mantenimiento de instalaciones y equipos?

Lectura Recomendada
E-Myth Mastery por Michael Gerber

¡Haz que suceda!

¿Qué ideas ha despertado en mi este capítulo?

¿Qué luz nueva brilla sobre mi liderazgo y negocio?

¿Qué cambios planeo hacer?

Mis actos para ¡Hacer que Suceda!	Fechas de terminación	
	Propuesta	Actual

Capítulo 5 | Innove Constantemente
Por Evan Keller

¿QUÉ? Definición

Los mejores dueños de negocios están energizados por el reto de hacer sus negocios mejores cada día. Esta cultura de innovación constante se aplica a todo, desde productos y procesos hasta la experiencia de los clientes y la necesidad de que los empleados los acepten. Mejorar siempre es la clave para proporcionar mejores soluciones a los clientes y mejorar su posición competitiva.

Cita de Experto

"La creatividad es la única fuente viable de cambio" (Culture Making por Andy Crouch p.73).

Preguntas de Evaluación

1. ¿Cuál fue el período más emocionante en la historia de su negocio y por qué?
2. ¿Cuáles son los mejores cambios que ha hecho en su negocio? ¿Qué le impulsó a hacer estos cambios? ¿Cómo

manejó los cambios y las interrupciones que causaron? ¿Valió la pena?

3. ¿Qué barreras le impiden hacer las mejoras que sabe que debe hacer en su negocio?

Beneficios

Ganancias. Proporcionar soluciones innovadoras para los clientes aumentará sus ingresos. El ahorro de costes creativos aumentará su margen de beneficios.

Alegría. Ya que la creatividad y el aprecio por la excelencia son parte integral de nuestra humanidad, ganamos satisfacción al encontrar formas creativas de hacer las cosas mejor. Nos sentimos más vivos cuando usamos nuestras mentes para mejorar las formas de hacer las cosas, diseñar o mejorar los productos y encontrar mejores formas de satisfacer a nuestros clientes. Mientras que resistirse al cambio nos lleva al aburrimiento, luchar por una mejora constante nos mantiene comprometidos. Un trabajo bien hecho es una recompensa en sí mismo.

Salud en los negocios. Un negocio estancado está en declive. Un río debe fluir, un niño debe crecer. Un negocio que mejora es un negocio saludable.

Cumplimiento del cliente. Las necesidades y deseos de los clientes cambian con el tiempo, y si no nos adaptamos, nos quedaremos atrás. Las demandas del mercado cambian con los gustos y tendencias de los consumidores, y tenemos que ser conscientes de ellos. Aunque nuestro producto principal no cambie mucho, su embalaje puede necesitar ser actualizado, su mensaje de marketing puede necesitar cambiar, y su servicio al cliente debe ajustarse a las nuevas expectativas.

Ventaja competitiva. ¡Usa la competencia para mantenerte en forma! Tener competidores prueba que la gente realmente quiere su producto o servicio. En lugar de temer a la competencia, utilícela para impulsarse a innovar. Preste atención a lo que hacen sus competidores; aprende de sus éxitos y fracasos. La competencia es buena para los clientes también, dándoles el mejor valor al mejor precio.

Mejora de la industria. A medida que usted proporciona constantemente un mejor valor a sus clientes, su cuota de mercado crece y los competidores también deben mejorar para mantenerse en el negocio. Con el tiempo, sus innovaciones ayudan a elevar el estándar de su industria en su conjunto.

Barreras

Miedo. Si no experimenta pequeños fallos regularmente, está jugando demasiado seguro. Después de enfrentar sus miedos y encontrar el éxito inicial, algunos dueños de negocios dejan de tomar riesgos. Sin riesgo, no hay recompensa.

Resistencia. Nunca diga "así es como siempre lo hemos hecho". Si su negocio no ha cambiado mucho en el último año, ¡algo anda mal! No te conformes. Sé apasionado por mejorar cada día.

Aburrimiento. Si su energía creativa se ha movido a otra cosa, puede que sea el momento de vender su negocio.

Pesimismo. No puede liderar un cambio positivo sin confianza y esperanza de un futuro mejor.

Mentalidad de técnico. Si le consumen las demandas operacionales diarias, tiene poco tiempo para la creatividad. Para ser un líder, debe dedicar mucho tiempo y espacio a reflexionar sobre soluciones creativas y crecimiento a futuro.

No aprender. Absorba constantemente grandes ideas de expertos en persona e impresas, y de sus empleados y clientes.

Valores Subyacentes

Creatividad. Es el núcleo de lo que somos como humanos. - Génesis 2:19-20

Administración. Necesitamos usar nuestros dones para el bien. - Génesis 2:15

Coraje. El riesgo trae recompensa.

Optimismo. Podemos hacer la diferencia. - 2 Tesalonicenses 1:11

Diligencia. El trabajo es bueno. - Proverbios 18:9

Cambiar. Podemos dar forma al futuro.

Aprender. Necesitamos nuevas aportaciones para mantener nuestras mentes despiertas para crear. - Proverbios 15:22

Reflexión. La soledad periódica puede traer claridad a los desafíos.

Acción. A menudo encontramos la solución mientras intentamos diferentes enfoques. - Proverbios 14:23

 **¿CÓMO?** Pasos a Implementar

Mantenga su ventaja. Algunos empresarios crean un negocio y luego se aburren después de la emoción inicial. Entonces, ¿cuál es la clave para seguir innovando año tras año? Dos cosas:

1. Si ama a su hijo, continuará invirtiendo en su desarrollo, ¿verdad?
2. Abrazar la identidad de un creador. ¿Se ve a sí mismo y a sus empleados como artistas y arquitectos con la capacidad de hacer algo asombroso? La belleza de ser un empresario es la libertad de crear. Es asombroso pensar que algo de valor existe gracias a mí. La gente se desprende con gusto del dinero ganado con esfuerzo cada día para experimentar lo que he creado. Pero si empiezo a dormirme en los laureles y dirijo mi negocio dentro de tres años exactamente como lo hago hoy, eso será un problema.

Persiga muchas pequeñas mejoras. Los empresarios a menudo arriesgan todo para que su empresa despegue, pero una vez que es estable y rentable, la escala de riesgo debe cambiar. Los riesgos asumidos para expandir productos o territorios no deben ser lo suficientemente grandes como para hundir el núcleo del negocio si se estropean. ¡Lo nuevo no siempre se mejora! En 1985, Coca-Cola tuvo que devolver su producto original después de 3 meses de malas ventas de New Coke. Cambiaron totalmente el producto principal sobre el que habían construido décadas de éxito. ¡Desastre!

Por lo tanto, un flujo constante de pequeños riesgos es una gran receta para hacer crecer una empresa con el tiempo. Algunos funcionarán, otros no, y aprenderás mucho de ambos. Adam Bluestein escribe que "hacer grandes apuestas en ideas de alto riesgo no sólo es inviable, sino que es imprudente". En su artículo de la revista INC Magazine, cita un estudio que revela que las empresas encuentran más éxito en "hacer cambios incrementales para mejorar los productos existentes" y "mejorar los modelos de negocio, los procesos internos y la experiencia del cliente" ("You're Not That Innovative", septiembre de 2013). La "mejora continua", un concepto clave en la fabricación ajustada (véase el capítulo 10), ha sido adoptado como una práctica óptima en todo el mundo. Curiosamente, en muchas culturas hay dichos que dicen que se avanza lentamente con el tiempo; en Haití, "mache pa mache" ("paso a paso") denota la necesidad de paciencia y perseverancia para avanzar lentamente. Encuentra satisfacción al hacer pequeñas mejoras una y otra vez.

Convertir los desafíos en oportunidades. Como empresario, sabe muy bien que los problemas no son difíciles de encontrar. Lo encuentran todos los días. Use los desafíos que se presentan en su negocio como catalizadores para el cambio. Utilice la creatividad a diario para resolver problemas. Pero cuando el mismo problema surge una y otra vez, es hora de un cambio más profundo y sistémico. Tratar la causa no sólo el síntoma. Estas son sus mayores oportunidades para crear un cambio positivo. Pero la innovación no tiene que empezar con un problema. Puede tomar algo que ya es bueno - y hacerlo genial. Utilice las siguientes preguntas para explorar las posibles innovaciones en su negocio.

Oportunidades para el cliente:

1. ¿Cómo podemos ayudar a nuestros clientes potenciales a encontrarnos más fácilmente?

2. ¿Cómo podemos promover nuestra compañía de manera que llegue a los clientes potenciales?

3. ¿Cómo podemos educar a los clientes potenciales sobre las necesidades que nuestra empresa puede resolver?

4. ¿Qué nuevas iniciativas ayudarán a crear confianza con los clientes actuales?

5. ¿Cómo podemos proporcionar una extraordinaria atención al cliente?

6. ¿Cómo podemos complacer mejor a nuestros clientes? ¿Qué es lo que quieren?

Oportunidades de Producto:

1. ¿Qué nuevos productos o servicios querrían nuestros clientes?

2. ¿Cómo podemos mejorar nuestros productos o servicios actuales?

3. ¿Cómo podemos mejorar la forma en que entregamos nuestros productos o servicios?

4. ¿Cómo podemos mejorar nuestros procesos para reducir los residuos y aumentar la producción?

Oportunidades de Empleados:

1. ¿Qué podemos hacer para que nuestros empleados se comprometan y disfruten de su trabajo?

2. ¿Cómo podemos reconocer y recompensar mejor los logros de los empleados?

3. ¿Cómo podemos recoger mejor las buenas ideas de nuestros empleados?

4. ¿Cómo podemos aumentar su sentido de propiedad y responsabilidad?

Oportunidades del Fin Último:

1. ¿Cuáles son las quejas más comunes sobre nuestra industria? ¿Cuáles son las formas en que nuestra empresa puede superar estas barreras, atrayendo así a los clientes y obligando a nuestros competidores a mejorar?
2. ¿Cómo podemos aprender de los competidores y superarlos?
3. ¿Necesitamos reinventar nuestro modelo de negocio?
4. ¿Cuáles son los desafíos más importantes que enfrenta nuestra empresa este año?
5. ¿Quiénes son los pocos empresarios que estarían dispuestos a ayudarme a explorar soluciones creativas para los desafíos actuales de mi empresa?

Crear un sentido de urgencia. Esto es especialmente necesario para las innovaciones que necesitarán la ayuda de los empleados para su implementación. ¡Estábamos mucho más motivados para reforzar la seguridad después de que 21 neumáticos y ruedas nuevas fueran robados de nuestros camiones de basura en medio de la noche! En su clásico libro, <u>Leading Change</u>, John Kotter identifica "crear un sentido de urgencia" como el primer paso para lograr un cambio efectivo en un negocio. Eso es sentido común, ¿no? Sin una razón de peso - como una crisis importante - la gente y las organizaciones se resisten a cambiar la forma en que hacen las cosas. Kotter escribe en su libro: "Nunca subestimes la magnitud de las fuerzas que refuerzan la complacencia y que ayudan a mantener el status quo" (p.42).

Aprenda. Averigua lo que *sabe* que no sabe e incluso lo que *no sabe* que no sabe. Obtén la opinión de clientes, empleados, amigos de confianza y familiares sobre el tema en cuestión. Discuta con ellos para estimular la creatividad del grupo. Algunas personas se vuelven más creativas en grupo, y todos necesitamos pedir ayuda cuando innovamos en áreas que están fuera de nuestra experiencia. Los amigos que ven diferentes ángulos y tienen habilidades complementarias pueden enriquecer significativamente lo que creas. Consulta a los expertos - en persona o por escrito. Vea cómo otros han resuelto desafíos similares.

Haz espacio para pensar y escribir. ¿Cuándo es más creativo? Conózcase a sí mismo. ¿Qué es lo que hace que fluyan sus jugos creativos? Para mí, necesito tiempo a solas para pensar y rezar, con un bolígrafo y un papel. Un ambiente tranquilo al aire libre también ayuda.

Haz una prueba rápida de sus ideas. Uno de mis libros de arte de la universidad se titulaba "El diseño a través del descubrimiento", la idea era que gran parte del proceso creativo ocurre a lo largo del camino a medida que pruebas diferentes posibilidades. Así que, sin pensarlo demasiado, dele a su nueva idea un lanzamiento de pista a pequeña escala. (Ver capítulo 9.) Las piezas que no funcionen darán lugar a ideas para mejorar. El ensayo y error es la mejor manera de probar tus ideas. Encuentra lo que funciona y sigue refinándolo con la ayuda de otros.

¡Lánzalo! Sonríe. Buen trabajo. ¿Cuál es su próximo desafío? Su "cuello de botella" probablemente ha cambiado.

Estudio de Caso

He aquí algunas de las mejoras en curso realizadas por dos empresarios haitianos a pesar del fatalismo paralizante que prevalece en su sociedad:

Un tallador de piedra llamado Josué ha contratado a 4 vendedores a tiempo parcial y ha descubierto que los bancos y las escuelas son buenos mercados para sus productos. Se convirtió en presidente de una asociación que promueve la cultura haitiana. Asiste gratuitamente a sus ferias comerciales donde encuentra la mayoría de sus nuevos clientes. Está usando sus nuevos materiales de marketing, y ha comenzado a poner una etiqueta en la parte posterior de sus placas con el logo y el número de teléfono. Está trabajando con el Departamento de Turismo para vender más en Haití y con el Departamento de Comercio para vender fuera de Haití. Ha construido un muro para la seguridad, ha construido un edificio para el almacenamiento, y sigue introduciendo pequeñas mejoras en el producto, como revestimientos de arena de diferentes colores para hacer que las palabras destaquen en sus placas.

Un fabricante de bloques de hormigón llamado Nazaire mejoró su producto produciendo bloques resistentes a los terremotos, y luego utilizó su flujo de caja interno para comprar una máquina aún mejor que produce más y mejores bloques. ¡Reconoció que construir relaciones fuertes con los albañiles era la clave para aumentar sus ventas, y ahora tiene 10 albañiles que le compran bloques para sus proyectos! ¡Aquí hay una idea que me parece fabulosa: reclutó a seis motociclistas-taxistas para ser vendedores a tiempo parcial, aprovechando su movilidad y sus redes de relaciones! Siempre mejorando.

Estos empresarios innovadores saben que si su negocio no avanza, retrocede. "Si no estás creciendo, te estás muriendo" (Tracción p.18). Y aunque mi servicio de árboles tiene 12 años y ya es un líder de la industria en Orlando, tratamos de mejorar todo el tiempo. Uno de nuestros valores fundamentales es: "mejorar constantemente". Aquí están las innovaciones que hicimos en un período de nueve meses: identificamos 40 maneras potenciales de ahorrar dinero para mejorar nuestro flujo de caja y empezamos a comprar equipo pesado nuevo en vez de usado para reducir los costos de mantenimiento. Obtuvimos: un mejor trato en el procesamiento de los pagos de las tarjetas de crédito de los clientes, un nuevo préstamo para pagar uno con malos términos, y un tanque de combustible de 550 galones en nuestra segunda ubicación. También añadimos una tercera tripulación, otro vendedor, e instalamos cámaras después de un robo. Cosas que mejoramos: uniformes, letreros, número gratuito, contabilidad, política y práctica de cobranzas, acuerdo de operación y horario de trabajo. Cambiamos a un tipo diferente de corporación, hicimos oficial la participación de mi hermano en la propiedad, y encontramos una mejor compañía de seguros. Todo en nueve meses.

Liderando el Yo, Empleados, Sistemas

YO – Presta atención a lo que impulsa sus mejores ideas. Puede ser hablar con un mentor, leer un libro, ir a su lugar favorito o disfrutar de su forma favorita de relajarse. Puede ser una buena noche de sueño o una disciplina que te ayude a concentrarte. Extrañamente, el simple hecho de poner un lápiz en mi mano frente a una página en blanco le indica a mi cerebro que es hora de crear algo nuevo. Sea lo que sea, el espacio para la reflexión sin prisas es la clave.

EMPLEADOS - Los humanos se sienten más vivos cuando son creativos, ¡incluyendo a sus empleados! Así que inclúyalos en su afán de innovar. Si usan regularmente sus cerebros para resolver problemas de forma creativa, querrán venir a trabajar todos los días.

SISTEMAS - Estas son algunas de las innovaciones más poderosas que pueda hacer. Recuerde el capítulo 4: Desarrollar sistemas.

¿Y AHORA QUÉ?

Resumen

Hacer siempre cambios positivos en su negocio lo mantendrá fresco para usted y será un buen modelo para sus empleados. Si no avanza, está perdiendo terreno frente a sus competidores. La creatividad es el núcleo de lo que somos y se ve reforzada por la creencia de que realmente podemos afectar un cambio duradero y positivo. Para estimular la innovación en su empresa, trabaje para mejorar en pequeños pero constantes incrementos, identifique los problemas que le gustaría resolver, aprenda de los clientes y empleados y expertos, haga espacio para pensar en posibles soluciones, pruebe sus ideas y refínelas aún más. Sea rápido para tomar medidas y sea tolerante con los pequeños fracasos en el camino hacia los grandes éxitos. Mejore cada día.

Preguntas de Aplicación

1. Utilizando las 20 preguntas de la sección "pasos a seguir", ¿qué áreas de su negocio necesitan su atención creativa?
2. ¿Qué nuevas soluciones están pidiendo sus clientes?
3. ¿Qué puede hacer para crear un entorno más propicio para su propia creatividad?
4. ¿Cómo puede alentar y recompensar la innovación en los empleados?
5. ¿Cómo puede crear una cultura que abarque el cambio?

6. ¿Son las pequeñas innovaciones continuas suficientes para entusiasmarle?

7. ¿Qué innovaciones que cambian el juego podría necesitar su empresa? 8. ¿Cómo manejará los riesgos asociados?

8. ¿Cómo le gustaría que su empresa influyera en su industria?

9. ¿Es usted más o menos innovador que sus principales competidores?

Lectura Recomendada

Leading Change por John Kotter

¡Haz que suceda!

¿Qué ideas ha despertado en mi este capítulo?

¿Qué luz nueva brilla sobre mi liderazgo y negocio?

¿Qué cambios planeo hacer?

Mis actos para ¡Hacer que Suceda!	Fechas de terminación	
	Propuesta	Actual

Capítulo 6 | Supere el Fatalismo

Por Evan Keller

¿QUÉ? Definición

Con raíces en el animismo, el fatalismo es una creencia cultural de que todo lo que sucede está predeterminado, por lo que no podemos hacer mucho para influir en nuestro futuro. En lugar de trabajar con entusiasmo por un cambio positivo hoy en día, el fatalismo hace que la gente espere pasivamente a ver lo que la vida les traerá. Evita que la gente haga cambios positivos en sus vidas y negocios.

Cita de Experto

Los que viven en culturas fatalistas tienden a ser "sumisos a los acontecimientos, no están orientados a objetivos ni comprometidos con la configuración de sus propias vidas y futuros... El fatalismo les hace dudar de aceptar la incertidumbre, asumir el riesgo empresarial y ahorrar" (Daniel Etounga-Manguelle en Shaping the Developing World por Andy Baker p.169).

Preguntas de Evaluación

1. ¿Qué barreras le impiden hacer las mejoras que sabe que debe hacer en su negocio?
2. ¿Retrasa estas nuevas iniciativas mientras espera que sus circunstancias mejoren?
3. ¿Cree que puede influir en su futuro?
4. ¿Qué opina del bien y del mal en el mundo actual?
5. ¿Cómo ve su propia identidad y su papel en este mundo?

Beneficios

¿POR QUÉ?

Innovación. Al eliminar la principal barrera del pensamiento fatalista, es más fácil perseguir las mejoras creativas descritas en el capítulo anterior.

Positividad. El mal, aunque muy presente en nuestro mundo, está limitado por un Dios omnipotente que sólo permite lo que nos moldea para el bien. Mientras sufrimos en esta vida, Cristo lleva nuestro dolor con nosotros y compartiremos su victoria y gloria finales.

El logro. Al reemplazar los grilletes del fatalismo con una visión bíblica de colaborar con el Todopoderoso, podemos lograr grandes cosas.

Barreras

Invisibilidad. Las creencias culturales son aún más difíciles de cambiar cuando no las articulas conscientemente.

Pensamiento arraigado. El pensamiento profundamente arraigado es difícil de desarraigar.

Mentalidad de supervivencia. Construir un mañana próspero es muy diferente que simplemente vivir el hoy.

Falta de confianza. Depender de un buen Dios e interdepender de otros parece extraño en una cultura de desconfianza.

Valores Subyacentes

Iniciativa. Dios se deleita en nuestros esfuerzos, y bendice nuestras iniciativas para bien. - Hebreos 11:32-34

Ética de trabajo. Sabiendo que el trabajo que Dios nos ha dado importa, ponemos nuestro corazón en él. - Colosenses 3:23

Identidad. Como hijos del Rey, estamos destinados a gobernar. Podemos empezar a conducir con audacia en esta vida - para su gloria. - Romanos 8:14-19

Coraje. Nos enfrentamos al futuro y a los enemigos visibles e invisibles sabiendo que los propósitos de Dios para nosotros y a través de nosotros prevalecerán. - Josué 1:9-11

¿CÓMO? Pasos a Implementar

Dese cuenta del poder de las creencias culturales. Nuestras creencias culturales tienen una fuerte influencia en cómo vivimos. Las percepciones de nuestra sociedad sobre la vida están tan arraigadas en nosotros que a menudo ni siquiera notamos su presencia e influencia en nosotros. ¿Sabe un pez que está en el agua? Apenas pensamos en el aire que respiramos hasta que lo perdemos. Aunque los damos por sentado, somos extremadamente dependientes de cosas como el aire y la luz solar. Puede que no pensemos mucho en nuestras creencias culturales, pero en silencio y profundamente moldean nuestros pensamientos y actitudes, decisiones y acciones.

Hay cosas buenas y malas en todas las culturas. Algunas creencias culturales reflejan la verdad de Dios, mientras que otras son distorsiones de la misma. Por ejemplo, la cultura de los Estados Unidos me dice que puedo lograr cualquier cosa que me proponga, pero también me empuja a lograrlo aunque me haga ignorar a mi familia y me haga adicto al trabajo, el dinero y el poder. Muchos estadounidenses no se dan cuenta de que necesitan tener el control, son mandones, y piensan que todo debe hacerse a su manera, ¡y hacerse *ahora mismo*! Incluso en este mismo libro quiero influenciar la forma en que piensan y operan sus negocios, aunque mi comprensión de cómo funcionan las cosas en su país es muy limitada. ¡Es muy difícil para cualquiera de nosotros operar fuera de nuestras creencias culturales!

Reconocer el pensamiento fatalista. Así es como se ve el fatalismo en los empresarios: Están atascados en el pasado, y no han continuado haciendo cambios positivos de forma regular. Siguen haciendo las cosas como las hacían hace años, y no persiguen objetivos. No sacrifican su tiempo y dinero para construir el futuro. No invierten en sus empleados porque sospechan que se convertirán en competidores. Por lo tanto, con un solo líder, sus negocios no pueden crecer hasta convertirse en empresas fuertes. Como la mayoría de las personas a su alrededor, sólo están tratando de sobrevivir hoy. Son reactivos en lugar de proactivos - se ven a sí mismos como si fueran *actuados por otros*, ya sea por los competidores, los funcionarios gubernamentales corruptos, las condiciones económicas, o los espíritus/ancestros/fatigas.

Estas fuerzas los han congelado en el miedo. Esto limita su sentido de responsabilidad, y también limita severamente su potencial. Son pasivos y resignados, temerosos de intentar cualquier cosa nueva hasta que las circunstancias del mercado mejoren. Ven a los competidores capturando parte de su cuota de mercado, pero no se arriesgarán a hacer un cambio que pueda atraer más clientes. Todo está en espera. Están esperando algo: que llegue un préstamo, que se termine la elección, que un competidor se retire o que la economía mejore.

Renueve su mente. Como dije, es muy difícil actuar contra las creencias de nuestra cultura - ¡pero no es imposible! Requiere la construcción de nuevos patrones de creencia y pensamiento, lo que lleva tiempo y transformación espiritual. Así que medite en las verdades de las Escrituras, actúe en ellas, y reza para que el Espíritu de Dios las plantee profundamente en usted mientras desarraiga las mentiras del fatalismo. Haga estas cosas consistentemente a lo largo del tiempo para renovar su mente. "Conoceréis la verdad, y la verdad os hará libres" (Juan 8:32).

Medite en estas verdades bíblicas:

1. El tiempo es consecutivo, no cíclico, lo que ofrece oportunidades para un progreso real.
2. Somos hijos de Dios que estamos destinados a compartir su gloria.
3. Su gloria comienza a brillar a través de nosotros mientras llevamos a cabo su trabajo en este mundo.
4. Dios está con nosotros para que podamos vivir con coraje en lugar de miedo.
5. Aunque el mal todavía nubla nuestro mundo, su derrota es segura ya que su poder será fácilmente destruido por nuestro Dios omnipotente que tiene el control final.
6. Incluso cuando las fuerzas del mal se nos oponen, Dios está con nosotros y sus propósitos para nosotros prevalecerán.
7. Cuando luchamos por hacer algo bueno, el Señor nos apoya con su fuerza.
8. Dios quiere trabajar a través de nosotros para bendecir nuestras comunidades.

Medite en estas Escrituras, buscando las siete verdades enumeradas anteriormente:

2 Tesalonicenses 1:11-12

[11]Con esto en mente, rezamos constantemente por ti, para que nuestro Dios te haga digno de su llamado, y que con su poder pueda llevar a cabo todos tus deseos de bondad y todas tus acciones impulsadas por la fe. [12] Rezamos esto para que el nombre de nuestro Señor Jesús sea glorificado en ti, y tú en él, según la gracia de nuestro Dios y del Señor Jesucristo.

Romanos 8:14-19

[14] Porque los que son guiados por el Espíritu de Dios son los hijos de Dios. [15] El Espíritu que recibisteis no os hace esclavos, para que volváis a vivir con miedo, sino que el Espíritu que recibisteis hizo que fuerais adoptados como hijos. Y por él clamamos: "*Abba*, Padre"[16] El Espíritu mismo testifica con nuestro espíritu que somos hijos de Dios. [17] Ahora bien, si somos hijos, entonces somos herederos— herederos de Dios y coherederos con Cristo, si es que participamos de sus sufrimientos para que también podamos participar de su gloria.

[18] Considero que nuestros actuales sufrimientos no son dignos de ser comparados con la gloria que se revelará en nosotros. [19] Porque la creación espera con impaciencia que los hijos de Dios se revelen.

2 Reyes 6:13-18

[13] "Ve, averigua dónde está", ordenó el rey, "para que pueda enviar hombres y capturarlo". El informe ha llegado: "Está en Dothan."[14] Luego envió caballos y carros y una fuerza fuerte allí. Fueron por la noche y rodearon la ciudad.

[15] Cuando el siervo del hombre de Dios se levantó y salió a la mañana siguiente, un ejército con caballos y carros había rodeado la ciudad. "¡Oh no, mi señor! ¿Qué haremos?", preguntó el sirviente.

[16] "No tengas miedo", respondió el profeta. "Los que están con nosotros son más que los que están con ellos

[17] Y Eliseo rezó: "Abre sus ojos, Señor, para que pueda ver". Entonces el Señor abrió los ojos del sirviente, miró y vio las colinas llenas de caballos y carros de fuego alrededor de Eliseo.

[18] Cuando el enemigo bajó hacia él, Eliseo rogó al Señor: "Golpea a este ejército con la ceguera". Así que los golpeó con la ceguera, como Eliseo había pedido.

Hebreos 11:32-34

[32] ¿Y qué más puedo decir? No tengo tiempo para hablar de Gedeón, Barak, Sansón y Jefté, de David y Samuel y los profetas, [33] que por la fe conquistaron reinos, administraron justicia y obtuvieron lo prometido; que cerraron la boca de los leones, [34] apagaron la furia de las llamas y escaparon del filo de la espada; cuya debilidad se convirtió en fuerza; y que se hicieron poderosos en la batalla y derrotaron ejércitos extranjeros.

1 Juan 4:3-4

[3] pero todo espíritu que no reconozca a Jesús no es de Dios. Este es el espíritu del anticristo, que han oído que viene y que incluso ahora ya está en el mundo.

[4] Vosotros, queridos hijos, sois de Dios y los habéis vencido, porque el que está en vosotros es más grande que el que está en el mundo.

Josué 1:9-11

[9] ¿No te he ordenado? Sé fuerte y valiente. No temas, no te desanimes, porque el Señor tu Dios estará contigo dondequiera que vayas."

[10] Entonces Josué ordenó a los oficiales del pueblo: [11] "Vayan por el campamento y díganle al pueblo: 'Preparen sus provisiones'. Dentro de tres días cruzaréis el Jordán por aquí para entrar y tomar posesión de la tierra que el Señor vuestro Dios os da para vosotros"

Efesios 2:10

¹⁰ Porque somos obra de Dios, creados en Cristo Jesús para hacer buenas obras, las cuales Dios preparó de antemano para que las hiciéramos.

Desarrollar una comunidad de apoyo. Encuentra otros empresarios que también quieran ser transformados por Dios a través de las Escrituras, la oración y el estímulo mutuo. Reunirse regularmente para ayudarse mutuamente a crecer. Ayúdense a vivir esta visión bíblica de trabajar junto al Creador para crear formas de servir mejor a su comunidad

Estudio de Caso

El fatalismo está profundamente arraigado en la cultura haitiana, sin embargo, hay empresas que se han liberado de su agarre inmovilizador. Una empresa de comunicaciones con sede en la cercana Jamaica, Digicel es la empresa más reconocida de Haití. Es conocida por inventar constantemente nuevas soluciones para sus clientes. Desafía abiertamente el pensamiento fatalista: "Nuestra creencia es que todo y cualquier cosa es posible....Digicel siempre está buscando el próximo desafío, rompiendo barreras para proveer soluciones a lo que otros pensaron que no era posible". Asimismo, una empresa más pequeña llamada Enersa es el único fabricante de paneles solares de Haití, conocido sobre todo por sus innovadores faroles solares (a prueba de robo y a prueba de huracanes), que ha instalado en más de 70 ciudades haitianas con una infraestructura eléctrica subdesarrollada. Con el asesoramiento de Partners Worldwide, se destacan en su mercado, en el que tanto los puestos de trabajo como las luces de las calles son poco frecuentes.

Liderando el Yo, Empleados, Sistemas

YO – Identifique cualquier descripción que se aplique a usted en la sección "reconocer el pensamiento fatalista" y esboce su estrategia para renovar su mente.

EMPLEADOS – Liderar con el ejemplo para nutrir una cultura de confianza, positividad, trabajo duro, iniciativa y sacrificio por el futuro.

SISTEMAS – Practicar disciplinas espirituales de oración y meditación en las Escrituras. Persigue el cambio positivo en tu negocio a través de la fijación de objetivos (capítulo 3) y la innovación constante (capítulo 5).

Resumen

¿Y AHORA QUÉ?

Si cree y actúa en estas verdades, cambiarán su vida, su familia y su negocio. Les animo a que pasen un tiempo sumergiéndose en las Escrituras que enseñan estas verdades, y a que recen diligentemente a Dios para que reemplace las mentiras del fatalismo con estas verdades, para que se conviertan en fuerzas más fuertes en sus vidas que cualquier creencia cultural. En lugar de esperar y desear que algo bueno les suceda, están facultados por Dios para hacer que el cambio se produzca en su negocio y para su comunidad.

Preguntas de Aplicación

1. ¿Qué es lo que en estas Escrituras es más difícil de creer y de actuar?

2. ¿Cuál es la diferencia entre cómo se ve a sí mismo y cómo estas Escrituras definen su identidad?

3. ¿Cómo deberían estas Escrituras influir en la forma en que usted dirige su negocio?

4. ¿Cómo aplicará la disciplina de la oración a estos asuntos?

5. ¿A quién puede reunir para que le apoye, ore y rinda cuentas regularmente?

Lectura Recomendada

The Central Liberal Truth por Laurence E. Harrison

¡Haz que suceda!

¿Qué ideas ha despertado en mi este capítulo?

¿Qué luz nueva brilla sobre mi liderazgo y negocio?

¿Qué cambios planeo hacer?

Mis actos para ¡Hacer que Suceda!	Fechas de terminación	
	Propuesta	Actual

GrowBook
Plan de Acción
Por Evan Keller, Junio 2017

Circula la acción adecuada para cada tema:

1. Conduzcase a sí mismo - ¿Estoy invirtiendo intencionalmente en mis relaciones personales, crecimiento y salud?

    Mantener   Afinar   Revisar

2. Establezca el Rumbo - ¿He escrito la visión, misión y valores de mi compañía? ¿Me aseguro de que todo esté alineados con ellos?

    Mantener   Afinar   Revisar

3. Persiga Objetivos - ¿He escrito objetivos para este año y en verdad los estoy persiguiendo?

    Mantener   Afinar   Revisar

4. Desarrolle Sistemas - ¿Escribo, implemento y mejoro los procesos para incrementar eficiencia en mis operaciones y consistencia a mis clientes?

    Mantener   Afinar   Revisar

5. Innove Constantemente - ¿Estoy buscando formas de mejorar mi negocio constantemente?

    Mantener   Afinar   Revisar

6. Supere el fatalismo - ¿Cree la verdad de que está empoderado para moldear su futuro positivamente?

    Mantener   Afinar   Revisar

Mi enfoque #1: _____

Centra tus mensajes de marketing en las necesidades de los clientes. Hasta que no tengas clientes que puedas conservar, haz que tu prioridad sea encontrarlos en línea y cara a cara.

Capítulo 7 | Cliente de Artesanía - Branding Enfocado

Por Evan Keller

Definición

¿QUÉ?

"Marca" es un término amplio para la identidad percibida de su empresa, la personalidad y las soluciones únicas para el cliente. Aunque su marca se refiere a la imagen de su empresa en su conjunto, debe ser comunicada de manera más clara y sucinta a través de su nombre, su lema y su logotipo, junto con sus colores, fuentes e imágenes asociadas. Estas herramientas deben conectar eficazmente con su mercado objetivo, insinuando las soluciones atractivas que usted les ofrece. Su mensaje más amplio debe fluir de estas comunicaciones altamente concentradas.

Cita de Experto

"Los proverbios son el Santo Grial de la simplicidad. Es fácil hacer una frase corta y compacta. Cualquiera puede hacerlo. Por otra parte, llegar a una profunda frase compacta es increíblemente difícil." – Chip & Dan Heath Made To Stick p.62

Preguntas de Evaluación

1. ¿Por qué usted (o alguien más) le dio a su negocio el nombre que tiene? 2. ¿Qué tan bien se alinea con su visión y mercado objetivo?

2. ¿Comunica su nombre inmediatamente lo que hace? ¿Está enfocado al cliente, insinuando las soluciones que usted aporta?

3. ¿Cuál es su logotipo y su lema? ¿Qué tan bien representan su negocio y se conectan con los clientes?

Beneficios

¿POR QUÉ?

Atracción. Una buena marca crea un "sí" inmediato en la mente de tu cliente ideal. Evoca un sentimiento positivo que es un gran primer paso en la construcción de la confianza - la base de los negocios.

Comunicación condensada. Una buena marca dice mucho con muy poco. Es una dosis altamente concentrada de ti. Rápidamente transmite una gran cantidad de información que tomaría mucho tiempo articular conscientemente. Te guste o no, te resume. Así que asegúrate de que dice lo que quieres que diga.

Lealtad. Si cumple lo que su marca promete, su marca reforzará la lealtad del cliente.

Barreras

Mal diseño. Está en todas partes y es alimentado por diseñadores no cualificados y clientes baratos.

El costo. Un buen diseño no es barato, pero vale cada centavo. Recuerda, es una inversión a largo plazo que funciona para ti todos los días. Si no le pagas lo suficiente a un diseñador de probada eficacia, puede que no consigas su mejor trabajo.

Desorden. Los empresarios tratan de decir demasiado con sus logos y terminan sin decir nada porque no logran captar y mantener la atención. "Si dices tres cosas, no dices nada". - Chip & Dan Heath Made to Stick p.33

Delegación. Es increíble lo rápido y fácil que los empresarios dan a un diseñador que ni siquiera conocen el control sobre la identidad de su empresa. No importa cuánta ayuda consiga, debe elegir no sólo su nombre sino también su eslogan. No diseñe su propio logotipo, sino que sepa exactamente lo que quieres que comunique, y manténgase involucrado en cada paso del proceso. Asegúrese de que el producto final sea sorprendente y represente a su empresa a la perfección.

Valores Subyacentes

Claridad. En un mundo atestado de desorden visual, una buena marca simplifica su mensaje para un consumo rápido. La claridad visual de su marca depende de la claridad de su visión para su empresa. Si no sabe quién es, adónde va y qué es lo que mejor hace, no tiene posibilidad de comunicarlo con claridad.

Centrarse en los clientes. En lugar de hablar sólo de usted mismo, su marca debe centrarse en las necesidades de los clientes que usted satisface. - Filipenses 2:4

Respeto por las palabras. Para algo tan central para la identidad de un negocio, algunos no valoran la marca lo suficiente como para darle toda su atención. Las palabras y las imágenes tienen un poder increíble para mover la mente, la voluntad y las emociones. - Proverbios 18:21

Consistencia. Los clientes quieren una experiencia prediciblemente buena de usted. El uso consistente de su marca dice que usted es un proveedor confiable de lo que ellos necesitan.

 Pasos a Implementar

Reflexione sobre lo que le hace único. La marca es una forma de definir tu negocio. ¿Cuáles son sus productos y servicios principales, y qué es lo que los distingue de los demás? Esta es su "propuesta de valor", por qué la gente le compra. "El branding" es la promesa de una experiencia distinta y memorable. Se trata de crear una expectativa y entregarla de manera consistente" (Giuli Schacht de Rational Developments, Inc.)

Conocer su mercado objetivo y cómo satisfacer sus necesidades de manera única. Asegúrese de que su marca haga un gran trabajo de conectar lo que mejor hace con aquellos que más lo valoran. Vea más sobre la identificación de su mercado objetivo en el capítulo 7 y la satisfacción de sus necesidades en el capítulo 9.

Elija un nombre de empresa que sea corto, memorable y que al menos dé pistas sobre lo que puede hacer por los clientes. El nombre de su empresa debe encarnar su propuesta de valor y sus productos principales. "Tree Work Now" dice exactamente lo que mis clientes necesitan después de una tormenta eléctrica en Florida. "Creando empleos" nombra el resultado más importante y deseable de nuestra organización sin fines de lucro.

Evita estas trampas de los nombres. A menos que se tenga millones para hacer de su marca un nombre familiar, no le ponga su nombre, hágalo sobre sus clientes, no sobre usted. En un seminario en la Universidad Nacional de Honduras, Jeff Hostetter (uno de los principales mentores de Creating Jobs Inc.) aconsejó a los estudiantes de negocios que no nombraran sus empresas con su nombre, añadiendo esta pregunta: "¿Quién querría comprar un negocio con tu nombre?" Un estudio reciente de la revista INC Magazine muestra que ponerle un nombre a su negocio puede impedir su crecimiento (Bobbie Gossage, "Made for Speed" Mayo 2015, p.92). Y por supuesto, no pongas un acrónimo en tu nombre, lo cual es un desperdicio colosal de tu más valiosa oportunidad de comunicación. A pesar de este hecho obvio, los dueños de negocios a menudo incluyen acrónimos o palabras que son irreconocibles para su público objetivo. Increíble. Además, ten cuidado con las marcas miopes que te obligan a limitar el alcance geográfico o la línea de productos. Por ejemplo, empecé mi negocio con el nombre de mi condado en el nombre de mi empresa, sin darme cuenta de que creceríamos rápidamente más allá de nuestro condado. Recordando mi error, desanimé a un amigo de poner uno de sus muchos servicios en el nombre de su negocio. Está feliz de haber reemplazado "césped" por "mantenimiento de propiedades", lo que le ha permitido un fuerte crecimiento en el lavado a presión, limpieza de piscinas y servicios de mantenimiento.

Crecer como escritor. Esta es una de las habilidades más importantes de la vida. Y a menos que planees dirigir su negocio solo, la comunicación será clave para inspirar, motivar, animar y entrenar a sus empleados. Lea y aplique libros como el de Roy Peter Clark, Writing Tools.

Escriba su propio eslogan e incorpórelo a su logotipo. Incorpore algunos de los seis principios de Chip & Dan Heath de ideas pegajosas: simple, inesperado, concreto, creíble, emocional e historias (Made to Stick).

Elija imágenes, si las hay. Su logo puede ser genial sólo con la tipografía, pero puede ser mejorado con gráficos siempre y cuando su nombre permanezca prominente. Técnicamente no diseñé la hoja (también utilizada en este libro) de mi logo Tree Work Now, pero di instrucciones conceptuales detalladas y critiqué cada borrador hasta que obtuve exactamente lo que estaba en el ojo de mi mente. Saber lo que uno quiere. Consigue lo que quieres. Asegúrese de que las imágenes se vean bien cuando sean lo suficientemente pequeñas para caber en una tarjeta de visita. Mire las principales marcas que usa a diario - la mayoría son icónicas, simples, elegantes, que se ven igual de bien pequeñas o grandes.

Elija sus colores. En la mayoría de los casos, es mejor usar uno o dos colores para conservar la simplicidad, el poder y la claridad. Esto también hace que sea más rentable imprimir en ciertos formatos. Aprende sobre la teoría del color para asegurarte de que comunicas lo que pretendes. No utilice automáticamente los colores estándar de su sector. Ser "inesperado" es uno de los seis principios de Made to Stick de las ideas pegajosas.

Elija una forma. Piense en los lugares más importantes donde se mostrará su logo. Asegúrate de que tu logo se vea bien en esos lugares. Traiga una relación sugerida de altura y anchura a su diseñador. Si es necesario, tenga una versión horizontal y vertical para encajar en diferentes contextos, pero haga una primaria. Esto le permite asegurarse de que su logo nunca se estire fuera de sus proporciones originales. En términos de diseño: mantener la "relación de aspecto" original siempre que se amplíe o reduzca el tamaño del logo. Las letras aplastadas o estiradas se ven horribles. Si eres descuidado con tu propia identidad, ¿por qué los clientes deben creer que les darás un buen valor por su dinero?

Elija un diseñador para implementar su visión. Encuentre un diseñador gráfico de referencias confiables o mejor aún, elija un diseñador de un logo que le guste y que represente magistralmente a la compañía que representa. En cualquier caso, nunca contrate a un diseñador sin ver mucho de su trabajo y estar seguro de que su estilo es adecuado y el nivel de talento es excelente. Si un diseñador no es la opción obvia y dentro de su presupuesto, entreviste a dos o tres y obtenga sus impresiones iniciales de la dirección que tomarían con la preparación que ya ha hecho. A los diseñadores les gustan los clientes que saben lo que quieren.

Elija su fuente. Yo elegí las fuentes exactas para mis dos logotipos buscando en varias bibliotecas de fuentes en línea. Estos sitios te permiten conectar tu nombre para ver cómo se verá en varias fuentes antes de comprar (por un promedio de $45). Encuentre la categoría de fuentes que mejor represente a su empresa y luego reduzca la lista a sus diez mejores. Imprima su nombre en esos diez estilos, luego medítelo durante unos días y obtenga la opinión de personas con buen sentido del diseño. Redúcelo a 1-3 fuentes. Déselas a su diseñador, pero esté abierto a sus sugerencias también. Incluso si una de las suyas no es la elección final, usted comunicó mucho acerca de quién es usted a un diseñador que probablemente no sabía nada de usted o de su negocio.

Elija imágenes, si las hay. Su logo puede ser genial sólo con la tipografía, pero puede ser mejorado con gráficos siempre y cuando su nombre permanezca prominente. Técnicamente no diseñé la hoja (también utilizada en este libro) de mi logo Tree Work Now, pero di instrucciones conceptuales detalladas y critiqué cada borrador hasta que obtuve exactamente lo que estaba en el ojo de mi mente. Saber lo que desea. Consigue lo que quieres. Asegúrate de que las imágenes se vean bien cuando sean lo suficientemente pequeñas para caber en una tarjeta de visita. Mira las principales marcas que usas a diario - la mayoría son icónicas, simples, elegantes, que se ven igual de bien pequeñas o grandes.

Elija sus colores. En la mayoría de los casos, es mejor usar uno o dos colores para conservar la simplicidad, el poder y la claridad. Esto también hace que sea más rentable imprimir en ciertos formatos. Aprende sobre la teoría del color para asegurarse de que comunica lo que pretende. No utilice automáticamente los colores estándar de su sector. Ser "inesperado" es uno de los seis principios de Made to Stick de las ideas que se quedan.

Elija una forma. Piense en los lugares más importantes en los que se mostrará su logotipo. Asegúrese de que su logotipo se vea bien en esos lugares. Lleve una relación de altura y anchura sugerida a su diseñador. Si es necesario, tenga una versión horizontal y vertical para encajar en diferentes contextos, pero haga una primaria. Esto le permite asegurarse de que su logo nunca se estire fuera de sus proporciones originales. En términos de diseño: mantener la "relación de aspecto" original siempre que se amplíe o reduzca el tamaño del logo. Las letras aplastadas o estiradas se ven horribles. Si es descuidado con su propia identidad, ¿por qué los clientes deben creer que les dará un buen valor por su dinero?

119 CLIENTE DE ARTESANÍA - BRANDING ENFOCADO

Elija un diseñador para implementar su visión. Encuentre un diseñador gráfico de referencias confiables o mejor aún, elija un diseñador de un logo que le guste y que represente magistralmente a la compañía que representa. En cualquier caso, nunca contrate a un diseñador sin ver mucho de su trabajo y estar seguro de que su estilo es adecuado y el nivel de talento es excelente. Si un diseñador no es la opción obvia y dentro de su presupuesto, entreviste a dos o tres y obtenga sus impresiones iniciales de la dirección que tomarían con la preparación que ya ha hecho. A los diseñadores les gustan los clientes que saben lo que quieren.

Consigue archivos de arte originales. Cuando el diseño esté completo, asegúrate de que el artista te entregue los archivos de arte originales - generalmente un archivo de Adobe Illustrator (.ai o .eps) - para que pueda obtener imágenes de mayor resolución y tenerlas a mano para cualquier cambio que decida hacer en el futuro. También solicita versiones de alta y baja resolución (.jpg o .gif) tanto en color como en blanco y negro (para aplicaciones de un solo color). Asegúrese de ser el propietario sin restricciones (no el licenciatario) de la obra de arte.

Renueve la marca si es necesario. Si su marca existente no tiene una conexión espléndida con su mercado objetivo, considere un cambio de nombre y/o un cambio de logotipo. Esta es una decisión importante que no debe tomarse a la ligera. Le costará mucho a corto plazo: la pérdida potencial de clientes, y el tiempo/dinero para cambiarlo en todos sus documentos oficiales y comunicaciones de marketing. Pero, debes tomar esta decisión con una visión a largo plazo. ¿Tendrá esto un gran impacto positivo en mi empresa en 3, 5 y 10 años? Si la respuesta es sí, entonces debe hacerse. No se demore. Cuanto más tiempo espere, más tiempo le tomará restablecer la conciencia de la marca y aumentar su cuota de mercado.

Difunda su marca. Ponga su identidad de marca en todas partes y asegúrese de que todas las comunicaciones de la empresa sean coherentes con su nombre, su eslogan, su combinación de colores y su estilo gráfico. Su marca es el titular, todas las demás comunicaciones se derivan de él. Estas pautas le permitirán comenzar a construir una marca en la que la gente confíe y a la que sea leal.

Cree comunicaciones consistentes que fluyan de su marca y se centren en las necesidades de sus clientes. En una industria de mala calidad, nuestra marca rezuma profesionalidad, desde el intrincado gráfico de la hoja hasta el sitio web representado por el ".com" en nuestro logo. Así es como expusimos nuestro eslogan ("Cada detalle. Cada vez") en nuestra publicidad... Hice un análisis de lo que nuestros clientes quieren al contar 297 respuestas a la pregunta: "¿Qué factores son más importantes para usted al contratar un servicio de árboles?" Compilé y estudié los resultados e hice el siguiente titular y copia del anuncio para decir a los clientes que nos centramos en sus necesidades:

Sabemos lo que quieres. Lo entregamos.

Al preguntar a cientos de nuestros clientes lo que consideran importante, sabemos que un precio justo y asequible es lo más importante para usted. También valora a los equipos altamente cualificados que protegerán su propiedad y la limpiarán a fondo. Quiere una compañía en la que pueda confiar para que se presente y realice el trabajo como se prometió. Cumplir con estos requisitos es nuestra mayor prioridad.

Estudio de Caso

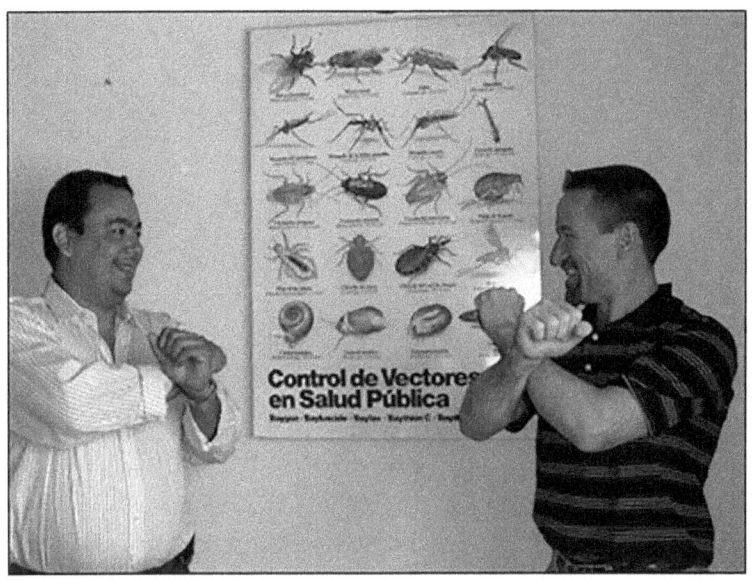

La compañía de Saúl Contrares se llama Ser Móvil, que suena como una compañía de telefonía móvil para el hondureño medio. Aparte del control de plagas, tiene una segunda línea de negocio completamente diferente: la instalación y limpieza de cisternas de agua. Le ayudamos a comercializar esas divisiones separadas bajo marcas distintas, con un efecto maravilloso. Los logotipos separados hacen avanzar sus dos marcas: ProLimpio y XPlagas. Esto ayudó a Saul a producir fuertes resultados en un año, incluyendo un 59% de incremento en las ventas, 3 nuevos trabajos, y un 98% de satisfacción del cliente.

Liderando el Yo, Empleados, Sistemas

Yo – Es usted el guardián de la marca. Vigila su desarrollo cuidadoso y su uso consistente. No te conformes con delegar esto; es demasiado importante.

EMPLEADOS – Asegúrese de que se utiliza en toda la comunicación de la empresa, tanto interna como externa, ya que la marca puede ayudar a construir la lealtad entre los empleados, así como los clientes, si realmente se vive lo que la marca comunica.

SISTEMAS – Elaborar cuidadosamente y utilizar de forma consistente su marca son procesos importantes.

Resumen
¿Y AHORA QUÉ?

Dado que la marca es tan importante para la identidad de su empresa y suele ser el primer punto de contacto con los clientes potenciales, debe dirigir su desarrollo. Elija un nombre de empresa y un eslogan que se adapte a las necesidades de sus clientes, y proporcione información detallada al diseñador gráfico de probada eficacia que está produciendo su logotipo. El cambio de marca tiene un alto costo, pero si su marca no resuena con los clientes y revela sus soluciones únicas, los beneficios a largo plazo del cambio de marca valen la pena los dolores de crecimiento a corto plazo. Todas las comunicaciones de su empresa deben ser reflejo de su clara y fuerte marca.

Preguntas de Aplicación

1. ¿Ha articulado claramente lo que hace mejor y cómo satisface las necesidades de los clientes?
2. ¿Estás dispuesto a participar en la práctica que te estoy aconsejando?
3. ¿Qué escritores y editores profesionales y aficionados puede consultar?
4. ¿Cómo encontrará al diseñador gráfico adecuado?
5. ¿Está dispuesto a pagar lo suficiente para obtener un buen diseño?
6. ¿Necesita cambiar de marca?
7. ¿Qué inconsistencias en la exhibición de su logo necesitan ser corregidas?
8. ¿Qué comunicaciones de la compañía necesita para realinear su marca?

Lectura Recomendada

Made to Stick por Chip & Dan Heath

¡Haz que suceda!

¿Qué ideas ha despertado en mi este capítulo?

¿Qué luz nueva brilla sobre mi liderazgo y negocio?

¿Qué cambios planeo hacer?

Mis actos para ¡Hacer que Suceda!	Fechas de terminación	
	Propuesta	Actual

Capítulo 8 | Genere un Flujo Suficiente de Clientes

Por Evan Keller

Definición

¿QUÉ?

Un fuerte flujo de clientes es su mayor necesidad de negocios. Puedes tener el mejor producto del mundo, pero si la gente no lo sabe, no tienes negocio. La generación de clientes potenciales se trata de encontrar clientes potenciales y demostrar el valor que los mueve a la acción. Hasta que tu negocio tenga un flujo suficiente de clientes, debes identificar y perseguir a tu mercado objetivo con un esfuerzo organizado, impávido y de máxima prioridad.

Cita de Experto

La generación de líderes implica "identificar a las personas con necesidades que pueden satisfacer y decírselo de manera que puedan entenderlo rápida y fácilmente". - Michael Gerber en E-Myth Mastery).

Preguntas de Evaluación

1. ¿Están sus ingresos donde deberían estar, dada la antigüedad de su negocio?
2. ¿Está experimentando un crecimiento saludable de los ingresos?
2. ¿Está produciendo al 75% o más de capacidad (con las instalaciones, equipos y empleados actuales)?
3. Si tiene capacidad para atender a más clientes, ¿cuánto tiempo dedica a encontrarlos?
4. ¿Sabe quiénes son sus clientes ideales y los está alcanzando?
5. ¿Tiene suficiente cuota de mercado para ser conocido como un líder en su industria?
6. ¿Seguiría su negocio siendo rentable si perdiera sus tres principales clientes?

 Beneficios

¿POR QUÉ?

Ventas. Más ventas siguen a más clientes potenciales - sin un flujo constante de clientes, tienes un hobby, no un negocio.

Relaciones rentables. El éxito en los negocios se basa en encontrar, aterrizar y satisfacer a los clientes - día tras día, año tras año.

Investigación de mercado. Interactuar regularmente con los clientes potenciales te mantiene en sintonía con lo que ellos quieren.

GENERE UN FLUJO SUFICIENTE DE CLIENTES

Barreras

Inercia. Es difícil cambiar los patrones de trabajo para pasar más tiempo llegando a los clientes potenciales.

Aversión al riesgo. Es más fácil seguir con lo que sabe, haciendo cualquier tarea de negocios en la que te sientas competente. Si no tiene suficientes clientes, entonces es hora de construir una nueva competencia. Conviértase en un experto en encontrar clientes que valoren sus productos y servicios lo suficiente como para desprenderse del dinero. Los clientes no dan tanto miedo como crees, y escuchar un "no" es sólo un paso para escuchar un "sí".

Distracciones importantes. Se pueden contratar o desarrollar técnicos, pero nadie más que usted construirá su negocio. Los mejores empresarios se centran en la elaboración de productos innovadores y en la búsqueda incesante de clientes que los necesiten. Contrata a otros para hacer el resto. Algunos propietarios de negocios tienen a un técnico tan ocupado que se engañan pensando que es lo principal, que ser expertos en productos hará de alguna manera que su negocio crezca. "Si quieres trabajar en un negocio, ¡consigue un trabajo en el negocio de otro! Pero no vaya a trabajar en el suyo propio. Porque mientras está trabajando... hay un trabajo importante que no está haciendo, el trabajo estratégico, el trabajo empresarial que llevará a su negocio hacia adelante" (Michael Gerber, E-Myth Revisited p.39). Hasta que no haya construido un sistema de generación de prospectos impresionante que atraiga más clientes potenciales de los que puedes servir, su trabajo más estratégico es el de director de marketing.

Valores Subyacentes

Determinación. Encuentra todas las buenas fuentes posibles de pistas. - Proverbios 24:16

Iniciativa. Salir y perseguir a los clientes. - Eclesiastés 11:4

Positividad. No te dejes intimidar por la palabra "no".

Concéntrese. Sepa quién quiere y puede pagar su producto. Concéntrese en ellos.

Confíe. Confíe a los empleados las tareas que necesita llevar a cabo para permitirle concentrarse. - 2 Timoteo 2:2

Disciplina. Haz lo difícil que te hace crecer, una y otra vez. - 2 Timoteo 2:3-6

Sabiduría. Discernir lo que su negocio necesita más de usted en esta etapa de su vida.

Pasos a Implementar
¿CÓMO?

Identifique su Mercado Objetivo. ¿Quién y dónde están sus mejores clientes potenciales? ¿Quién quiere y puede permitirse lo que usted vende? Hay dos elementos en su mercado objetivo:

1. **Ámbito Demográfico.** ¿Cuáles de los siguientes rasgos son relevantes para identificar a sus mejores clientes? <u>Para las personas</u>: edad, sexo, ocupación, ingresos, estado de empleo, educación, estado civil, estado familiar, raza, idioma,

GENERE UN FLUJO SUFICIENTE DE CLIENTES

intereses, afiliaciones y propiedad de la vivienda. Para las organizaciones: industria, líneas de productos, tamaño de la empresa, tipo de negocio, cobertura geográfica y estado financiero (Michael Gerber E-Myth Mastery p.127). Algunos empresarios intentan vender a todo el mundo, pero terminan sin nadie. "Un ejército en todas partes es un ejército en ninguna parte" (Sun Tzu El Arte de la Guerra). Aunque veo muchos mensajes y agencias de seguros, el que realmente me llamó la atención fue un simple y diminuto cartel que decía "Seguro para diabéticos". Aunque no soy diabético y no estoy comprando un seguro, ese mensaje se me ha quedado grabado porque parece que han encontrado una solución excepcional para un segmento específico de la población.

Alcance geográfico. Así como es difícil mantener relaciones cercanas a largas distancias, la entrega rentable suele tener límites. ¿A quién *no* puede permitirse venderle? ¿Su actual alcance geográfico es lo suficientemente grande como para sostener un crecimiento a largo plazo? Si tanto su ámbito *demográfico* como el *geográfico* son muy estrechos, entonces necesita una gama más amplia de productos y servicios para seguir creciendo su empresa con el tiempo.

Enganche a su Mercado Objetivo. Ahora que ya sabe quiénes y dónde están sus clientes potenciales, ¿cómo los conectará con su empresa? ¿Qué canales de generación de clientes potenciales les llegarán mejor?

1. **Aprovechar las relaciones existentes.** Dado que los negocios se basan en la confianza, querrá llegar a las personas que ya conoce para hacer negocios directamente con usted y conectarle con sus redes de personas que necesitan lo que usted vende. Suponiendo que haya creado un poco de

equidad relacional, los amigos y conocidos estarán encantados de ayudarle. Puedes hacer ventas cruzadas y establecer programas de ventas recurrentes para clientes existentes. Algunos de sus clientes caducados pueden estar listos para hacer otro pedido. Los clientes que ha satisfecho recientemente están ansiosos por darle referencias, así que pregúnteles mientras su buena experiencia aún está fresca y ofrézcales un pequeño regalo de agradecimiento (repartimos toneladas de tarjetas de regalo de restaurante de 25 dólares) o un pequeño descuento en su próxima compra.

2. **Ve en persona.** Identifique a 50-100 clientes potenciales importantes y vaya a verlos en persona. No delegue. No envíe correos electrónicos. No lo postergue. ¡Sólo vaya! Desarrolle relaciones cara a cara con gente que pueda hacer una gran diferencia en el crecimiento de su negocio. Porque la confianza se construye mejor cara a cara, este enfoque es mucho mejor que el teléfono o el correo electrónico. Además, obtener la atención de un extraño es bastante difícil si no es cara a cara. Tiene más posibilidades de llegar a ellos y puede poner sus materiales de marketing en sus manos. Puedes leer el lenguaje corporal y hacer una conexión personal. Mi primer vendedor, que duró poco tiempo, se convirtió en un experto en crear magníficas y detalladas bases de datos de los principales clientes potenciales, ¡pero nunca fue! No te quedes atascado en la etapa de investigación - rompe la inercia, crea un impulso. Admite que te sientes más seguro en la oficina. No pierdas horas y días haciendo el plan perfecto, que para algunos es una forma de retrasar la parte difícil pero efectiva. No se quede atascado en la parálisis del análisis. Enfrente su miedo de frente con una acción positiva. ¡Saber qué hacer y hacerlo realmente es muy diferente! Recuerde la emoción de vender

GENERE UN FLUJO SUFICIENTE DE CLIENTES

- eso lo reforzará una vez que empiece. Hágalo una prioridad reservando grandes trozos en su agenda, tal vez dos días enteros o tres medios días a la semana para salir a vender. Para saber qué hacer cuando llegues, mira el capítulo 11 sobre ventas.

3. **Intente todo.** En los primeros años de la comercialización de Tree Work Now Inc, centré mi energía creativa en atraer un flujo constante de clientes de todas las maneras que pude imaginar. Lo hicimos todo - incluso tuvimos a nuestros trepadores de árboles colgando de los lados de nuestros camiones de basura en un desfile navideño (y ganamos el primer lugar). Lo intenté todo; ¡incluyendo el marketing de la guerrilla! Hicimos publicidad en todas partes, desde vallas publicitarias hasta guías telefónicas, pasando por boletines comunitarios y estadios deportivos. Instalé grandes letreros de camiones con la dirección de nuestro sitio web y un memorable número gratuito (855-WE-PRUNE). Hice una red de contactos en el Club Rotario y en la Cámara de Comercio. Me relacioné con paisajistas y compañías de mantenimiento de césped y conseguí muchos trabajos ofreciéndoles honorarios de referencia. Intenté todo tipo de publicidad y gasté mucho tiempo y dinero construyendo el mejor sitio web optimizado por Google en la industria, junto con estrategias para hacerse notar en línea.

4. **Aprovechar el poder de la confianza.** Establezca una presencia en los canales de marketing que fomentan la confianza, como los sitios web que tienen reseñas en línea, las cámaras de comercio y las asociaciones industriales, especialmente las que otorgan acreditaciones en las que confían sus clientes.

5. **Aproveche el poder del tribalismo.** Mientras que la mayoría de la publicidad no atrae la atención de su mercado objetivo,

la gente disminuye la velocidad y presta atención cuando está en "casa" en su propia "tribu". Por ejemplo, la gente se preocupa por sus propios vecindarios, clubes, lugares de culto, escuelas, pasatiempos, actividades, deportes y organizaciones benéficas favoritas. Si puede hacer alianzas significativas con estas asociaciones que han capturado el corazón de su mercado objetivo, hay más posibilidades de que escuchen y respondan a su mensaje. Así que patrocinar el equipo de fútbol de su hija podría traer más pistas a su compañía de construcción que un anuncio en la guía telefónica. Anunciar en el boletín de la asociación de vecinos de un barrio al que le gustaría ampliar sus servicios de limpieza sería mejor que la publicidad en el periódico de la ciudad. O conseguir que una organización sin fines de lucro que usted y su mercado objetivo se preocupe por promover su negocio como su principal donante. Cuando un banco aceptó patrocinar nuestra carrera de padel "Paddle Out Poverty" que beneficia a Creating Jobs Inc, naturalmente obtuve mis próximos cuatro préstamos de equipo de ellos. Me tocaron el corazón y quería darles las gracias. Esa es la magia del tribalismo

6. **Mejorar las clasificaciones de Google.** Dado que muchas compras (en algunos países) comienzan con una búsqueda local en Internet, te recomiendo que tomes estos simples pero poderosos pasos para lograr los mejores rankings de Google: agregar contenido regular, incrustar las palabras clave correctas, construir muchas citas consistentes, optimizar su página de Google+ y solicitar revisiones de Google. Según Moz.com, estas son algunas de las acciones más fáciles y de mayor impacto que puedes realizar para mejorar tus clasificaciones. Más información en:

GENERE UN FLUJO SUFICIENTE DE CLIENTES

https://moz.com/local-search-ranking-factors. Aquí está cómo llevar a cabo los cinco pasos:

A. **Añada un contenido regular y valioso.** Asegúrese de escribir información única y útil para su sitio para que con el tiempo se convierta en una fuente autorizada en su industria. El "contenido" es en su mayoría un texto bien escrito y relevante, pero también incluye buenas fotos y especialmente videos. A continuación, le ofrecemos breves consejos sobre el contenido directamente de Google: https://support.google.com/webmasters/answer/6001093?hl=en

B. **Inserte las palabras clave correctas.** "Palabras clave" son palabras o frases que usted cree que los clientes escribirán en una búsqueda para encontrar los productos o servicios que usted ofrece. Debe elegir las palabras clave más importantes y luego insertarlas intencionalmente en su sitio web, incluso en su código, contenido y dirección web. Este artículo aborda todas las facetas del uso de palabras clave: http://backlinko.com/keyword-research. Y aquí hay varias herramientas de palabras clave para ayudarle a identificar las suyas: http://www.pamorama.net/2014/01/04/10-keyword-research-tools/

C. **Construya muchas citas consistentes.** Llene completamente los perfiles gratuitos en directorios como las páginas amarillas de internet y cualquier directorio utilizado en su industria. Subir la información básica de su negocio en tales sitios se considera una "citación". Lo más importante que puedo decir de sus citas es que la información de cada una debe ser absolutamente idéntica. Así que estandariza tu nombre, dirección, teléfono y dirección de la página web, para que todos estén listados de la misma manera en Internet.

D. **Optimice su página Mi empresa de Google.** Vaya a Mi empresa de Google y reclame su empresa si aún no lo ha hecho. Construya su perfil completo con dirección física, horario de atención, fotos y vídeos, lema e introducción. Vincúlalo a tu sitio web. Asegúrate de hacerlo bien porque los expertos dicen que es el factor más importante en las clasificaciones de Google. Aquí está cómo optimizar su página: http://blog.hubspot.com/marketing/how-to-siphon-seo-value-from-google-plus-slideshare

E. **Solicite las revisiones de Google.** Google valora la cantidad, la velocidad y la diversidad de sus reseñas. Dado que para dejar una reseña es necesario que los clientes tengan una cuenta de Google+, muchos de los que prometen escribir una reseña nunca lo hacen. Otros están demasiado ocupados o simplemente se olvidan, por lo que tendrás que pedirle a mucha gente que obtenga algunas críticas. Preguntamos a todos los clientes satisfechos. A continuación, se detallan las mejores prácticas para recopilar opiniones: http://www.localvisibilitysystem.com/2013/04/04/the-complete-guide-to-google-pluslocal-reviews-and-especially-how-to-get-them/.

F. **Refine su estrategia rastreando las fuentes principales y las tasas de conversión.** Pregunte a cada cliente: "¿Cómo nos encontró?" Ver lo que funciona y hacer más de eso. Registra cuántos clientes potenciales, y las ventas reales, provienen de cada canal de generación de clientes potenciales. Las tasas de conversión y los precios de venta te dirán la calidad de los clientes potenciales que vienen de diferentes fuentes. Después de intentarlo todo durante un tiempo, este análisis te ayudará a refinar su estrategia, canalizando su tiempo y dinero hacia los canales más efectivos. Mi presupuesto de

GENERE UN FLUJO SUFICIENTE DE CLIENTES

marketing fue una vez el 10% de los ingresos, pero ahora es el 1% desde que descubrí lo que funciona para nosotros, y porque nuestra generación de clientes potenciales baratos en línea es tan fuerte.

7. **Delegue las operaciones para que pueda concentrarse en la generación de pistas.** Es una buena idea delegar algunos de los aspectos operativos de su negocio a empleados capaces, proporcionando la formación adicional necesaria. (Ver más en el capítulo 13.) Por ejemplo, tan pronto como pude encontrar personas cuya experiencia superaba la mía, delegué tareas para poder concentrarme en el crecimiento del negocio. La mayoría de los propietarios de empresas de árboles se convierten en expertos en las habilidades técnicas del uso de cuerdas y equipo pesado, pero nunca aprenden cómo hacer crecer un negocio. Hice lo contrario y rápidamente capturamos una importante cuota de mercado en toda la Florida Central. En esos primeros años, hice de la generación de pistas la mayor prioridad, incluso antes de desarrollar un gran producto. Le di todo el tiempo que necesitaba, y vertí mi energía creativa y pensamiento estratégico en él. Sabía que sin una fuerte y creciente base de clientes, mi negocio nunca prosperaría. En los primeros meses de empezar mi negocio, llamé a las puertas cada tarde y todo el sábado presentándome a los propietarios. Necesitaba generar ingresos incluso antes de tener buenos materiales o equipos de marketing; no tenía capital ni siquiera buenas habilidades para podar árboles - sólo vendí mi sonrisa, luego añadí equipos y empleados talentosos y publicidad de las ventas que generaba llamando a las puertas. ¿Se ve a sí mismo como un fabricante de productos o un empresario? ¿Es usted un técnico o un empresario?

Estudio de Caso

Un amigo con un negocio de pavimentación de ladrillos compró una gran propiedad donde pasó meses construyendo una elaborada sala de exposición para su trabajo. Construyó un fogón, una cocina exterior, fuentes y varios patrones de pavimentación meticulosamente dispuestos. Puso mucho dinero, tiempo y amor en ello... pero pocos clientes lo vieron, dejándolo con poco negocio y muchas deudas. Pensó: "¡Si lo construyo, ellos vendrán!" Se equivocó y su negocio murió. Otro amigo dirige un garaje de coches que no ha cambiado su aspecto o su enfoque de servicio al cliente en 25 años. Le pregunté cómo atrae nuevos clientes. "No tengo tiempo para eso. Apenas puedo mantenerme al día con todos los cambios en la tecnología automovilística de hoy en día." Necesita trabajar en su negocio y contratar mecánicos para trabajar en los coches. Hasta que haga ese cambio, tendrá un trabajo, no una empresa. Un buen técnico es a menudo un horrible empresario. En el lado positivo, Saúl Contrares tomó nuestro consejo de nombrar a Margarita, una empleada de 12 años, para supervisar las operaciones de su compañía hondureña de control de plagas. Esto lo liberó para generar nuevas pistas, lo que es parte de la razón por la que sus ingresos aumentaron un 59% en un solo año.

Liderando el Yo, Empleados, Sistemas

YO – Haga lo que sabe que tiene que hacer. Lo que estoy escribiendo es de sentido común. La gente intuitivamente sabe esto, pero no lo hacen. Los empresarios fuertes lideran la carga en la construcción de sus negocios. Lo hacen.

EMPLEADOS – Como ya se ha señalado, los empleados pueden intensificar la supervisión de las operaciones para liberar al

137 GENERE UN FLUJO SUFICIENTE DE CLIENTES

empresario para encontrar nuevos clientes. Mientras que el propietario del negocio debe liderar el camino, los empleados pueden trabajar en la generación de clientes potenciales de varias maneras, incluyendo la implementación de los siguientes sistemas.

SISTEMAS – Aumentar las oportunidades de venta con: programa de ventas recurrentes, proceso de venta cruzada, programa de referencia, programación de bloques de tiempo regulares, y el mantenimiento de una base de datos de los clientes potenciales actuales a seguir.

Resumen

Hasta que su negocio genere más clientes potenciales de alta calidad de los que pueda manejar, debe invertir la mayor parte de su tiempo y energía creativa en atraer y satisfacer a nuevos clientes. Requiere delegar las tareas de producción para liberar su tiempo, cambiar su mentalidad de técnico a estratega y superar la inercia. Esto le prepara para identificar y comprometerse con su mercado objetivo con energía creativa, aprovechando las relaciones existentes, yendo en persona y en línea. Pruebe varias formas de atraer a su mercado objetivo, siga los resultados y perfeccione su enfoque.

Preguntas de Aplicación

1. ¿De qué tareas operativas necesita liberarse para perseguir nuevos clientes?

2. ¿Cuál es el alcance demográfico y geográfico de su mercado objetivo?

3. ¿Qué nuevas formas de atraer a su mercado objetivo intentará?

4. ¿Están los clientes potenciales buscando en Internet lo que usted vende?

5. ¿Cómo hará un mejor seguimiento de la cantidad y calidad de los clientes potenciales de varias fuentes?

6. ¿Qué temores le impiden atraer a los clientes potenciales? ¿Cómo los superará?

7. ¿Cuánto tiempo necesita dedicar a la generación de clientes potenciales, especialmente para visitarlos en persona?

8. ¿Qué actividades dejará de hacer para liberar tiempo para esto?

9. ¿Quiénes son los mayores clientes potenciales que quiere conseguir? ¿Cómo lo hará?

Lectura Recomendada

E-Myth Mastery por Michael E. Gerber

¡Haz que suceda!

Circule la acción apropiada para cada tema:

7. Cliente de Artesanía. Branding enfocado - ¿He desarrollado un nombre, slogan y logo que le hablen a las necesidades de mis clientes y que revelan mis soluciones únicas?

      Mantener Afinar Revisar

8. Genere un Flujo Suficiente de Clientes - ¿Tengo un sistema de vanguardia? Si no, ¿Estoy pasando un tiempo considerado para persuadir a un cliente potencial?

      Mantener Afinar Revisar

Mi enfoque #1: _____

Proporcione soluciones que los clientes anhelan y utilice la retroalimentación de los clientes para mejorarlas. Trabaje para producir con una eficiencia cada vez mayor.

Capítulo 9 | Cree Soluciones Únicas para los Clientes

Por Evan Keller

Definición

Sus productos y servicios principales deben conjugar sus mejores habilidades con las necesidades del mercado que usted puede satisfacer mejor que nadie. Los nuevos productos deben estar alineados con sus documentos fundacionales así como con su marca, y no desviar el enfoque de la compañía o descarrilar su flujo de caja. El mercado los prueba antes de su desarrollo y lanzamiento final.

Cita de Experto

"Una compañía mejora en las cosas que practica. Practica la calidad, y se mejora en la calidad. Pero la calidad lleva tiempo, por lo que al trabajar únicamente en la calidad, se acaba perdiendo algo que es importante: la velocidad... En muchos sentidos, estamos volviendo a nuestras raíces: rápidos, rudimentarios e impacientes al principio; obsesionados con la calidad, cuidadosos y reflexivos después" (Jason Fried, CEO de 37 Signals, Inc Magazine, mayo de 2013, p.37).

Preguntas de Evaluación

1. ¿Está experimentando un crecimiento constante de los ingresos con sus productos actuales?
2. ¿Sus productos y servicios tienen mayor demanda que los de sus competidores?
3. ¿Qué es lo que piden sus clientes que encaje bien con la identidad y el enfoque de su compañía?
4. ¿Qué nuevos productos combinarían sus mejores habilidades con las necesidades del mercado que usted puede satisfacer mejor que nadie?
5. ¿Son los nuevos productos su mejor estrategia de crecimiento o sería más prudente vender sus productos existentes en nuevos mercados?

Beneficios

¿POR QUÉ?

Seguridad. Ofrecer algo que la gente quiere constantemente le da un lugar en el mercado. Proporcionar soluciones superiores le ayudará a mantener ese nicho.

Crecimiento. Los nuevos productos son vías prometedoras de crecimiento, especialmente si puede venderlos a su actual red de clientes. La diversificación puede reducir el riesgo.

Ventajas. Lanzar nuevos productos es una forma de mantener su creatividad aguda y su equipo energizado.

Barreras

Financiación. Los nuevos productos pueden requerir mucho capital para la investigación, el desarrollo, las materias primas, la maquinaria, el personal y la comercialización.

Fatiga. Recordar el extraordinario esfuerzo que requiere el lanzamiento de sus productos originales puede desanimar el lanzamiento de nuevos productos.

Tiempo. Es difícil saber si un competidor llegará al mercado antes que usted o si las demandas del mercado cambiarán para el momento en que su producto esté listo para el lanzamiento.

Valores Subyacentes

Servicio. Satisfacer las necesidades del mercado le da a su negocio una razón de ser. Sólo vende productos que ayuden a las comunidades a florecer. Rechaza el beneficio de los productos destructivos. - 1 Pedro 4:10

Innovación. La elaboración de mejores soluciones involucra tanto al creador como al consumidor (ver capítulo 5). - Éxodo 31:3

Alineación. Asegúrese de que sus nuevos productos encajen bien con la identidad de su empresa.

¿CÓMO? Pasos a Implementar

Examine la singularidad de sus productos actuales. ¿Qué soluciones únicas ofrece a sus clientes? Como se discutió en el capítulo (6) sobre la marca, ¿por qué la gente le compra a usted? ¿Dejaría su empresa un enorme agujero de necesidades insatisfechas si desapareciera de repente? Si estas preguntas exponen sus productos y servicios como algo meramente mediocre, entonces tal vez debería rediseñarlos como se describe a continuación.

Encuentre su enfoque. De acuerdo con su visión, misión, valores y marca, ¿por qué productos y servicios principales quiere ser conocido? En el capítulo 2, me referí al concepto de "erizo" de Jim Collin - lo único en lo que puedes ser mejor en el mundo - encontrando donde tus fortalezas se cruzan con las necesidades del mundo. Este es tu motor económico. "Aunque es tentador tratar de ser todo para todos, una de las formas más impactantes de destacar en un mercado abarrotado es hacer una cosa bien" (Hamish Campbell, Revista Entrepreneur, agosto de 2015, p.46). Tree Work Now Inc hace exactamente eso - trabajo de árboles - nada más. Nos hemos resistido a ser arrastrados al cuidado del césped, al control de plagas, a la limpieza del terreno o al transporte de escombros. Sólo podamos y quitamos árboles (especialmente cuando están muertos, son peligrosos o invasivos). Durante un tiempo hicimos nuestra propia trituración de tocones, un servicio que los clientes esperan de nosotros. Pero encontramos que desviaba el tiempo, el equipo y el enfoque de nuestro trabajo más central y más rentable. Así que subcontratamos a otros. Centrarse en lo que mejor y más rentablemente se hace, evita que se diluya la identidad de la empresa, y que se agoten las personas, el capital y el equipo. Si el nuevo producto que decide lanzar es muy diferente de lo que ofrece actualmente, considere si una división separada (con una comercialización distinta) o una empresa separada (con una marca distinta) sería la que mejor serviría tanto a los antiguos como a los nuevos.

Elija su trayectoria de crecimiento a largo plazo. ¿Su modelo de negocio actual sostendrá el crecimiento a largo plazo? ¿Crecerá desarrollando nuevos productos o llevando los productos existentes a nuevos mercados, o capturando una mayor parte de su mercado actual? Como se mencionó en el capítulo 7, si los alcances demográficos y geográficos de su marca objetivo son muy estrechos, entonces necesitará una gama más amplia de productos y servicios para seguir creciendo su empresa con el tiempo. Si decide diversificar sus productos o servicios, los siguientes pasos le sugieren cómo hacerlo. O tal vez al estilo de los Pequeños Gigantes de Bo Burlingham, puede optar por limitar el crecimiento para centrarse en otras prioridades dentro y fuera de su empresa.

Decida qué tipo de nuevo producto o servicio lanzar. En el mejor de los casos, está creando algo que sus clientes actuales han estado pidiendo. O tal vez es una idea que resolverá un problema que tiene su objetivo de mercado.

Desarrollar un "producto mínimo viable". "Un producto mínimo viable permite probar, recoger la opinión de los clientes y luego invertir el tiempo y el dinero necesarios para hacer un producto terminado (Revista Entrepreneur, agosto de 2012, p.50). Sin perder mucho tiempo y dinero, esto le dará una rápida retroalimentación sobre si puede producir algo que la gente quiera.

Recoja toneladas de comentarios de los clientes. ¡Pregúnteles todo! Y siga preguntando. ¿Cómo mejorarían su: estética, simplicidad, funcionalidad, durabilidad, colores, facilidad de uso, y materiales (costo, fuente, impacto ambiental)? Registre sus comentarios e investigue el costo en tiempo y dinero de sus mejores sugerencias.

Vea si se vende a un precio rentable. ¿Cuánta gente está ansiosa por desprenderse del dinero por lo que ofreces? ¿Los clientes lo comprarán a un precio que incluya un margen de beneficio saludable? Véndelo a personas ajenas a tus amigos y familiares para medir la verdadera demanda de tu nuevo prototipo. ¿Se venderá al menos tan bien como sus productos actuales? Tal vez este nuevo lanzamiento te lleve a cambiar tu enfoque a una línea de productos más rentable.

Financiarlo. Una vez desarrollado, ¿puede producirlo de manera rentable en base a los precios que ha podido obtener? Si es así, averigüe cómo financiar su investigación, desarrollo y producción. No subestime el costo de lanzar un nuevo producto o servicio. No contabilizarlo adecuadamente puede matar su flujo de caja. De hecho, crecer demasiado rápido es una de las principales causas del fracaso empresarial. Un nuevo producto o ubicación puede desviar fondos del negocio principal, ¡asegúrese de proteger su negocio principal! En el lado positivo, la diversificación de sus líneas de productos puede reducir el riesgo si la demanda de sus líneas existentes fluctúa mucho.

Perfeccionarlo con los comentarios de los clientes. Usando la información que recogió de los clientes, perfeccione su "producto o servicio mínimo viable". Gasta el tiempo y el dinero para hacerlo bien. Luego diseñe sistemas de producción eficientes para ponerlo en marcha - vea el siguiente capítulo.

Estudio de Caso

"En lugar de invertir meses de tiempo y recursos para perfeccionar su reloj, Modify Watches creó unas cuantas muestras en cuestión de semanas que fueron lo suficientemente buenas para probar su concepto en el mercado. Después de recibir los comentarios de los primeros clientes, pasaron 12 meses y unos 70.000 dólares de su propio dinero para mejorar la calidad de su reloj, añadiendo características solicitadas como la resistencia al agua y un tamaño de esfera alternativo" (Revista Entrepreneur, agosto de 2012, p.50).

Liderando el Yo, Empleados, Sistemas

YO – Como guardián de la marca, decida qué ideas de productos pertenecen a este lugar.

EMPLEADOS – Dado que los empleados hacen, entregan y recogen información sobre sus productos y servicios, son personas importantes a las que hay que escuchar cuando se lanzan o relanzan productos.

SISTEMAS – Anote los pasos correctos que dará para: hacer prototipos, recoger comentarios, perfeccionar los productos finales, asegurar la financiación y realizar ventas cruzadas de nuevos productos a los clientes existentes.

Resumen

¿Y AHORA QUÉ?

Examine sus productos y servicios para ver si proporcionan soluciones únicas que la gente quiere. Vea si sus productos actuales y potenciales se alinean con su visión, misión, valores y marca. Si los nuevos productos representan su mejor estrategia de crecimiento, asegúrese de que fortalezcan en lugar de desviar el enfoque de su empresa. Pruebe el mercado con prototipos rápidos antes de gastar el tiempo y el dinero para ajustar la calidad. Involucre a sus clientes y empleados en el proceso de diseño. Asegúrate de que la financiación de la nueva iniciativa no ahogue su flujo de caja existente.

Preguntas de Aplicación

1. ¿Cuál de sus productos actuales necesita ser rediseñado?

2. ¿Qué puede hacer para alinear los productos existentes y potenciales con la identidad y el enfoque de su empresa?

3. ¿Qué nuevos productos satisfarían mejor las necesidades de sus clientes actuales?

4. ¿Cómo será su "producto mínimo viable"?

151   GENERE UN FLUJO SUFICIENTE DE CLIENTES

5. ¿Cómo probará rápidamente su "producto mínimo viable" en el mercado?

6. ¿Cómo financiará el desarrollo de su nuevo producto sin paralizar su flujo de caja??

Lectura Recomendada

<u>New Product Development for Dummies</u> por Robin Karol y Beebe Nelson

¡Haz que suceda!

¿Qué ideas ha despertado en mi este capítulo?

¿Qué luz nueva brilla sobre mi liderazgo y negocio?

¿Qué cambios planeo hacer?

Mis actos para ¡Hacer que Suceda!	Fechas de terminación	
	Propuesta	Actual

Capítulo 10 | Produzca con Eficiencia

Por Evan Keller

Definición

La producción es la forma en que su empresa añade valor a las materias primas para crear lo que los clientes quieren. Ya sea que usted fabrique un producto o preste un servicio, puede beneficiarse de los principios "fuertes" que se originaron en Toyota y que han sido rápidamente aceptados en todo el mundo como las mejores prácticas para entregar eficientemente lo que los clientes quieren, a tiempo y bien la primera vez.

Cita de Experto

"En términos muy simplificados, la eficiencia tiene que ver con el costo de los insumos para el producto producido, es decir, el mejor uso de los recursos y la menor pérdida de tiempo y esfuerzo (Christopher Hann, "The Art of Efficiency", Entrepreneur Magazine, julio de 2013, pág. 68).

Preguntas de Evaluación

1. ¿Qué pasos de su producción no añaden ningún valor al producto final, desde la perspectiva del cliente?
2. ¿Qué tipo de desperdicio (tiempo, materiales, espacio, etc.) representa su mayor oportunidad de mejora?
3. ¿Tiene una cultura de mejora continua?

Beneficios

¿POR QUÉ?

Menos desperdicio. Los sistemas de producción eficientes desperdician menos materias primas y causan menos subproductos no deseados (como la contaminación).

Participación de los empleados. Cuando se pide a los empleados que ayuden a mejorar la productividad, su capacidad creativa de resolución de problemas se pone en marcha. Cuando contribuyen a las decisiones reales, su sentido de responsabilidad y de propiedad crece.

Satisfacción del cliente. Les gusta conseguir lo que quieren cuando lo quieren.

Ganancias. Si puedes hacer más con menos, hay más fruta para tu trabajo.

Barreras

Resistencia al cambio. A las empresas más antiguas les cuesta más aceptar nuevas formas de hacer las cosas. Una cultura de constante aprendizaje y crecimiento requiere de un cultivo.

Falta de margen. Cuando estás luchando para hacer todo dentro de tu ineficiente sistema, es difícil encontrar el tiempo para mejorar el sistema. Ese círculo vicioso se perpetúa.

La fabricación ajustada es contraintuitiva. "Tener stock extra a mano, minimizar el número de configuraciones, y comenzar los trabajos tan pronto como sea posible parecen buenas prácticas y se hacen con las mejores intenciones, pero son mortalmente dañinos para su eficiencia general". (http://www.mikeonmanufacturing.com/mike-on-manufacturing/2009/12/how-a-small-business-can-use-lean-manufacturing.html)

Valores Subyacentes

Eficiencia. Si no añade valor de forma rentable, pronto estará fuera del negocio.

Aprendizaje constante. La formación continua de los empleados y la mejora continua de los procesos son fundamentales para la fabricación ajustada. Lucas 2:52

Orden. La seguridad, la cordura y la administración requieren un lugar de trabajo ordenado. - 1 Corintios 14:40

Pasos a Implementar

¿CÓMO?

Documente su actual flujo de trabajo. Comprender su proceso de producción y sus pasos individuales le llevará a identificar los residuos y a perfeccionar continuamente su proceso. Eso es una producción eficiente en pocas palabras. A menudo ayuda dibujar un mapa del proceso con recuadros y flechas para imaginar cómo funciona su proceso de producción. (Ver más sobre el mapa de procesos en:

http://nnphi.org/CMSuploads/MI-ProcessMappingOverview.pdf). En su diagrama de flujo, incluya:

1. Flujo de tareas - medidas tomadas tanto por el personal como por las máquinas.
2. Flujo de materiales - donde las materias primas entran, salen y se detienen a lo largo del camino.
3. Flujo de información - instrucciones de operación e indicadores clave.
4. Flujo de tráfico - movimiento en, alrededor y entre las estaciones de trabajo.

Identifique los residuos en su sistema de producción. La manufactura eficiente busca siete tipos de desperdicio:

1. Desperdicio de sobreproducción - produciendo componentes que no están destinados a ser almacenados, ni planeados para su venta inmediata.

2. Desperdicio de espera - se refiere al tiempo ocioso entre operaciones.

3. Desperdicio de transporte - mover material más de lo necesario.

4. Desperdicio de procesamiento - hacer más al producto de lo necesario, y más de lo que el cliente está dispuesto a pagar.

5. Desperdicio de inventario - exceso de existencias de materias primas, trabajo en proceso o productos terminados.

6. Desperdicio de movimiento - cualquier movimiento que no es necesario para completar una operación.

7. Desperdicio de defectos y deterioro - partes defectuosas que se producen y necesitan ser reelaboradas.

http://www.cincom.com/pdf/CM080211-3.pdf

Practicar la "mejora continua". Este concepto fuerte es una traducción del japonés "Kaizen", que significa "cambio (kai) por el bien (zen)". Esta mentalidad de perseguir persistentemente la perfección es importante para implementar un cambio duradero. Puede mantener a sus empleados desafiados y mantener a su compañía competitiva. A continuación se presentan algunos aspectos de la producción para seguir mejorando.

Encuentre los mejores proveedores. Dado que las materias primas están probablemente entre sus costos más altos, es importante encontrar y construir relaciones fuertes con los mejores proveedores. Pregúntese a sí mismo:

1. ¿Puede el proveedor suministrar la cantidad necesaria de materiales a un precio razonable?

2. ¿Es buena la calidad?
3. ¿Es el proveedor fiable (los materiales se entregarán a tiempo)?
4. ¿Tiene el vendedor una reputación favorable?
5. ¿Es fácil trabajar con el proveedor?

(http://catalog.flatworldknowledge.com/bookhub/7?e=collins-ch11_s03)

Practicar la gestión de inventarios "justo a tiempo". Adquiera sólo la cantidad de materias primas que necesite. Esto reduce sus costos significativamente y reduce el caos en su flujo de trabajo. Si lo haces bien, la espera de las piezas no retrasa tu producción, ni necesitas mucho espacio en el almacén para almacenar las materias primas. El inventario justo a tiempo deja menos margen de error y requiere tener proveedores confiables cerca. Esto subraya la importancia de las grandes relaciones con proveedores receptivos que puedan proporcionarle lo que usted necesita cuando lo necesita, en la cantidad y calidad adecuadas. También requiere más precisión de su parte: "Hay dos factores de control importantes que le ayudarán a optimizar su plan de compras y a minimizar su costo de adquisición y almacenamiento de inventarios de materias primas. Primero, determinar la cantidad de pedidos - el tamaño y la frecuencia de sus pedidos. Segundo, determinar el punto de reordenación - el nivel mínimo de inventario disponible cuando necesite pedir un nuevo inventario." http://www.bizfilings.com/Libraries/pdfs/starting-manufacturing-business-guide.sflb.ashx

Practica la producción "justo a tiempo". Un concepto clave en la producción "justo a tiempo" es "empujar" (por demanda) en lugar de "empujar" (por oferta) los trabajos a través de su tienda. En lugar de hacer todo lo que puedas - y aumentar el exceso de inventario del producto final - sólo produces lo que tus clientes piden. Esto reduce dramáticamente el exceso de "trabajo en proceso", que ocupa espacio y requiere un manejo extra de material. Esto nos lleva al consejo más contraintuitivo en la fabricación ajustada: reducir el tamaño de las tiradas. "Reduzca las cantidades de su trabajo a los tamaños de ejecución más pequeños posibles, incluso si hacerlo requiere muchas más configuraciones. Las series pequeñas son más fáciles de programar, requieren menos manipulación de material, mejoran la calidad del producto y acortan los tiempos de producción. Las ganancias de eficiencia superan con creces el tiempo de configuración adicional". http://www.mikeonmanufacturing.com/mike-on-manufacturing/2009/12/how-a-small-business-can-use-lean-manufacturing.html

Reorganice su lugar de trabajo usando "COBES". Esta es una herramienta fundamental para mejorar el proceso de producción:

4. Clasificar. Mantenga sólo los artículos necesarios en el lugar de trabajo.

5. Ordenar. Disponga los artículos (como herramientas, equipos, estaciones de trabajo) para promover un flujo de trabajo eficiente.

6. Brille. Limpie el área de trabajo para que esté limpia y ordenada.

7. Estandarizar. Establecer estándares para un lugar de trabajo organizado de manera consistente.

8. Sistematizar. Mantener y revisar los estándares

Capacitar a los empleados para hacer mejoras. Darle poder al pueblo. Toyota desarrolla "equipos de trabajo autodirigidos" de empleados altamente entrenados y capacitados que tienen el poder de ofrecer ideas, hacer mejoras y decisiones, e incluso detener la producción para hacer correcciones. Esto lleva a que la creatividad de todos se comprometa en lugar de perpetuar procesos ineficientes, que probablemente fueron diseñados por gerentes que están más lejos de la acción. Recolectar activamente e implementar las mejores ideas de los empleados es clave para reducir los defectos de los productos y los costes de fabricación.

Abordar los cuellos de botella. El paso menos eficiente en el proceso de producción ralentiza todo el proceso, de la misma manera que el caminante más lento de un grupo ralentiza al grupo en su conjunto. Como la presa de un río, el agua retrocede por detrás pero sólo sale por delante. En la producción, el "trabajo en proceso" se acumula mientras se espera el lento paso del cuello de botella, mientras que las estaciones de trabajo después del cuello de botella se estancan esperando que el trabajo fluya. La mejora de la eficiencia de otras etapas sin abordar el cuello de botella no acelerará la producción general porque los cuellos de botella determinan el "rendimiento" de una cadena de suministro. Sólo se necesita un poco de intencionalidad para identificar su actual cuello de botella, ya que es probable que sea dolorosamente obvio. La parte más difícil es manejar los cuellos de botella de manera efectiva. Una dotación de personal adecuada y la nivelación de las tareas pueden ayudar con los cuellos de botella del personal. El mantenimiento preventivo, la personalización o los reemplazos son arreglos comunes para los cuellos de botella del equipo. La eliminación de un cuello de botella rara vez es tan rápida como se desearía, por lo que es posible que tenga que gestionar de forma creativa el programa de producción para minimizar la compresión del cuello de botella. Una vez que hayas resuelto el cuello de botella, surgirá un nuevo cuello de botella. Con suerte, cada cuello de botella es menos severo que el anterior, moviéndote constantemente hacia una mayor eficiencia y rentabilidad.

Evalúe lo que los clientes valoran. Elimine los procesos que no añaden valor al producto final, y por los que el cliente no está dispuesto a pagar. Es fácil asumir que cada paso de su proceso es necesario y añade valor, pero las empresas que "se inclinan" se sorprenden y se sorprenden de la cantidad de componentes sin valor añadido que encuentran en sus procesos y productos. La clave para esto es la perspectiva del cliente. Si los clientes conocieran cada paso, ¿cuál de esos pasos no estaría dispuestos a pagar? Eliminar esos pasos y componentes.

Rastree los costos. Rastree su costo por unidad y otros indicadores clave que considere importantes para la eficiencia y la rentabilidad, que deberían aumentar a medida que siga estos pasos. Cuente no sólo el número de productos producidos (por período y por lote), sino también los subproductos (deseados y no deseados) y los desechos. También haga un seguimiento de los intangibles como la seguridad, la calidad y las opiniones de los clientes.

Estudio de Caso

El ahorro de tiempo ha sido la mayor mejora en la eficiencia del Bronce Inspirado en los últimos años. Jackie y Matt Ramieri mejoraron su seguimiento del tiempo de los empleados por lote de producción usando "Harvest", un software de seguimiento de tiempo en línea. Después de haber sido personalizado para su negocio de premios de bronce y peltre hechos a mano, este software les facilita el seguimiento de los tiempos de proceso para cada uno de los siguientes pasos en la elaboración de un premio de peltre: moldeo, fundición, soldadura, persecución, pátina y montaje. Los empleados simplemente hacen clic en sus iPads cuando pasan su lote a la siguiente etapa de producción. Jackie y Matt vigilan de cerca si los empleados cumplen o exceden el tiempo presupuestado para cada paso. Esto les ayuda a supervisar a los empleados y a mantener a los clientes informados del progreso de su pedido. Discuten el progreso y los obstáculos con los empleados en su reunión semanal de producción.

El uso de este software les ha ayudado a atrapar a los empleados que estaban perdiendo el tiempo intencionadamente y ha ayudado a sus buenos trabajadores a mejorar. Atrapan proyectos atrasados a mitad de camino y solucionan los problemas para que vuelvan a estar a tiempo. Además de ayudar con la supervisión de los empleados, este seguimiento automatizado de los tiempos de proceso les ha dado buenos datos sobre el número de horas de los empleados que se necesitan para producir cada uno de sus diversos productos. Con este continuo refinamiento, son capaces de dar cotizaciones más precisas para futuros trabajos.

Vea los estudios de caso de lean de su propia industria: http://www.lean.org/common/display/?o=2650

Liderando el Yo, Empleados, Sistemas

YO - Ya que sobrevivir y prosperar como empresa depende tanto de la eficiencia, hay que prestarle mucha atención. Si se crean líderes de producción fuertes como aconsejamos en el capítulo 13, a través de ellos se pueden controlar varios indicadores clave de los procesos que acabamos de describir.

EMPLEADOS - Dada la resistencia natural al cambio, sería prudente construir la propiedad cuidadosamente con empleados influyentes antes de lanzar estos cambios. La formación y el aprendizaje continuo son necesarios para que sus empleados operen estos sistemas de producción de manera eficaz. Mientras que la producción depende en gran medida de los sistemas, los empleados no comprometidos pueden descarrilar rápidamente cualquier buen sistema - así que recuerde tratarlos bien. Véase el capítulo 14. Reconozca y recompense la mejora continua para demostrar que la producción que sus empleados hacen cada día es importante para usted.

SISTEMAS - Desarrolle un manual de producción para cada producto para ayudar en el control de calidad, la estandarización, la formación y la mejora continua. La certificación de la ISO (Organización Internacional de Normalización) asegura a los clientes que sus procesos y productos cumplen con normas de calidad específicas. "Certifica que usted puede construir de forma precisa y consistente el mismo producto semana tras semana, año tras año" (TK Donle de Soluciones Completas de Paracaídas, en conversación con el autor). También deberá asegurarse de que hay un buen sistema de comunicación entre los que hacen, venden, entregan y hacen el seguimiento del producto.

Resumen

¿Y AHORA QUÉ?

El uso ágil del inventario y el flujo de trabajo le permite hacer más con menos, complacer a los clientes mejor y más rápido. El compromiso con las prácticas de eliminación de residuos, la organización del lugar de trabajo, el empoderamiento de los empleados y la mejora continua aumentará la eficiencia y la rentabilidad.

Preguntas de Aplicación

1. ¿Qué tan eficiente es su flujo de trabajo? ¿Qué aprendiste de tu diagrama de flujo de producción?
2. ¿Cuál de las siete categorías de residuos planea abordar?
3. ¿Cómo puede alimentar una cultura de "mejora continua" entre sus empleados?
4. ¿Cómo puede avanzar hacia la gestión de inventario y producción "justo a tiempo"?
5. ¿Cuál de los componentes de "COBES" necesita más apuntalamiento?
6. ¿Qué decisiones de producción en tiempo real puede facultar a los empleados para tomar?
7. ¿Cómo puede reunir más ideas de mejora de los empleados?

8. ¿Cuál es su actual cuello de botella y qué va a hacer al respecto?

9. ¿Qué pasos de producción o componentes del producto no valoran sus clientes lo suficiente para pagar?

Lectura recomendada

The Lean Six Sigma Pocket Toolbook por Michael George

¡Haz que suceda!

¿Qué ideas ha despertado en mi este capítulo?

¿Qué luz nueva brilla sobre mi liderazgo y negocio?

¿Qué cambios planeo hacer?

Mis actos para ¡Hacer que Suceda!	Fechas de terminación	
	Propuesta	Actual

GrowBook
Plan de Acción
Por Evan Keller, Junio 2017

Circule la acción apropiada para cada tema:

9. Cree Soluciones Únicas para sus Clientes - ¿Ofrezco soluciones únicas que la gente quiera y que vayan con la identidad de mi empresa? ¿Hago prototipos de nuevos productos y los pruebo con algunos de mis clientes?

      Mantener   Afinar   Revisar

10. Produzca con Eficiencia - ¿Estoy trabajando para mejorar la eficiencia de mis producción para que pueda satisfacer a los clientes mejor y más rápido?

      Mantener   Afinar   Revisar

Mi enfoque #1: _____

Venda con un alto margen basado en la confianza y en un valor superior. Refuerce ambos superando las expectativas de los clientes.

Capítulo 11 | Cierre Suficientes Ventas de Alto Margen

Por Evan Keller

¿QUÉ? Definición

Suficientes ventas al precio correcto son esenciales para el flujo de caja positivo y el crecimiento de la compañía.

Cita de Experto

"No vendes lo que el producto es; vendes lo que el producto hace" (Zig Ziglar en <u>Secrets of Closing the Sale</u>).

Preguntas de Evaluación

1. ¿Sus ingresos crecen constantemente?
2. ¿Sus vendedores comunican bien el valor que usted provee y muestran coraje al cerrar?
3. ¿Protege su precio un margen de beneficio saludable?
4. ¿Compite principalmente en el precio?

5. ¿Hace un seguimiento diligente de aquellos que no dicen inmediatamente "sí"?

¿POR QUÉ? Beneficios

Supervivencia. Sin ventas, no hay compañía.

Excelencia. Los clientes que pagan te hacen responsable de la calidad. Aquellos que compiten por tus ventas también te mantienen alerta.

Valor mutuo. Las transacciones comerciales deben ser un ganar-ganar, con ambas partes sintiendo que tienen un buen trato. Creas valor en la vida de las personas. Esto lleva a relaciones agradables.

Barreras

Habilidades raras. Los buenos vendedores son difíciles de encontrar.

Consumidores conscientes del precio. Mientras que los clientes que quieres se preocupan por la calidad, hay muchos que sólo ven el precio.

Los competidores que no se ajustan a las normas. Estos no son sus verdaderos competidores. Asegúrese de que sus vendedores puedan compartir con tacto cómo sus ofertas son superiores.

Productos inferiores. Si no cree en lo que vendé, le faltará integridad y entusiasmo cuando pida a otros que compren.

Valores Subyacentes

Honestidad. No prometa más de lo que puede entregar para hacer una venta. Más bien, entregue más de lo que pueda para ganar su negocio de repetición. Ve por el ganar-ganar a largo plazo. - Proverbios 16:11

Respeto. No recurra a la coacción para hacer una venta. La alta presión hace que los prospectos quieran decir "no". Respete su derecho a decir "no" ahora y pueden decir "sí" después. - Mateo 5:37

La firmeza. Mantenga su precio requiere coraje, pero sus productos excepcionales y su reputación le respaldan.

Pasos a Implementar

Con los Vendedores:

1. **Contrate a verdaderos vendedores.** Si es posible, contrate a gente con una fuerte experiencia en ventas. El capítulo 13 trata sobre el desarrollo de vendedores, incluyendo una lista de características a buscar.

2. **Pague a los vendedores a comisión.** Si realmente tienen el impulso de vender, querrán el potencial de crecimiento que ofrece un salario basado en comisiones. Ofrezca un corto período de aumento (su duración depende de su ciclo de ventas) de salario garantizado hasta que sus comisiones sean fuertes. Cometí el error de pagar a mi primer "vendedor" por hora. (¿Lo recuerdas del capítulo 7?) Con su salario garantizado, se estacionó en la oficina e hizo las bases de datos más bellas del mundo, completas con más de lo que te gustaría saber sobre los clientes potenciales que nunca persiguió. Mantenga su estructura de pago de comisiones simple y raramente la persiga. Para más consejos, vea el artículo de Joe Worth en la revista Entrepreneur:

    http://www.entrepreneur.com/article/234008 (June 2014, p.78).

3. **Entrene a los vendedores con diligencia.** Con tanto que depende de su éxito, haz que te sigan a ti y a tus mejores vendedores el tiempo que sea necesario para aprender a comunicar tu valor y pedir con valentía el precio que necesitas para ser rentable. Ponga el listón alto siendo usted mismo un vendedor de alto rendimiento.

4.

Con los Precios:

1. **Evite competir en el precio.** Mientras que usted esté proporcionando un valor excepcional, la gente puede quejarse de su precio, y luego seguir adelante y comprarle de todos modos. Ahí es donde el coraje y la firmeza entran en juego. A menudo puedes incluir un servicio de valor añadido en lugar de reducir tu precio. Si bajas demasiado el precio, devalúas el producto y das la impresión de que tu primer precio fue injusto. Ver más en el capítulo 19 sobre la negociación. "Centrarse en reducir la competencia puede iniciar un círculo vicioso que destruya sus márgenes de beneficio. Usted quiere que los clientes le elijan por sus productos y servicios superiores, no porque usted sea el más barato" (Joe Worth, Revista Entrepreneur, agosto de 2013, p.76).

2. **Elija su estrategia de precios.** Sea cual sea el enfoque que adopte en materia de precios, al menos sepa lo que le cuestan sus productos. Encuentre el precio al que llegaría con esta fórmula:

$$\text{Punto de equilibrio} = \frac{\text{Costos Fijos}}{\text{Precio Por Unidad - Costo Variable Por Unidad}}$$

Tal vez quieras repasar esto con tu contador. Aunque es importante prestar atención a sus costos y a su competencia al fijar sus precios, le sugerimos que se centre más en el valor que sus clientes le dan a su producto o servicio. Esta estrategia de "precios basados en el valor para el cliente" está explicada por el MIT Sloan Management Review: "En lugar de preguntarse: '¿Cómo podemos lograr precios más altos a pesar de la intensa competencia?', la fijación de precios basada en el valor para el cliente pregunta: '¿Cómo podemos crear valor adicional para el cliente y aumentar su disposición a pagar, a pesar de la intensa competencia? (Verano de 2012, Andreas Hinterhuber y Stephan Liozu).

3. **Suba sus precios lentamente con el tiempo.** Los clientes entienden que sus costos están aumentando lentamente. Lo que no entienden es por qué han pagado lo mismo durante 10 años consecutivos, y ahora quieres cobrarles el doble.

Con Prospectos:

1. **Calificar los prospectos.** Antes de gastar demasiado tiempo, energía y dinero persiguiendo a un prospecto, determine si tienen "interés, capacidad, autoridad y predisposición" para comprar. (Dan Kennedy No B.S. Sales Success p.138-139). A medida que su fuerte propuesta de valor (entre otros factores) ayude a su cuota de mercado a crecer, tendrá cada vez más el lujo de elegir a sus clientes y deseleccionar a otros que son demasiado costosos de atender - en términos de finanzas o frustraciones. Algunas personas siempre elegirán el precio más bajo disponible, y esos son los clientes que usted no quiere. Si haces negocios con ellos, buscarán cosas de las que quejarse para obtener un descuento aún mayor. Quieres clientes que vean el valor de lo que ofreces y estén

dispuestos a pagar por ello. Es tu trabajo *crear* y *comunicar* ese valor.

2. **Establezca una relación y aprenda todo lo que pueda sobre lo que es importante para ellos.** Busque genuinamente establecer una relación a largo plazo, en lugar de hacer una venta rápida. Esto implica hacer que hablen de lo que les importa en lugar de hablar de ti o de tu empresa. La gente quiere hacer negocios con personas en las que confían, y que los entienden y se preocupan por ellos. Vea más consejos al respecto en el capítulo 19 sobre la negociación.

3. **No hable mal de sus competidores.** En lugar de ello, hable de lo que usted ofrece de manera exclusiva. Si necesita hacer una comparación, hable de las debilidades de la industria en lugar de mencionar competidores específicos. Norm Brodsky lo dice así: "Cuando compito por una cuenta, siempre pregunto qué otros proveedores está considerando el cliente potencial. La mayoría de los clientes potenciales nombran las mismas dos o tres empresas de almacenamiento de discos, nuestros principales competidores. "Esas son todas buenas empresas", digo, "y vas a estar contento si eliges a cualquiera de nosotros". Por supuesto, creo que serás más feliz con mi compañía. Luego hablo de nuestros puntos fuertes, cuidando de no decir nada negativo sobre las otras compañías. Para estar seguro, el cliente ocasionalmente incluye en la lista una compañía que no tengo en tan alta estima. En ese caso, simplemente digo: "Bueno, esa empresa no es realmente un competidor nuestro, pero las otras contra las que competimos todo el tiempo, y son muy buenas". Sólo creo que somos mejores, y esta es la razón". (Street Smarts p.115)

4. **Entender por qué la gente compra.** Haz buenas preguntas y escucha bien. La gente tiene sus propias necesidades peculiares que satisfacer. Al vender coches, noté que cada persona buscaba algo totalmente diferente: espacio para guardar su bicicleta, un radio de giro estrecho para su pequeño espacio de estacionamiento, ventanas traseras que se bajan completamente para que sus perros puedan oler el viento, puntos ciegos mínimos para cambiar de carril de forma segura, un perfil alto para ver por encima del tráfico, o un portavasos que se ajuste a su taza de café favorita. Sus razones para comprar raramente tenían que ver con las características del coche que el fabricante estaba enumerando. Jason Fried dice lo mismo: "Descubrí que las razones de la gente para comprar cosas a menudo no coinciden con la razón de la compañía para venderlas... Comprender lo que la gente realmente quiere saber - y en qué difiere de lo que usted quiere decirles - es un principio fundamental de las ventas" (Revista INC, marzo de 2011, p.56-57). También ayuda saber que la gente compra más por razones emocionales, en lugar de lógicas.

5. **Comunique su propuesta de valor.** Comparte por qué deberían comprarte, qué valor único ofreces. Muestre cómo sus productos son buenas soluciones para las necesidades que tienen. Educarlos y tranquilizarlos según sea necesario. Para evitar competir sólo por el precio, usted debe ser *realmente* diferente (y mejor) que sus competidores, y debe comunicarlo eficazmente de diversas maneras. El "Por qué elegirnos" debe tejerse en todo su mensaje, ya sea implícita o explícitamente, como lo hacemos en el párrafo inicial de www.treeworknow.com.

6. **Discernir el sentido de urgencia del prospecto.** Si no puede leer su lenguaje corporal y el tono de voz, intente un cierre

preliminar, como: "¿Qué tan pronto esperaba hacer esta compra?" o "¿Cómo nos comparamos hasta ahora con nuestros competidores?"

7. **Dales opciones.** En lugar de un 50/50 entre "sí" y "no", dales dos opciones de "sí" para elegir. Esto les da una sensación de control y una oportunidad de tomar un riesgo menor en ti o ir por el paquete de lujo.

8. **Pregunte por la venta.** Pídales que compren - corto y simple. Luego, cállese y escuche. "La única estructura de preguntas de cierre que uso es la simple pregunta de sí o sí. ¿Prefieres el rojo o el azul? ¿Con o sin? ¿Pagar en tres o cuatro pagos?" (Dan Kennedy <u>No B.S. Sales Success</u> p149).

Si no consigues un "sí" inmediato, intenta una de estas preguntas sin ser coercitivo:

- ¿Qué tenemos que hacer para ganar su negocio?
- Si hiciera lo que me pide, ¿se comprometería ahora mismo?
- ¿Qué deberíamos eliminar para ajustarnos a su presupuesto?
- Si estableciéramos un plan de pago para ti, ¿comprarías hoy?
- Si reduzco mi precio, ¿aumentaría el volumen de su compra?

9. **Permítales decir "no".** Sea cortés, especialmente si quiere que sus negocios sean en el futuro. Deje la puerta abierta, dejando claro qué es lo que hará que un trato funcione para usted. Recuerde, usted espera construir una relación a largo plazo con ellos.

10. **Haga un seguimiento.** Sea diligente en el seguimiento posterior; la mayoría de la gente no lo hace y pierde muchas ventas que podrían haber conseguido fácilmente.

11. **Utilice tácticas que se ajusten a su industria y productos.** Explorar programas de ventas de arriba, ventas cruzadas, programas de ventas recurrentes, acuerdos de servicio, líderes de pérdidas, muestras gratuitas, ofertas de introducción, garantías de devolución de dinero, garantías y descuentos por recomendación.

Estudio de Caso

Jackie y Matt Ramieri de "Inspired Bronze" estaban cansados de competir por el precio. Sabiendo que sus premios de bronce hechos a mano eran muy superiores a los disponibles en el mercado de trofeos estándar, tomaron este desafío de frente creando un documento para educar a sus clientes potenciales sobre por qué sus productos son caros - y valen cada centavo. Los pianos Steinway son mucho más caros que otros, pero por grandes razones. Jackie y Matt tomaron prestada su idea de crear una "guía del comprador" que -con gran detalle y con gráficos nítidos- explique la calidad superior de sus materiales y procesos. Esta herramienta ha ayudado a muchos clientes a sentirse bien al invertir en premios personalizados de bronce y peltre. Puede descargarla en www.inspiredbronze.com.

Liderando el Yo, Empleados, Sistemas

YO – Sé el mejor vendedor de tu compañía, y luego modélalo mientras entrena a otros.

EMPLEADOS – Además de los consejos anteriores sobre la contratación, formación y compensación de los vendedores, promueva un buen trabajo en equipo entre ellos y los responsables para cumplir las promesas que hacen.

SISTEMAS – Decida cuál de las tácticas de venta anteriores (recurrentes, referencias, venta cruzada, upselling, etc.) se ajusta a su negocio y construya sistemas de venta que se ajusten.

¿Y AHORA QUÉ?

Resumen

Encuentre y entrene diligentemente a los vendedores que puedan comunicar el valor que usted ofrece y pida valientemente los precios que necesita. Construya una relación con los clientes potenciales para establecer una relación a largo plazo. Escuche bien lo que es importante para ellos y muestre cómo sus productos y servicios satisfacen sus necesidades de manera única. Añada valor antes de reducir el precio y evite competir en el precio. Ofrezca una opción sencilla y lujosa al solicitar la venta. Asegúrese de seguir con aquellos que no dicen "sí" inicialmente mientras busca construir relaciones duraderas de confianza.

Preguntas de Aplicación

1. ¿Necesita contratar más vendedores?
2. ¿Sus vendedores están motivados por su estructura salarial?
3. ¿Cómo entrenará a sus vendedores para que se conecten bien con los clientes, comuniquen su propuesta de valor y cierren suficientes ventas al precio correcto?
4. ¿Cuáles son las razones más comunes por las que la gente le compra?
5. ¿Necesita cambiar lo que dice de sus competidores?
6. ¿Cómo ajustará su estrategia de precios?

7. ¿Qué mejoras debe hacer en su proceso de ventas?

8. ¿Hacen usted y sus vendedores un buen seguimiento de los prospectos?

9. ¿Qué tácticas de ventas emplea para aumentar las ventas a clientes nuevos y recurrentes?

Lectura Recomendada

E-Myth Mastery por Michael Gerber

¡Haz que suceda!

¿Qué ideas ha despertado en mi este capítulo?

¿Qué luz nueva brilla sobre mi liderazgo y negocio?

¿Qué cambios planeo hacer?

Mis actos para ¡Hacer que Suceda!	Fechas de terminación	
	Propuesta	Actual

Capítulo 12 | Multiplique los Clientes Felices

Por Evan Keller

Definición

Superar las expectativas de los clientes cada día es esencial para aumentar la repetición de los negocios, las referencias y construir una reputación de excelencia. Proporcionar constantemente una extraordinaria atención al cliente es el camino más seguro para el crecimiento de los ingresos.

Cita de Experto

"El Instituto de Valores identificó cinco valores que influyen en la confianza en una marca: **capacidad** (rendimiento de la empresa); **preocupación** (cuidado de los consumidores, los empleados y la comunidad); **conexión** (compartir los valores del consumidor); **coherencia** (fiabilidad de los productos/servicios); y **sinceridad** (apertura y honestidad)". (Paula Andruss, "Secrets of the 10 Most-Trusted Brands," Entrepreneur Magazine, Abril2012, p.55

http://www.entrepreneur.com/article/223125).

Preguntas de Evaluación

1. ¿Hace lo correcto incluso cuando le duele?
2. ¿Sabe qué es lo que más quieren los clientes de usted?
3. ¿Qué porcentaje de sus clientes le dicen a otros que le compren?
4. ¿Cómo califican los clientes a su empresa en comparación con otros?
5. ¿Cómo se asegura de que su equipo supere constantemente las expectativas de los clientes?

Beneficios

¿POR QUÉ?

Ventaja competitiva. El cuidado genuino de cada cliente puede diferenciarlo de los competidores y alimentar una reputación estelar.

Respeto. Ser conocido por la calidad y la excelencia le dará honor a su comunidad.

Ganancias a largo plazo. Hacer que los clientes estén contentos es bueno para el negocio.

Apreciación de los clientes. La mayoría se dará cuenta y le agradecerá que los cuide bien. Los buenos sentimientos mutuos de una experiencia positiva son la base de una relación de confianza.

Multiplique los Clientes Felices

Barreras

Impaciencia. Puede parecer ineficaz hacer el esfuerzo extra para superar las expectativas del cliente. Pero esto puede ganarse a algunos clientes que ha decepcionado, que a menudo se convierten en sus mayores defensores. La ineficiencia a corto plazo para complacer a los clientes a menudo vale la pena a largo plazo.

Ganancias a corto plazo. Como nos esforzamos tanto en vender y completar los pedidos, podemos, sin querer, socavar nuestra atención a las personas que pagan nuestras facturas.

Empleados desconectados. Si sus empleados no disfrutan de su trabajo, se verá en cómo tratan a sus clientes. Vea el capítulo 14.

A la defensiva. Es fácil quedar atrapado en las emociones cuando los clientes se quejan, especialmente cuando no son razonables, exageran el problema, se enojan, hacen demandas locas, se niegan a pagar, amenazan con decírselo a todos y no pagar, y no ven todo lo que hace usted para complacerlos.

Valores Subyacentes

Excelencia. Su equipo estará más orgulloso de lo que hace cuando dé lo mejor de sí mismo. - Colosenses 3:23

Propósito. Satisfacer las necesidades de las personas a través de bienes y servicios es fundamental para el propósito de los negocios. - Mateo 6:11

Relaciones. Las personas importan. Algunas personas no serán felices sin importar lo que hagas, pero tratar incluso a esas personas de manera justa es lo correcto. - Efesios 4:32

Sinceridad. Sé abierto y honesto sobre tus errores. Admítelos, asumiendo toda la responsabilidad de los problemas causados por tus empleados, subcontratistas, proveedores y productos. Posea, no alquile, el problema. - Santiago 5:16

Empatía. Cuando usted o sus empleados fallen, diga que lo siente. Sienta su dolor. Escuche bien. Demuestre que le importa.

Pasos a Implementar

¡Haga felices a sus empleados! ¿Le sorprende que este sea el primer paso? Solía estar centrado en el cliente sin estar centrado en el empleado. ¡Gran error, el más grande que he cometido hasta ahora! Debemos perseguir la felicidad de los empleados tanto como la felicidad de los clientes. Me tomó 10 años darme cuenta de que si hago felices a mis empleados, ellos harán felices a mis clientes. ¡Claro! Los empleados son felices cuando tienen autoridad real, encuentran un propósito en su trabajo, se sienten adecuadamente recompensados e invertidos. Ver más sobre la participación de los empleados en el capítulo 14.

Incorpore un pensamiento centrado en el cliente en la cultura de su empresa. Su visión, misión, valores y objetivos deben recordar constantemente a sus empleados que los clientes son lo primero, que todos sus medios de vida dependen de hacerlos felices. Nuestra visión en Tree Work Now Inc es "ser los expertos en árboles más confiables". Nuestro valor principal de "impresionar" a los clientes tiene este título: "Aplicamos la excelencia y la minuciosidad a

Multiplique los Clientes Felices

nuestro trabajo como se expresa en nuestro lema: 'Cada detalle, cada vez'". Este eslogan nos estimula a superar las expectativas de nuestros clientes, incluso al final de un largo y duro día. "Considere el mundo desde el punto de vista de sus clientes potenciales: ¿Cómo lo que vende mejora sus vidas, soporta sus cargas y alivia su dolor? Recuerde, su valor no está en lo que hace. Su valor está en lo que hace por los demás" (Ann Handley, Revista Entrepreneur, Mayo 2013, p.68).

Crear y hacer cumplir los sistemas de servicio al cliente. Los procesos paso a paso pueden guiar a los empleados a través de cómo quiere que interactúen con los clientes. Incluya un proceso para los clientes descontentos. Este proceso debe incluir una forma para que ellos hablen con un gerente o con usted mismo. Entrene a los empleados para que utilicen estos sistemas y asegúrese de que lo hagan. Vea más sobre los sistemas de atención al cliente en el capítulo 4.

Ofrecer una garantía y cumplirla. Este es un tipo efectivo de sistema de servicio al cliente. "Una garantía es su oportunidad de señalar un problema de toda la industria y resolverlo. Esto es típicamente un problema de servicio o de calidad. Usted debe determinar con qué pueden contar sus clientes. Si usted lo garantiza, eso pondrá sus mentes a gusto y le permitirá hacer nuevas ventas... Su garantía tiene un beneficio secundario. Obliga a todas las personas de su organización a cumplirla. Eso a su vez le obliga a mirar hacia adentro y asegurarse de que tiene a todas las personas, procesos y sistemas adecuados para hacerlo. Si no, te verás obligado a mejorarlo". (Wickman p.64) A continuación, nuestra garantía. La clave para mantener nuestra "Promesa de Propiedad" es que nuestro equipo de liderazgo tuvo voz para refinarla y explicarla a nuestros equipos.

Ilustración 1 Promesa de Propiedad: Prevenir Daños, Reparar de Inmediato.

1. Prevenir Daños

   a. El estimador se comunica con el cliente en relación con los aspectos sensibles de la propiedad.

   b. El jefe de la tripulación comunica la información anterior a cada miembro de la tripulación del árbol.

   c. La tripulación reubica todo lo que pueda ser movido fuera de la zona de descenso.

   d. La tripulación crea un plan para minimizar los daños usando las mejores técnicas y rutas de acceso.

   e. La tripulación deja una huella lo más ligera posible con un equipo bien mantenido y de bajo impacto.

   f. Estos pasos son llevados a cabo por trabajadores de los árboles sin drogas y con mucha experiencia.

2. Repare Pronto

   a. Notificar al cliente inmediatamente (cuando sea posible) de cualquier daño significativo.

   b. Hacer las reparaciones inmediatamente siempre que sea posible.

   c. Notifique al coordinador de mantenimiento de campo que involucra a los contratistas necesarios a más tardar el siguiente día hábil.

   d. La oficina proporciona al cliente actualizaciones regulares sobre el progreso de las reparaciones.

   e. El estimador llama para asegurar la satisfacción del cliente.

   f. El cliente paga sólo después de que la restauración se haya completado.

Diferencie su compañía a través de un servicio superior. Especialmente si vendes los mismos productos que otros, tienes que añadir valor con un servicio muy superior. De lo contrario, tendrá que competir principalmente en el precio, y ya sabe lo que es una trampa mortal (del capítulo anterior). Diles lo que pueden esperar cuando te compren, y luego cumple tus promesas.

Averigua lo que los clientes realmente quieren. No lo asumas. Pregunte. El formulario de presentación en línea de Tree Work Now pregunta a cada cliente qué es lo más importante para ellos. A continuación, creamos sistemas de producción (como la Promesa de Propiedad anterior) para cumplir con sus respuestas más frecuentes.

Gestionar las expectativas de los clientes. Aunque la mayoría de las empresas intentan complacer a todos los clientes, hay límites a lo que una empresa puede hacer bien. Al no estar informados sobre ciertas compensaciones entre calidad, velocidad y precio, algunos clientes tienen expectativas extremadamente poco realistas cuando interactúan con usted por primera vez. Pero con un poco de educación de tu parte, la mayoría ajustará sus expectativas. ¡Huya de los que no lo hacen! Hay clientes que no puede permitirse servir. Estas personas infelices e irrazonables agotarán sus recursos y tiempo de otros clientes a los que podría servir. ¡No se destine a fracasar!

Superar las expectativas del cliente. Una vez que te comprometes con un cliente, cumplir con las expectativas no es suficiente. Proporcionar una experiencia memorable entregando productos increíbles de una manera considerada y personal. Prometa en grande - ¡entregue más grande!

Modelar y celebrar el excelente servicio al cliente. Mostrar a los empleados cómo cuidar de los clientes. Y recompénsalos cuando lo hagan. Abrimos todas las reuniones de la empresa y las reuniones del equipo de liderazgo con testimonios recientes de los clientes sobre cómo los hicimos felices.

Cuando le falla a los clientes, vaya más allá de lo que se requiere para arreglarlo. ¡Extrañamente, esto puede convertir a los clientes enojados en sus mayores defensores! Me pasó a mí - lea el caso de estudio abajo. Esté dispuesto a perder dinero en estos casos, pero sólo para aquellos a los que ha fallado de verdad, espectacularmente. Ten cuidado con los clientes que exageran un pequeño error para obtener algo por nada. Un pequeño porcentaje hace una carrera por ser infeliz, pero gane a la gran mayoría y construirá un ejército de abogados que se lo dirán a todos sus amigos.

Así es como Jason Fried, CEO de 37 Signals, lo expresó: "Por supuesto, todas las compañías experimentan episodios como este. Lo que cuenta es cómo manejan la situación. No hablo de arreglar el problema, tienes que arreglarlo; eso es un hecho. Hablo de cómo te comunicas con tus clientes, cómo aceptas la responsabilidad y cómo haces las cosas bien. Eso es lo que la gente recuerda. He sido cliente de empresas que no saben cómo responder a una crisis. Estos grupos no se hacen cargo del problema. Se cubren, van de puntillas, y hacen que sus departamentos de RR.PP. emitan disculpas abstractas sin disculpas. Esta es una de las peores: "Nos disculpamos por cualquier inconveniente que hayamos causado". Si alguna vez hubo una disculpa sin disculpas, es ésta. Y casi todas las empresas la usan. Busqué en Google la frase "*Nos disculpamos por cualquier inconveniente*". Apareció 41 millones de veces" (Revista Inc, febrero 2011, p.37. Ver el enlace al artículo completo más abajo en Lecturas Recomendadas).

Cuando los clientes se frustran, lo que necesitan es la empatía de un compañero humano. Nuestra amiga Angela Karum comparte un guión con gente como yo que necesita entrenamiento en empatía. Es así: "Entiendo por qué te sientes así. Si yo estuviera en tu lugar, me sentiría de la misma manera." Ese simple toque humano es un poderoso difusor.

Proteja su reputación. ¡Es todo lo que tiene! Ni la marca más brillante, ni el marketing más inteligente pueden deshacer una reputación manchada. Reduzca el valor de todos los activos de una compañía. Wells Fargo lo sabe bien. Después de ser una compañía que había alcanzado la grandeza según algunos estándares (incluyendo ser una de las compañías "buenas para grandes" de Jim Collins), su reputación se desplomó después de que se descubriera que los empleados habían abierto cuentas falsas para millones de clientes que resultaban en millones de dólares en honorarios. Su logotipo de entrenador de teatro captura nuestra imaginación del salvaje oeste de Estados Unidos, pero el hecho de pisotear a sus clientes ha anulado cualquier sentimiento positivo que su marca hubiera evocado.

Por el contrario, una reputación de excelencia es mejor que cualquier publicidad que el dinero pueda comprar.

Obtenga la opinión del mayor número de clientes posible. La forma en que lo hagas depende del tipo de negocio que tengas y de cómo te conectes con los clientes. Contactamos a cada cliente para ver cómo lo hicimos y cómo podemos mejorar.

Deles maneras de compartir. Pedimos referencias en una nota agradeciéndoles por su negocio y recompensándoles por referir a sus amigos. Pedimos comentarios de Google (también la Lista de Angie y BBB) y publicamos otros testimonios en nuestro sitio web. Les pedimos que nos recomienden a sus vecinos en nextdoor.com.

Use los comentarios para mejorar la experiencia del cliente. Identificar las quejas más frecuentes y hacer los cambios necesarios. Haga mejoras en los productos, reemplace o vuelva a capacitar al personal poco amigable, haga que sus procesos de pedidos y facturación sean más rápidos o más amigables, cueste lo que cueste.

Estudio de Caso

"Cuando necesité que se hicieran trabajos en los árboles de mi propiedad, llamé a Tree Work Now para que me dieran un presupuesto del trabajo que se necesitaba. Después de reunirme con el propietario Evan Keller me sentí confiado en su sinceridad y voluntad de proporcionar el mejor servicio posible. Por esta razón los elegí para proporcionar ese servicio.

El equipo, en su mayoría, hizo un excelente trabajo, pero debido a una falta de comunicación entre Evan y su equipo, uno de los árboles cerca de la casa fue fuertemente podado. Cuando llegué a casa ese día, llamé inmediatamente a Evan y vino directamente a evaluar la situación. Debido a que el árbol en cuestión estaba cerca de la casa, entendió por qué el equipo tomó la acción que tomó, pero reconoció que no era en absoluto lo que habíamos discutido. Evan asumió toda la responsabilidad del error, y en su voluntad de ganarse mi completa satisfacción, me permitió tomar la decisión de cómo compensar este error, ¡incluso dejándome la opción de no pagar NADA por el día completo de trabajo que su compañía había realizado!

El manejo de este asunto por parte de Evan fue tan profesional que cuando volví a necesitar el trabajo de los árboles elegí "Tree Work Now". Esta vez el trabajo que era necesario era muy difícil porque uno de los grandes árboles que había que quitar estaba completamente rodeado de un paisaje difícil. El equipo hizo un excelente trabajo y no podría haber estado más feliz con los resultados.

En el futuro, cuando vuelva a necesitar el servicio de los árboles, no habrá duda de a quién utilizaré. Recomiendo a Evan y a su equipo por su habilidad, integridad y profesionalismo". - Barry Smith, Deland, Florida

Liderando el Yo, Empleados, Sistemas

YO – Centre su empresa en los clientes. Si sólo se habla de ventas, finanzas y producción, sus empleados darán la señal de que los clientes son secundarios.

EMPLEADOS –Asegúrese de que su gente que trata con los clientes tenga habilidades de la gente han sido entrenados en sus valores y sistemas centrados en el cliente. Y recuerde también que debe centrarse en los empleados, como hacer que su voz cuente, proporcionarles una trayectoria profesional atractiva con formación y responsabilidades para desarrollarla, y mostrarles regularmente que realmente se preocupan por ellos como personas, no sólo por lo que pueden hacer por usted. Me sorprendió saber que incluso los hombres grandes y corpulentos que trabajan para mí necesitan un abrazo y una palabra amable de mi parte.

SISTEMAS – Los procesos para la generación de clientes potenciales, ventas, satisfacción del cliente y seguimiento deben ser diseñados para superar las expectativas del cliente.

Resumen

¿Y AHORA QUÉ?

Haga que la atención a los clientes extraordinarios forme parte de la identidad de su empresa: modelado, formación y aplicación de sistemas que ayuden a sus empleados a superar las expectativas de los clientes. Cuando sus empleados le fallan a un cliente, asuma la responsabilidad y muestre empatía mientras hace las cosas bien. Haga un seguimiento con los clientes para mejorar continuamente su experiencia. Su equipo se enorgullecerá de proporcionar un valor excelente y sus clientes volverán y traerán a sus amigos.

Preguntas de Aplicación

1. ¿Cómo se puede incorporar a los clientes agradables en sus documentos fundacionales y en la cultura de la empresa?

2. ¿Qué historias de conquista de clientes deberían formar parte de la tradición de su empresa?

Multiplique los Clientes Felices

3. ¿Hay algún cliente descontento que debería intentar ganar?
4. ¿Qué sistemas enfocados al cliente necesita construir, mejorar o implementar mejor?
5. ¿Cómo puede celebrar y recompensar la extraordinaria atención al cliente?
6. ¿Cómo puede obtener más información de los clientes?

Lectura Recomendada

"How to Turn Disaster into Gold" por Jason Fried, CEO de 37 Signals, Inc. Magazine, Febrero 2011:

http://www.inc.com/magazine/20110201/how-to-turn-disaster-into-gold.html

¡Haz que suceda!

¿Qué ideas ha despertado en mi este capítulo?

¿Qué luz nueva brilla sobre mi liderazgo y negocio?

¿Qué cambios planeo hacer?

Mis actos para ¡Hacer que Suceda!	Fechas de terminación	
	Propuesta	Actual

GrowBook
Plan de Acción
Por Evan Keller, Junio 2017

Circule la acción apropiada para cada tema:

9. Cree Soluciones Únicas para sus Clientes - ¿Ofrezco soluciones únicas que la gente quiera y que vayan con la identidad de mi empresa? ¿Hago prototipos de nuevos productos y los pruebo con algunos de mis clientes?

                        Mantener   Afinar   Revisar

10. Produzca con Eficiencia - ¿Estoy trabajando para mejorar la eficiencia de mis producción para que pueda satisfacer a los clientes mejor y más rápido?

                        Mantener   Afinar   Revisar

Mi enfoque #1: _____

200

5. Empleadas

Multiplique su capacidad levantando líderes con verdadera autoridad. Cree una situación en la que todos ganen ayudando a los empleados a desarrollar sus habilidades y a construir su trabajo en equipo. Muéstreles un camino para avanzar y que le importa.

Capítulo 13 | Contrate y Delegue a Líderes

Por Evan Keller

Definición

Si sólo quiere un trabajo, guárdese todas las responsabilidades importantes para usted. Pero si quiere una empresa sostenible, debe desarrollar a otros para que ocupen puestos clave, para que pueda centrarse en liderar el crecimiento a largo plazo.

Cita de Experto

"Cuando se selecciona a alguien, [los grandes directivos] seleccionan por su talento... no simplemente por su experiencia, inteligencia o determinación. Cuando establecen expectativas, definen los resultados correctos... no los pasos correctos. Cuando motivan a alguien, se centran en las fortalezas... no en las debilidades. Cuando desarrollan a alguien, le ayudan a encontrar el ajuste correcto... no simplemente el siguiente peldaño de la escalera" (Marcus Cunningham y Curt Coffman, First, Break All the Rules p.67).

Preguntas de Evaluación

1. ¿Cuál de sus funciones actuales cree que nadie más puede desempeñar? ¿En qué basa esta evaluación?
2. ¿Es su actual carga de trabajo sostenible?
3. ¿Sobreviviría su empresa si usted muriera hoy?

 Beneficios

Centrarse en la innovación. Cuando otros mantienen las operaciones diarias en marcha, usted puede enfocar su energía creativa en trazar el futuro, aumentar las ventas, lanzar nuevas iniciativas, construir sistemas y liderar bien. Puedes ver el panorama general y hacer algunos de los trabajos "no emergentes pero importantes" sugeridos en este libro.

Aumento del valor de la empresa. Su empresa es mucho más valiosa para los compradores potenciales si funciona bien sin su esfuerzo a tiempo completo. Los compradores quieren una compañía que conserve una alta capacidad después de que usted se haya ido.

La cordura. Puede ser solitario y abrumador cuando usted es el único que aborda los desafíos de su negocio. Cuando otros comparten esa carga, tanto su carga de trabajo como su carga de estrés son más manejables.

Tiempo libre. Tienes cierto margen en tu vida para las relaciones, los intereses y el servicio.

Barreras

Complejo de mártir. Algunos perderían su sentido de la identidad si no estuvieran siempre demasiado ocupados. Los que trabajan demasiado, anhelan compasión por estar siempre estresados. Esto es insostenible, como "conducir a 200 km por hora en primera velocidad" (Lee Murray, escuchó a los empresarios mentores en Haití).

La autoimportancia. Es necesario que algunos empresarios sean necesarios. ¡Parece extraño y humillante cuando los empleados saben más sobre ciertos aspectos de su negocio que usted! Tráguese su orgullo, aprenda de ellos, ayúdeles a tener éxito y agradezca que su empresa haya crecido hasta convertirse en algo más grande que usted. Phil Libin, CEO de Evernote vive según esta regla: "Todo el que me reporta tiene que ser mucho mejor en su trabajo de lo que yo podría serlo" (Revista INC, marzo de 2013, p.26).

Mentalidad de técnico. "Es más fácil hacerlo yo mismo" que entrenar a alguien más para hacerlo bien. Puede que hayas empezado tu negocio porque amas el trabajo, pero mientras repetimos esto una y otra vez, esperamos que ahora veas que es más importante convertirse en un líder. Si ningún empleado puede completar una tarea particular tan bien como usted, no es algo de lo que estar orgulloso. Al contrario, es su culpa que no los haya entrenado, modelado y entrenado hacia la competencia.

Control. Para algunos, se reduce a ser una persona controladora. O tienen miedo de levantar a futuros competidores. Esta sensación de inseguridad se niega a compartir el poder o a alegrarse cuando otros tienen éxito.

Falta de candidatos calificados. La mayoría de los empresarios que conozco harían más contrataciones inmediatamente si pudieran

encontrar a las personas adecuadas. Las buenas personas son difíciles de encontrar - y mantener.

¿CÓMO? Valores Subyacentes

Confianza. Tienes que aprender a dejarte llevar. Tu negocio no crecerá mucho si te niegas a confiar la verdadera responsabilidad a otros. O bien proporciona oportunidades para que los empleados se ganen la confianza necesaria para una mayor responsabilidad o bien encuentra nuevos empleados que sean más confiables. - Éxodo 18:13-26

Sinergia. Mientras que toda la iniciativa e ideas solían venir de usted, comenzará a ver a los empleados hacer importantes contribuciones y esperamos que se animen unos a otros a innovar. - Romanos 12:3-8

Crecimiento. Tanto su empresa como sus empleados crecerán a medida que desarrollen líderes.

Dignidad. Las personas no son máquinas para hacer el trabajo sucio. Se les han dado habilidades que usted tiene la responsabilidad parcial de desarrollar.

Pasos a Implementar

Mire al frente. Decida qué papeles de liderazgo deberán estar en su lugar a largo plazo para avanzar significativamente en su visión y misión. Planea al revés para decidir qué posiciones necesitarás crear a corto plazo. Si eventualmente necesitarás un *gerente* de ventas y un *gerente* de oficina, comienza con la contratación de un *vendedor* y un *oficinista*.

Defina su propio papel. Decide qué es lo que más necesita su compañía de usted y compromete sus fortalezas. Entonces verás qué rol pasar. Pero primero, una advertencia que puede hacer estallar su paradigma: "Cualquiera que sea la fuerza de un líder a menudo se convierte en la debilidad de la organización (es decir, si el fundador es fuerte en marketing, la empresa puede eventualmente encontrar que es débil en esta área funcional). ¿Por qué? Porque los líderes tienen tendencia a aferrarse demasiado fuerte, estrangulando los esfuerzos de quienes les rodean. O porque los líderes se imaginan que pueden "vigilar los detalles", trayendo a alguien demasiado joven para supervisar la función, en lugar de traer la potencia que realmente necesitan. En cambio, los líderes deben tomar una decisión contraintuitiva y encontrar personas que excedan sus propias capacidades en su área de fuerza, para evitar que la compañía se estanque" (Harnish p.47).

Revise el presupuesto y planifique con anticipación. Averigua si hay flujo de efectivo o reservas para cubrir la nómina adicional. ¿Cuánto tiempo tardarán las eficiencias o ingresos adicionales que generen en cubrir sus salarios?

Identifique a los candidatos. Busque empleados actuales para ocupar esos puestos, si es posible, para aprovechar la confianza y la experiencia existentes. Identifique candidatos externos, si es necesario, recurriendo primero a su red personal de personas que sus asociados puedan recomendar. Las agencias de publicidad y de empleo también pueden identificar candidatos.

Busque estos 10 rasgos principales en los vendedores y gerentes de ventas:

1. Son impulsados y determinados.
2. Se involucran fácilmente en la conversación.
3. Saber cuándo y cómo escuchar con atención.
4. Puede leer bien a la gente, percibiendo rápidamente los motivos, valores y nivel de urgencia de los clientes.
5. Exuda un entusiasmo contagioso.
6. Construir rápidamente una relación y confianza.
7. Son simpáticos.
8. Son capaces de comunicar el valor de su producto.
9. Tenga el valor de pedir la venta y mantener su precio.
10. Permanezca positivo incluso cuando sea rechazado repetidamente.

Busque estos 10 rasgos principales en los gerentes de producción:

1. Son pensadores lineales que pueden descomponer fácilmente un proceso en una secuencia lógica y eficiente.
2. Buscan constantemente reducir el desperdicio y aumentar la eficiencia.
3. Pueden manejar la complejidad; pueden hacer fríamente múltiples tareas.
4. Es bueno para motivar a los empleados.
5. Son buenos comunicadores y empáticos.

6. Puede entrenar y coordinar a otros para realizar tareas.
7. Se preocupan por la seguridad.
8. Se preocupa por la calidad y presta atención a los detalles.
9. Son responsables.
10. Trabaja a través de la adversidad para que las cosas se hagan.

Busque estos 10 rasgos principales en los gerentes de oficina:

1. Son expertos en multitarea.
2. Son orientados a los detalles.
3. Están orientados a las tareas.
4. Son responsables con el dinero, las facturas y los plazos.
5. Son inteligentes con la tecnología.
6. Tienen habilidades de contabilidad.
7. Son buenos comunicándose con los clientes, empleados y proveedores.
8. Exudan positividad.
9. Son dignos de confianza.
10. Puede proporcionar rápidamente a varios miembros del equipo la información que necesitan para tener éxito.

Use las preguntas de la entrevista basadas en la experiencia. Para averiguar si tienen los rasgos mencionados, haga preguntas que simulen situaciones hipotéticas ("¿qué harías si...?") y preguntas que recuerden experiencias de la vida real ("cuéntanos sobre un momento en el que...").

Utilice las evaluaciones para medir las aptitudes. Utilice herramientas como StrengthsFinder y DISC para saber en qué son buenos sus candidatos y cuáles son sus formas predeterminadas de trabajar y relacionarse. Utilice estas herramientas para asegurarse de que tiene "las personas adecuadas en los asientos adecuados del autobús", algo que Jim Collins (en <u>Good to Great</u>) dice que es esencial para construir una gran empresa.

Contrate a gente con capacidad de liderazgo general. Además de los rasgos específicos del papel arriba mencionados, Bill Hybels sugiere buscar estos rasgos generales en un líder potencial: "influencia, carácter, habilidades de la gente, empuje e inteligencia". También sugiere hacer su propia lista de los top cinco (<u>Liderazgo Valiente</u>, p.130).

No haga contrataciones cuestionables. Como dicen los sabios proverbios "contrata despacio, dispara rápido" implica, que evitarás muchos dolores de cabeza y muchos gastos si consigues la contratación correcta, aunque te lleve mucho tiempo encontrar a la persona adecuada. Jim Koch (fundador y presidente de Boston Beer) dice: "Hemos tenido trabajos que han estado abiertos durante un año y medio, buscando a la persona adecuada. La simple regla es, nunca contratar a alguien que no suba el promedio. Si no están mejorando su empresa, entonces ¿por qué contratar a esa persona? Mis peores errores han sido lo que pienso de las contrataciones desesperadas" (Revista INC, Noviembre 2015, p.120). "La investigación sugiere fuertemente que necesitas un mínimo de 20 solicitantes por puesto si quiere aumentar dramáticamente sus probabilidades de contratar jugadores A". ¿Pero qué pasa si no puede encontrar tantos candidatos cualificados? Verne Harnish continúa con su buen consejo: "El equipo de marketing debe participar tan activamente en el reclutamiento de un flujo constante de empleados potenciales como en la atracción de clientes potenciales" (Harnish p.62).

Haga que las nuevas contrataciones le acompañen primero. El modelaje es la mejor manera de desarrollar líderes. No puedes esperar nada de los líderes emergentes que no estés dispuesto a hacer tú mismo. El agua fluye cuesta abajo. Deja que vean cómo haces las cosas y cómo piensas, especialmente cuando la crisis golpea. "Para que los líderes emergentes se conviertan en líderes experimentados, sabios y eficaces, necesitan la proximidad y la interacción con los líderes veteranos" (Bill Hybels, Courageous Leadership p.132).

Prepararlos para que tengan éxito. Proporcione una descripción clara del trabajo y comparta sus expectativas más altas. Sea intencional acerca de su entrenamiento. Deles sistemas a seguir que demuestren cómo lo ha hecho en el pasado, y luego obtenga su aporte continuo para mejorar esos procesos. Vea el capítulo 4.

Utilice el "liderazgo situacional" para prepararlos para una mayor responsabilidad. "Dirigir, entrenar, apoyar y delegar" son cuatro pasos progresivos en el liderazgo de un empleado maduro. Al principio, el empleado necesita "direcciones específicas sobre los roles y objetivos". En las fases de entrenamiento y apoyo, el empleado recibe mucha información y se le anima a participar en el proceso de toma de decisiones. Cuando la confianza se ha construido adecuadamente, "el líder faculta al empleado para actuar de forma independiente con los recursos adecuados para realizar el trabajo" ("Creating Effective Leaders Through Situational Leadership", Blanchard Training and Development, Inc. https://www.theseus.fi/bitstream/handle/10024/33027/Mwai_Esther.pdf?sequence=2).

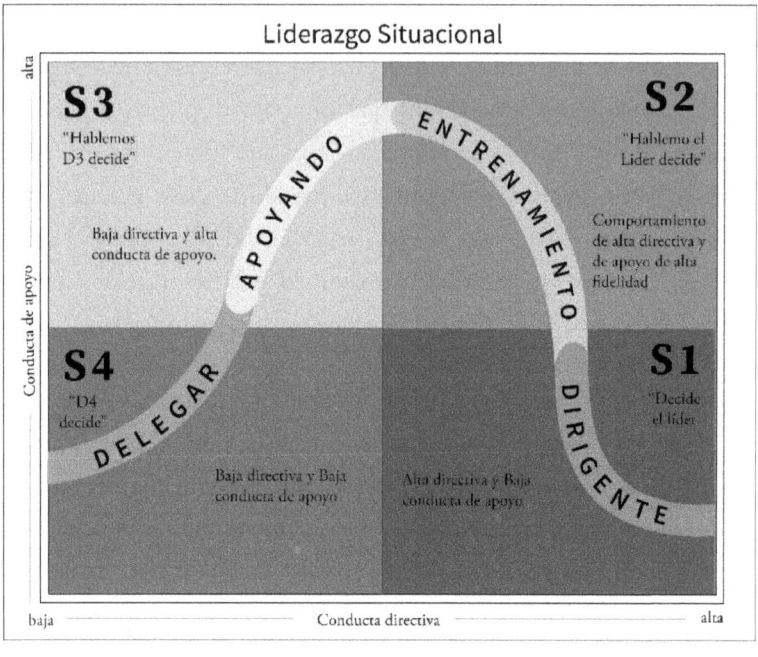

Deles responsabilidad y autoridad reales. Puede empezar poco a poco cuando se pruebe el potencial de liderazgo de un empleado existente, pero sus habilidades de liderazgo sólo madurarán verdaderamente cuando se les den oportunidades desafiantes. Si les da una cierta autonomía, crecerán en confianza como responsables de la toma de decisiones y tendrán un mayor sentido de propiedad en sus funciones. El Capitán David Marquet utilizó este concepto para convertir el submarino de peor rendimiento de la flota de la Marina de los Estados Unidos en el submarino de mayor rendimiento, ¡en sólo dos años! "En lugar de un capitán dando órdenes a 134 hombres, tendríamos 135 hombres independientes, enérgicos, emocionalmente comprometidos y dedicados a pensar en lo que necesitábamos hacer y en las formas de hacerlo bien. Este proceso los convirtió en líderes activos en lugar de seguidores pasivos". In Turn the Ship Around! aconseja: "No traslade la información a la autoridad, traslade la autoridad a la información"

(p.49. A continuación, aborda los temores que impiden a los empresarios delegar decisiones en sus empleados: "Por lo general, encuentro que los temores se dividen en dos grandes categorías: cuestiones de competencia y cuestiones de claridad. A la gente le preocupa que el siguiente nivel inferior no tome buenas decisiones, ya sea porque carecen de competencia técnica sobre el tema o porque no entienden lo que la organización está tratando de lograr. Ambas cosas pueden resolverse" (p.58-59).

Estudio de Caso

Cereste (abajo a la izquierda) nombró a su primo (abajo al centro) Wilson para que fuera el jefe de producción de la panadería que él mismo había dirigido durante varios años en Leogane, Haití.

Esto liberó a Cereste para hacer crecer su fuerza de ventas - vendedores ambulantes - que vendían sus panecillos "pomket" a los conductores y peatones de toda la ciudad. ¡En cuestión de meses, fue capaz de doblar su fuerza de ventas a 27! Dos años más tarde, había crecido como líder y hombre de negocios hasta el punto de que fue capaz de lanzar con éxito una segunda panadería (abajo) - una que hacía pan tradicional. Pronto entrenó a un gerente para compartir la responsabilidad. ¡Al desarrollar líderes, fue capaz de crear 12 puestos de trabajo de la noche a la mañana en uno de los entornos económicos más desafiantes del mundo!

Liderando el Yo, Empleados, Sistemas

YO – Aunque tuvo que hacerlo todo cuando empezó su negocio, pregúntese en qué es realmente mejor, qué es lo que disfruta y qué es lo que su empresa más necesita de usted. Supere su miedo a dejar ir los papeles que otros pueden hacer bien.

EMPLEADOS – Hable de "nuestra" compañía - una pequeña pero importante forma de decir que sus contribuciones importan.

Proporcionar nuevos desafíos para mantenerlos comprometidos, y entrenamiento continuo para aumentar su capacidad.

SISTEMAS – Mostrar a los nuevos contratados cómo pueden progresar profesionalmente, aumentando su salario junto con su responsabilidad. Evitar la pérdida de buenas personas porque no ven la oportunidad de avanzar".

Resumen

¿Y AHORA QUÉ?

Puede que le resulte difícil delegar los papeles que ha desempeñado desde el principio de su negocio. Esta incapacidad mental y emocional de dejar ir y confiar en los demás puede sabotear el crecimiento de su empresa. Por lo tanto, decida qué papeles de ventas, producción y oficina debe llenar y qué temperamentos y talentos son más importantes en ellos. A continuación, encuentre y evalúe a los buenos candidatos, luego desarrolle y apoye a estos nuevos líderes, siendo el acceso a usted y la responsabilidad real los predictores más críticos de su crecimiento. Esto le permitirá invertir su tiempo de manera más estratégica en el crecimiento de su empresa.

Preguntas de Aplicación

1. ¿Qué es lo que puede estar saboteando el crecimiento de su compañía (ver "Barreras" arriba)?

2. ¿Cuáles son algunos de los papeles que le gustaría pasar en los próximos 12 meses? ¿Cómo priorizarías estos?

3. ¿Cuál sería la mejor reasignación de su propio tiempo que se libera?
4. ¿A quién dentro de tu empresa puedes convertir en un líder?
5. ¿Qué posiciones de liderazgo necesitas hacer contrataciones externas para llenar? 6. ¿Cómo encontrarás buenos candidatos?
6. ¿Quiénes son amigos de confianza y bien conectados que pueden conocer candidatos de calidad que podrían referirle?
7. ¿Qué cualidades valora más en los puestos de liderazgo que necesita cubrir?
8. ¿Qué herramientas utilizará para evaluar a los candidatos?
9. ¿Cómo desarrollará a sus nuevos líderes?

Lectura Recomendada

Now, Discover your Strengths por Marcus Cunningham y Donald Clifton

¡Haz que suceda!

¿Qué ideas ha despertado en mi este capítulo?

¿Qué luz nueva brilla sobre mi liderazgo y negocio?

¿Qué cambios planeo hacer?

Mis actos para ¡Hacer que Suceda!	Fechas de terminación	
	Propuesta	Actual

Capítulo 14 | Enganche a los Empleados

Por Evan Keller & Jennifer Pettie

Definición

¿QUÉ?

"El compromiso del empleado es el compromiso emocional que tiene con la organización y sus objetivos". Cuando los empleados se preocupan por su trabajo y su compañía, dan voluntariamente su esfuerzo discrecional - yendo más allá de la descripción de su trabajo. (Kevin Kruse, autor de Employee Engagement 2.0: http://www.forbes.com/sites/kevinkruse/2012/06/22/employee-engagement-what-and-why/).

Cita de Experto

"Los buenos líderes crean prosperidad, y no se define sólo por el dinero, sino por la salud emocional de sus empleados. Los buenos líderes tratan a los empleados como seres humanos y los aprecian creando un ambiente en el que la gente quiere estar. El buen liderazgo crea empleados felices, que crean clientes felices y, en última instancia, accionistas felices." – Tasha Eurich, autor de

Bankable Leadership como se cita en la revista Entrepreneur de mayo de 2014.

Preguntas de Evaluación

1. ¿Quién es tu mejor empleado de todos los tiempos y por qué? ¿Qué acciones suyas aumentaron o disminuyeron su compromiso?
2. ¿Sus empleados trabajan como si se preocuparan por su empresa? ¿Cómo describiría sus actitudes hacia sus trabajos?
3. ¿Qué tan consistentemente recomiendan sus empleados su compañía como un lugar de trabajo y un lugar para hacer negocios?

Beneficios

¿POR QUÉ?

Menos: rotación, murmullos, accidentes, pérdida de tiempo, pérdida de materiales y fricciones entre empleados y empleadores.

Más: productividad, positividad, innovación, iniciativa en la resolución de problemas, preocupación genuina por la empresa, satisfacción del cliente y compromiso con los valores/misión/visión de la empresa.

Barreras

Falta de cuidado. Con Gallup informando que sólo el 30% de los empleados en los EE.UU. se sienten comprometidos en el trabajo, a menudo sienten que su empleador no se preocupa por ellos como personas, sino que simplemente los utilizan como una herramienta para hacer dinero. Si no se sienten cuidados, no se preocuparán por la compañía. Se retirarán, se quemarán, y sólo harán los movimientos.

Gestión de la falta de contacto. La gestión parece estar alejada de los retos laborales de la fuerza de trabajo y no se toman medidas para garantizar la seguridad en el trabajo y las buenas condiciones laborales.

Falta de influencia. Los empleados no sienten que sus voces importan en el trabajo.

Microgestión. Los empleados no tienen sentido de autonomía o latitud para usar sus propias habilidades de resolución de problemas.

Falta de reconocimiento. Los empleados no se sienten apreciados.

Valores Subyacentes

La gente importa. Con dignidad y valor intrínsecos, deben ser tratados como humanos primero y como trabajadores después. - Jeremías 22:13

Invierta sabiamente. Los estudios han demostrado que mucho de lo que valoras en términos de éxito de la empresa depende de la crianza de empleados comprometidos. "Da y recibirás". - Lucas 6:38

Equilibre los valores complementarios. La misión de su empresa y la gente de la que depende para cumplirla son importantes. Mientras muestren interés en sus vidas fuera del trabajo, no se avergüencen de pedir sus mejores esfuerzos en el trabajo.

Pasos a Implementar

Reconocer públicamente un rendimiento superior. Los empleados prosperan con la retroalimentación positiva; ¿quién no? La dopamina se libera en nuestros cerebros cada vez que escuchamos algo que nos gusta. Ser valorado es una necesidad humana primordial, por lo que las expresiones personales genuinas de reconocimiento, elogio y aprecio se consideran importantes impulsores del compromiso de los empleados. Sólo requiere un pequeño esfuerzo intencional, pero da grandes beneficios. De hecho, Mark Twain dijo una vez "Puedo vivir dos meses con un buen cumplido" (Maxwell, Teamwork 101, Thomas Nelson, Nashville TN 2008, p.87). Es genial animar a los empleados en privado, pero es mucho más poderoso cuando se hace público. Puede reconocerlos a través de los premios de la empresa, los elogios en las reuniones de personal, los programas de "empleado del mes", los boletines informativos y las publicaciones en medios sociales o blogs. Un alto rendimiento constante debería llevar a promociones y a una mayor influencia en las decisiones de la empresa. Pero no espere a que se produzcan grandes hitos para elogiar el buen trabajo. Más bien busque maneras de ser alentador cada semana, usando sus canales de comunicación existentes, notas escritas a mano y palabras reflexivas compartidas cara a cara. Lea los comentarios de los clientes y las cartas de agradecimiento en voz alta a los empleados que idearon soluciones y prestaron un servicio excepcional. "Reconocer una buena idea o la dedicación a un proyecto alimenta el compromiso, especialmente cuando se trata de la competencia de una persona y no sólo de los resultados. ('Me gusta cómo has manejado eso'). El sentido de competencia es una necesidad psicológica básica que impulsa la motivación intrínseca y un interés continuo en el trabajo que se realiza" (Joe Robinson en la revista Entrepreneur de mayo de 2013 p.64).

No los insultes ni los avergüences. Trátalos bien, con amabilidad, consideración, paciencia y gratitud. Ellos tratarán a sus clientes como usted los trata. Cuando los corrija, hágalo en privado y céntrese en un comportamiento específico en lugar de hacerlo personal. "A los seres humanos les gusta decir que toman decisiones racionales, pero en realidad están impulsados por las emociones, que la gente posracionaliza cuando explica sus elecciones a los demás... La gente personaliza su trabajo a través de las emociones que siente por las acciones de la organización en su conjunto y por sus propios supervisores en particular... El supervisor inmediato es el principal impulsor emocional en el lugar de trabajo; las reacciones hacia él o ella explican el 82% de lo que los empleados sienten por su organización" (Dale Carnegie Training White Paper titulado: Emotional Drivers of Employee Engagement). Aunque muchos de nosotros preferiríamos centrarnos únicamente en las tareas en lugar de aventurarnos en las turbias aguas de los "sentimientos", eso no es realmente posible. La gente no deja sus emociones atrás, sino que viene al trabajo como personas completas, y la forma en que se sienten en el trabajo influye profundamente en su desempeño. Usted y cualquier otro supervisor de su empresa deben evitar evocar emociones negativas y, en cambio, tratar de ayudar a los empleados a sentirse *valorados, seguros, inspirados, entusiastas* y *empoderados*. El mismo estudio de Dale Carnegie encontró que estas cinco emociones positivas son los mayores impulsores del compromiso de los empleados. "Los que se conectan emocionalmente de manera positiva con una organización sienten un sentido de propiedad y es más probable que se queden con ella, entregando un trabajo superior en menos tiempo".

Dales un sentido más elevado de propósito. "El primer imperativo implica articular, demostrar e imbuir a la compañía de un propósito más elevado. Ese propósito puede estar relacionado con el trabajo que la empresa hace, o la forma en que la empresa lo hace, o el bien que proviene de hacerlo, o alguna combinación de los tres, pero como quiera que se enmarque el propósito superior, sirve la misma función. Hace que el trabajo que la gente hace sea significativo; les recuerda continuamente cómo su contribución es importante y por qué deben preocuparse por dar su mejor esfuerzo" (Burlingham p.110-111). Un buen comienzo sería preguntar a su equipo qué propósito superior sirve su trabajo. Cuando pregunté a mis empleados, ellos hablaron de cómo los árboles sanos benefician a las personas, cómo hacemos que las propiedades sean más seguras y hermosas, cómo desarrollamos nuestras habilidades y proveemos a nuestras familias, y cómo construimos relaciones positivas y de confianza con clientes que merecen algo mejor de lo que nuestra industria usualmente ofrece. Estas respuestas coinciden con nuestra visión ("ser los expertos en árboles de mayor confianza") y nuestros valores ("asombramos" a todos y cada uno de los clientes.

Trabajamos para profundizar las relaciones de confianza con los clientes actuales y futuros". Nos encantan los árboles de nuestros clientes, encontrando placer en mejorar su seguridad, salud y belleza. Establecemos un estándar más alto de profesionalismo en nuestra industria, para que todas las empresas de árboles deben ofrecer un mejor servicio a los floridanos centrales). Puede que no hayan hecho conscientemente esas conexiones, pero es mi trabajo conectar los puntos para que su sentido de propósito se refuerce. Centrar su empresa en torno a los valores fundamentales es clave para infundir un propósito, especialmente si esos valores se centran en servir a los demás. "La gente quiere ser parte de algo más grande que ellos mismos, algo de lo que puedan estar orgullosos" (Estudio de Dale Carnegie citado anteriormente). De acuerdo con Forbes, cuando

Mark Zuckerberg regresó a Harvard (la universidad que "abandonó" para empezar con Facebook), el propósito fue el tema de su discurso de graduación: "El propósito es ese sentido de que somos parte de algo más grande que nosotros mismos, que se nos necesita, que tenemos algo mejor por delante para trabajar. El propósito es lo que crea la verdadera felicidad." Ese "algo más grande" a menudo se relaciona con hacer una diferencia en la vida de las personas. El sentido de altruismo en el servicio a los demás está tan profundamente incorporado al propósito humano que supera la mayoría de las otras motivaciones - incluyendo el dinero. Por ejemplo, un banco de sangre quiso aumentar su stock de sangre, así que empezó a pagar a la gente por su sangre. Puedes adivinar lo que pasó... ¡fue contraproducente! ¿Por qué? Porque el banco de sangre socavó el motivo altruista más fuerte - ayudar a los demás - que motiva a muchos a compartir su sangre. El banco de sangre arrebató un alto propósito y lo reemplazó por uno bajo - cambió un diamante por uno falso (Harvard Business Review). Así que ayude a sus empleados a encontrar un propósito donde sus habilidades se cruzan con las necesidades del mundo. Asegúrese de que su compañía realmente sirva bien a la gente y haga la diferencia en el mundo.

Deles lo que necesitan para hacer su trabajo. Prepárelos para tener éxito, dándoles suficiente tiempo, compañeros de equipo, herramientas y entrenamiento. Si crea un ambiente en el que puedan alcanzar pequeños éxitos cada día, este círculo virtuoso refuerza positivamente su trabajo y puede conducir a logros cada vez mayores. Una de las 12 afirmaciones (ver abajo) que Gallup encuentra en los empleados comprometidos es: "Tengo los materiales y el equipo que necesito para hacer bien mi trabajo". Muchos empresarios lanzan su negocio en una lucha sin cuartel para sobrevivir y luego logran, y automáticamente esperan que los empleados salten a su lado con la misma intensidad. Mientras que hacer que sus funciones y responsabilidades sean un reto, no los convierta en insostenibles.

GALLUP'S Q12

Q1 Sé lo que se espera de mí en el trabajo

Q2 En el trabajo, tengo la oportunidad de hacer lo que mejor hago todos los días.

Q3 Tengo los materiales y el equipo que necesito para hacer mi trabajo

Q4 En los últimos siete días, he recibido halagos o reconocimiento por hacer un buen trabajo

Q5 Mi supervisor o alguien en el trabajo se interesan por mí como persona

Q6 Hay alguien en el trabajo que apoya mi desarrollo

Q7 En el trabajo, parecen importar mis opiniones

Q8 La misión o el propósito de mi empresa me hace sentir que mi trabajo es importante

Q9 Mis socios o empleados están comprometidos a hacer trabajo de calidad

Q10 Tengo un mejor amigo en el trabajo

Q11 Mi supervisor o alguien en el trabajo se interesan por mí como persona

Q12 Este último año, he tenido oportunidades de aprender y crecer.

Deshágase de los empleados perezosos. La gente que es perezosa baja la moral y la productividad de todo el equipo. ¿Por qué un empleado trabajador tiene que hacer el trabajo para alguien a quien le pagas por no hacer nada? Los empleados de bajo rendimiento están entre los mayores desmotivadores de un equipo. Antes de que el veneno se extienda, reúna su coraje y despídalos para mantener a sus empleados trabajadores y atraer a otros que aman trabajar. Uno de los 12 indicadores del compromiso de los empleados de Gallup es: "Mis compañeros de trabajo se comprometen a hacer un trabajo de calidad".

Recoja la información y actúe en consecuencia. Haga saber a sus empleados que sus preocupaciones e ideas serán escuchadas y respetadas. Los empleados necesitan saber que sus opiniones importan. Haga que "su voz importe" sea un mantra constante. Escuchen bien y tomen notas mientras hablan. Pida sus opiniones sobre productos, servicios, eficiencia operativa, seguridad y lo que se necesita para hacer mejor el trabajo. Utilizamos la siguiente encuesta para obtener una rápida respuesta en las reuniones de la empresa. Siéntase libre de imprimirla y utilizarla usted mismo. Gracias a Verne Harnish por sugerir estas tres simples pero poderosas preguntas. (Harnish p.137).

Si bien solicitamos comentarios directos en Tree Work Now, reconocemos que algunos empleados dudan en decir lo que piensan por diversas razones. Por lo tanto, tenemos nuestro "Constructor de Equipo" (que tiene relaciones de confianza con otros compañeros de equipo) que se reúne trimestralmente con cada empleado, consiguiendo que se abran sobre sus perspectivas, y pasa información

¿Qué deberíamos de...

Comenzar a hacer?

Parar de hacer?

Seguir haciendo?

anónimamente a mi hermano y a mí que ponemos en marcha los cambios que se necesitan hacer. Sin cambios positivos, la solicitud de retroalimentación puede resultar contraproducente y cansarles. Así que asegúrate de seguir con la acción. Cuando decidas no hacer un cambio que ellos sugieren, responde a sus comentarios con apreciación y tu propia perspectiva. "Esto le permite a su personal saber que la compañía toma las preocupaciones de los empleados seriamente y se preocupa por lo que tienen que decir" (Blog truista: http://truist.com/employee-engagement-ideas-that-work/).

Desarrolle a los empleados otorgándoles responsabilidad y autonomía. Darles oportunidades de aprender y crecer, ayudándoles a obtener educación y formación para progresar en su carrera. A medida que los empleados crecen en competencia y confiabilidad, deles más libertad para hacer su trabajo a su manera. Las personas se comprometen más cuando tienen la oportunidad de pensar y usar su propia creatividad para resolver problemas. Imagina lo baja que sería la satisfacción en tu trabajo si te dijeran exactamente cómo hacer cada aspecto de tu trabajo todos los días. Incluso dales espacio para pequeños fallos y ayúdales a aprender de esos errores. Una medida de autonomía - con un informe regular - aumentará su capacidad de liderazgo y la satisfacción en el trabajo. A medida que su capacidad y habilidades crecen, dales siempre nuevos retos para mantenerlos comprometidos. En su libro Drive, Daniel Pink identifica tres claves para la motivación de los empleados: "autonomía, dominio y propósito".

Elija una causa y haga algo de bien. Una de las formas más poderosas de mejorar el compromiso es tener una visión de la empresa para el servicio a la comunidad. Los programas de voluntariado de los empleados aumentan el compromiso fomentando "la construcción de equipos, el desarrollo de habilidades y el liderazgo junto con los sentimientos positivos que surgen de hacer el bien" (blog de Frontstream: http://www.frontstream.com/5-employee-engagement-activities-to-help-your-bottom-line/)

Pregunte a sus empleados qué causas son importantes para ellos y sus familias. Para aprovechar al máximo las actividades comunitarias, ofrezca una amplia selección de oportunidades de voluntariado y apoyo financiero. Proporcione actualizaciones sobre el progreso de estos proyectos comunitarios y luego celebre el progreso.

Diviértanse juntos. Celebren el éxito, reconociendo el trabajo duro y la dedicación de su equipo. Sea intencional en cuanto a la programación del tiempo para que los empleados se diviertan. Haga tiempo durante las vacaciones o en ocasiones al azar para el tiempo libre con los empleados. Esto puede evitar que los empleados se quemen y les muestra que usted valora más que el trabajo y las ganancias. Las amistades se desarrollarán; la confianza se profundizará

Estudio de Caso

Tree Work Now Inc tiene una forma de ganar el esfuerzo discrecional de los empleados, pero hemos hecho algunos buenos progresos. Solíamos empacar en los días de trabajo mientras el sol estuviera arriba, pero nos hemos dado cuenta que era una receta para el agotamiento, tanto físico (podar árboles bajo el caliente sol de Florida) como emocional (cuando raramente veían a sus familias).

Hemos actualizado nuestra flota de equipo pesado para que la falla del equipo extienda el día de trabajo con menos frecuencia. Despedimos rápidamente a los trabajadores que no quieren trabajar ya que arruinan la moral y la productividad del equipo. Tenemos comidas al aire libre, fiestas en la piscina, búsqueda de tesoros, pesca en alta mar y días de spa para fortalecer las relaciones personales.

Aumentamos nuestro paquete de beneficios cada seis meses. Incluso con todo esto, algunos empleados no se sienten apreciados debido a su peligroso y duro trabajo físico y a la paga de los trabajadores. Un programa de ahorros ayuda un poco, y estamos intencionadamente desarrollando a nuestra gente de mayor capacidad hacia los roles de mayor pago. Podemos medir el esfuerzo discrecional por lo mucho que ese lema ("Cada detalle. Cada vez") se siga en pequeñas elecciones a lo largo de su día de trabajo.

Aunque ya ofrecemos un nivel mucho más alto de profesionalismo que se espera de nuestra industria, aún no hemos alcanzado nuestros propios estándares. Vamos por tramos bastante largos sin rotación de empleados, pero aun así viene en oleadas. ¡Estoy deseando poner en práctica este capítulo en mi propio negocio!

Liderando el Yo, Empleados, Sistemas

YO – "Los gerentes que tendían a ser tranquilos, centrados en los negocios, organizados y dispuestos a escuchar tenían tres veces más probabilidades de tener grupos de trabajo muy comprometidos, en comparación con los gerentes descritos como manipuladores, arrogantes, distraídos y excesivamente atentos" (Rob Reuteman, "¿Cuánto dinero vale realmente un buen líder?") Revista Entrepreneur, marzo de 2014).

EMPLEADOS – Las revisiones anuales de rendimiento son herramientas poderosas para comunicar cómo están y darles dirección en su desarrollo continuo. Estas revisiones son más efectivas cuando se hace referencia a ellas a lo largo del año y se implementan los planes de desarrollo de los empleados.

SISTEMAS – Los premios de empleados que refuerzan los valores de su compañía son una gran manera de reconocer a aquellos que usted sorprende haciendo algo bien. Implementa un circuito de retroalimentación para que puedas hacer los cambios que los empleados sugieren.

Resumen
¿Y AHORA QUÉ?

Los empleados comprometidos tienen un fuerte sentido de lealtad a su negocio. Se preocupan por la empresa y trabajan para promover sus objetivos. Dando su "esfuerzo discrecional" - "corazón y prisa" - proviene de un sentido de propiedad y conexión personal con "nuestra compañía". Esta esquiva conexión puede nutrirse a través de algunas de estas acciones del empleador: mostrar aprecio, no degradar, construir un propósito, establecer el éxito, terminar con los perezosos, actuar en base a la retroalimentación, alentar el aprendizaje, divertirse y hacer proyectos de servicio juntos.

Preguntas de Aplicación

1. ¿Sabe lo que es importante para cada uno de sus empleados fuera del trabajo? ¿Pregunta regularmente sobre estos intereses y relaciones?
2. ¿Cómo puede comunicar mejor que valora a sus empleados?
3. ¿Cuál de los nueve pasos anteriores necesita dar con sus empleados? Prioricelos e identifique los siguientes pasos específicos para cada uno.
4. ¿Cómo valora su empresa según la encuesta de compromiso de los empleados de Gallup? (http://www.dandbconsulting.com/12-questions-to-measure-employee-engagement/)

Lectura Recomendada

<u>Drive: The Surprising Truth About What Motivates Us</u> por Daniel H. Pink

¡Haz que suceda!

¿Qué ideas ha despertado en mi este capítulo?

¿Qué luz nueva brilla sobre mi liderazgo y negocio?

¿Qué cambios planeo hacer?

Mis actos para ¡Hacer que Suceda!	Fechas de terminación	
	Propuesta	Actual

Capítulo 15 | Construya Trabajo en Equipo

Por Grace John & Mano De La Vega

Definición

La sinergia entre los empleados es hermosa y demasiado rara. El verdadero trabajo en equipo es agradable y estimula la excelencia. Los equipos de alto rendimiento producen resultados que son mucho mayores que la suma de sus partes, trabajando duro, trabajando inteligentemente y confiando en las fortalezas de cada uno. Esto sucede cuando se proporciona claridad de la misión, expectativas claras, y el desarrollo intencional de los miembros del equipo y el equipo en su conjunto.

Cita de Experto

"Estar juntos es el comienzo, mantenerse juntos es el progreso, trabajar juntos es el éxito." – Henry Ford

(http://www.brainyquote.com/quotes/authors/h/henry_ford.html).

Preguntas de Evaluación

1. ¿Sus empleados disfrutan trabajando juntos? ¿Pasan tiempo juntos fuera del trabajo?
2. ¿Aportan sus fortalezas únicas a la mesa para generar e implementar buenas ideas?
3. ¿Se mejoran mutuamente?
4. ¿Construyen una sinergia de equipo en torno a la adhesión a los valores de su empresa?
5. ¿Sus empleados saben a dónde los lleva como equipo?
6. ¿Sabe su equipo qué tareas realizan bien y qué habilidades necesitan desarrollar más?
7. ¿Les da oportunidades para aprender y crecer?

¿POR QUÉ? Beneficios

Una cultura atractiva. Cuando los equipos disfrutan y logran mucho, los demás quieren entrar.

Alto rendimiento. A medida que se proporcionan oportunidades de entrenamiento y crecimiento, los equipos crecen en su capacidad de lograr mucho juntos.

Innovación. Un equipo fuerte es energizado por la mejora continua. Su energía creativa está enfocada en progresar juntos.

El crecimiento. Un equipo fuerte puede hacer crecer su negocio, sirviendo a más clientes y logrando sus objetivos más rápidamente.

Diversidad. Los equipos aportan diversidad de pensamiento, experiencia, educación y habilidades.

Barreras

Relaciones hostiles entre empleador y empleado. Si sus empleados perciben que su carga de trabajo es demasiado alta y su salario demasiado bajo, tendrán actitudes negativas que se adelantarán al trabajo en equipo positivo. Si no te preocupas por tus empleados, no se preocuparán por sus trabajos o compañeros de equipo.

Descuido. Muchos empresarios esperan que toda la atención se centre en el trabajo y en el cliente, así que sólo se centran en el equipo cuando hay una crisis que resolver. Nos quejamos de los empleados que no se preocupan, y esperamos que un trabajo en equipo fluido y productivo suceda automáticamente. Tendríamos menos crisis de equipo si nos centráramos más en el desarrollo de los miembros del equipo y el trabajo en equipo.

La política. El exceso de drama y las luchas de poder entre los empleados pueden arruinar la química del equipo. También los conflictos de personalidad. Cuidado con los empleados que se autopromueven cuyo egoísmo eclipsa cualquier preocupación por los compañeros y el rendimiento del equipo.

Bajo rendimiento. Si los empleados carecen de la ética laboral o de las habilidades para hacer su parte del trabajo, deben ser despedidos, reentrenados o reasignados. De lo contrario, la moral del equipo se verá afectada y otros compañeros de equipo tendrán un rendimiento inferior.

Falta de claridad. Si su equipo no conoce y no se alinea con su visión, misión y valores, tendrá individuos que van en diferentes direcciones. Construir el trabajo en equipo requiere unir a los individuos para trabajar hacia objetivos comunes.

Valores Subyacentes

Visión: Cuando tenga claridad sobre su misión, puede imaginar a su equipo para hacerla realidad. - Proverbios 29:18

Cargas de trabajo sostenibles. Valorar los resultados más que las personas produce resultados más débiles. La forma en que alcance sus objetivos importa tanto como el hecho de alcanzarlos. No pisotee a las personas para alcanzar sus objetivos; no es sostenible. Debe valorar simultáneamente los miembros del equipo y la misión.

Maximizar las fortalezas. Los dones de los miembros del equipo deben ser descubiertos, desarrollados y administrados para el beneficio individual y corporativo. - 1 Corintios 12:4-7

Divertido. Las relaciones están hechas para ser disfrutadas entre personas que respetan las habilidades únicas de cada uno.

Sinergia. Es profundamente satisfactorio trabajar juntos para crear soluciones que ningún miembro del equipo podría haber logrado solo. - 1 Corintios 12:12

¿CÓMO? Pasos a Implementar

Asegúrese de tener a las personas adecuadas en el equipo. Contrate a los lentos; termine rápido. Contrate tanto por las habilidades como por los rasgos de carácter que quieres en un empleado potencial. Las habilidades técnicas pueden enseñarse más fácilmente que los rasgos como la confianza, la asertividad y el buen juicio. No construya un equipo que se vea, hable y actúe de la misma manera. Construya un equipo diverso, ya que el talento único de cada individuo hará que su equipo sea más fuerte, pero asegúrese de que puede desarrollar algo de química entre ellos. Ver más sobre contratación en el capítulo 13.

Asigne a los empleados a los puestos adecuados del equipo. Una vez que tenga buenas personas, asegúrese de que tengan roles que se ajusten a sus fortalezas, personalidades y capacidades. Cuando su intuición no sea suficiente, utilice herramientas de evaluación (StrengthsFinder, Meyers-Briggs, DISC) para dar forma a los puestos de trabajo. Escriba descripciones de los puestos de trabajo para aclarar sus funciones.

Alinee su equipo con sus valores fundamentales. Comparta cómo los valores de su empresa (desarrollados según el capítulo 2) son una extensión de sus valores centrales personales. Enfatice lo importante que son para usted y que espera que cada miembro del equipo encarne estos valores en el trabajo. Comparta la seriedad con la que se toma la adhesión de cada empleado a estos valores. Demuestre esto reconociendo constantemente cada pequeña adherencia, disciplinando por infracciones menores y despidiendo por infracciones mayores. Los valores de la compañía son una gran base para construir su equipo. Haga de los valores el pegamento que une a los empleados. Los valores establecen los límites en los que el juego debe ser jugado. Tiene que asegurarse de que su equipo entiende lo que va a tolerar y lo que no va a tolerar en la operación de su negocio. Si no hace cumplir sus valores, ellos actuarán de acuerdo a sus propios valores fundamentales. Sin un enfoque unificador, el caos y el conflicto abundarán.

Fije y logre objetivos juntos. Asegúrense de que todos conozcan la misión de su empresa (que se alinea con su visión y valores - ver capítulo 2), y desarrollen metas anuales y trimestrales (ver capítulo 3) para avanzar en su misión. Para fomentar la propiedad, obtenga la opinión de los empleados sobre el establecimiento de estos objetivos y la estrategia para alcanzarlos. Respete su capacidad de resolución de problemas obteniendo su ayuda para desglosar los objetivos de tres años en objetivos de un año, y los objetivos de un año en indicadores clave de rendimiento (KPI) de noventa días que tengan un componente numérico que muestre si se ha logrado o no. ¿Notan cómo la gente compite más duro en un juego cuando lleva la puntuación? ¡Los números motivan! Las victorias a corto plazo animarán a tu equipo, y harán que los objetivos más grandes parezcan más alcanzables.

Refuerce constantemente los objetivos de su equipo: No comparta sus metas sólo una vez y esperen que su equipo las posea y las cumpla por arte de magia. "Fugas de visión" (Andy Stanley. <u>Making Vision Stick</u>). Necesita ser reforzada muchas veces de muchas maneras.

Establezcan expectativas altas y claras. Cada miembro del equipo debe saber cómo quieres que avancen en su misión y objetivos. Si los empleados no saben qué hacer, actuarán de acuerdo a sus propias expectativas. Sus expectativas deben ser adaptadas a sus roles y fortalezas individuales, así que asegúrese de que cada miembro del equipo sepa exactamente lo que usted espera de ellos. Todas o parte de sus expectativas pueden estar en sus descripciones de trabajo, pero no dejen que ese papel sea el final, refuércenlo regularmente. En Tree Work Now, las descripciones de los puestos de trabajo se condensan en las 5 a 9 funciones principales de cada empleado, que se enumeran en el organigrama de la empresa ("Cuadro de responsabilidades") y se integran en las revisiones del rendimiento cada seis meses.

Modelo de alto rendimiento. El equipo no le superará, y necesita que establezca altos estándares de integridad. ¿Es usted un líder sólo por el título? Dar constantemente un ejemplo de trabajo excelente es la única manera de inspirar a su equipo a un alto rendimiento.

Cree sistemas para que los miembros del equipo los sigan. Los procesos escritos paso a paso recuerdan a los empleados cómo quiere que se hagan las cosas. Esto refuerza sus expectativas y le ayuda a confiar en que harán las cosas bien. Vea el capítulo 4.

Proporcione capacitación continua. Ofrezca formación continua a su equipo, traiga a expertos y envíelos a seminarios para obtener certificaciones que aumenten su capacidad como empleados. Ayude a su equipo a buscar el aprendizaje continuo. Esto los hará más fuertes como compañeros de equipo y mantendrá sus mentes ocupadas en su trabajo.

Desarrolle a cada miembro del equipo. Los miembros de su equipo necesitan saber cuál es su posición. Un gran marco para esto es la revisión de desempeño, pero es más útil cuando se utiliza como una herramienta de desarrollo continuo durante todo el año. Esboza las formas en que pueden crecer en el cumplimiento de su descripción de trabajo a principios de año, comprueba su progreso a lo largo del año, y hazles saber cuál es su posición cada vez que vuelvas a visitarlo. Esto se convierte en un método objetivo para medir si su empleado está cumpliendo, excediendo o no sus expectativas. Los grandes empleados siempre buscan pasar al siguiente nivel en su profesión, y esto les ayuda a ver su camino para alcanzar ese siguiente nivel. ¿Necesitan adquirir una nueva habilidad técnica, ser un mejor jugador de equipo, o hacer un uso más eficiente del tiempo o los materiales?

Fomentar las relaciones reales entre los miembros del equipo. Facilitar las discusiones entre ellos sobre lo que están aprendiendo. Ayudarles a apreciar las personalidades y fortalezas de cada uno, lo que debería mejorar su trabajo en equipo. Reúnelos en salidas informales que tú financies. Diviértanse juntos como aconsejamos en el capítulo 14. Esta unión puede traer grandes mejoras en la química del equipo.

Haga que su equipo tenga una lluvia de ideas. Fomente un ambiente donde los empleados se sientan cómodos para compartir sus ideas. Sus mejores innovaciones pueden venir de estos hombres y mujeres que trabajan diariamente con sus productos y clientes. Invite a sus ideas a través de la interacción uno a uno, reuniones de personal e incluso buzones de sugerencias. Pregunte regularmente: "¿Cómo podemos mejorar?" Esto no sólo impulsará la innovación, sino que el hecho de tener una voz aumentará el compromiso de los empleados.

Celebre las victorias del equipo. Vea el capítulo 14 para nuestros consejos sobre cómo recompensar los logros individuales, pero también considere las formas de recompensar a todo el equipo cuando se unen para lograr algo magnífico. Incluso invitar a su equipo a almorzar, tomar café o un refrigerio para celebrar una pequeña victoria puede motivar a los empleados y construir la lealtad del equipo.

Construya un equipo de liderazgo fuerte. Traiga a personas clave de cada parte de la empresa que quiera desarrollar como líderes. Invierta en ellos en las reuniones regulares del equipo de liderazgo donde ayudan a resolver los problemas de toda la compañía y a resolver los inevitables problemas de comunicación, que es en lo que el equipo de liderazgo de Tree Work Now pasa la mayor parte del tiempo. La mayoría de los problemas de estas personas se centran en "el miedo al conflicto, la falta de concentración, la falta de disciplina, la falta de compromiso y el ego personal" (Wickman p.136). ¿Qué tan importante es un equipo de liderazgo cohesivo? "Como va el equipo de liderazgo, así va la empresa". De hecho, Patrick Lencioni hace de un equipo de liderazgo saludable su primer requisito para construir una organización de clase mundial (Wickman p.17).

Desacuerdo y compromiso. Mi equipo de lucha siempre se pelearía furiosamente entre sí, y luego se mantendría totalmente unido contra un equipo contrario. El CEO de Amazon, Jeff Bezos, sugiere pedir a su equipo de liderazgo que adopte esta práctica. Fomentar el debate abierto, pero una vez que se ha alcanzado un consenso, los disidentes están de acuerdo en apoyar la decisión del equipo. "Estáis todos dentro. No sabotear el proyecto - directa o indirectamente. Confiando en el instinto de tu equipo, les das espacio para experimentar y crecer - y tu gente gana confianza." Esto significa a veces no usar su poder de veto. No estuve de acuerdo con mi equipo de liderazgo en cómo administrar nuestro programa de ahorro invernal, pero decidí que darles poder era más importante que seguir mi mejor criterio. Sería diferente si fuera una decisión más grande o una que hubiera comprometido nuestros valores fundamentales.

Empleados de entrenamiento transversal. Esto tiene dos beneficios valiosos. Por un lado, aumenta la capacidad de su equipo, facilitando el llenar un hueco internamente cuando se pierde un empleado clave. También construye un entendimiento de los desafíos que otros compañeros de equipo enfrentan diariamente en sus trabajos. No hay nada como caminar una milla en los zapatos de otro para apreciar su perspectiva. Esa experiencia compartida crea una empatía que destruye la mentalidad de nosotros contra ellos.

Estudio de Caso

Yo (Evan) he visto equipos que realmente se unen descubriendo sus tipos de personalidad (Myers-Briggs) o sus fortalezas personales (StrengthsFinder). Se beneficiaron de la autoconciencia individual y también vieron finalmente por qué los miembros del equipo actúan de ciertas maneras. Se apreciaron más y aprendieron a apoyarse mejor unos a otros y a trabajar juntos sin volverse locos unos a otros. Esto puede resolver las tensiones subyacentes y conducir a un trabajo en equipo más productivo. Pero creo que el mejor vínculo de equipo viene a través de la superación de los obstáculos y el logro de algo grande juntos. He experimentado esto al liderar un equipo, ya sea organizando conferencias y viajes de misión o escribiendo un libro juntos. Otra vía es una aventura al aire libre en la que superas tus límites deportivos y te enfrentas a un clima difícil, apoyándote en los demás como un equipo. Tengan cuidado, ¡esto puede resultar contraproducente! Experiencias intensivas como esta exponen las debilidades de su propio liderazgo. Llevar a un equipo por el Sendero de los Apalaches, incluyendo largos días bajo la lluvia con un equipo fuera de forma cargando pesadas mochilas en la montaña, resaltó mi tendencia a empujar a la gente más allá de sus límites. Puede que sea lo que más he aprendido. La humildad fue buena para mí y la adversidad hizo algunos recuerdos que unieron a nuestro equipo - ¡a pesar de mí!

Liderando el Yo, Empleados, Sistemas

YO - Mantén un pulso cercano en la dinámica de equipo, tratando con pequeños problemas antes de que crezcan y arruinen el trabajo de equipo positivo que has nutrido. Tenga cuidado de no centrarse sólo en los resultados sin nutrir a las personas y las condiciones que los producirán.

EMPLEADOS - Trátelos como humanos (capítulo 14). Manténgase en contacto con ellos. Responda a sus preocupaciones e ideas. Vea su potencial. Desarróllelos y desafíelos para que tengan oportunidades de hacer contribuciones satisfactorias al equipo.

SISTEMAS - Discuta las herramientas de auto-descubrimiento para ayudar a los miembros del equipo a entenderse mejor a sí mismos y a los demás. Usar revisiones de desempeño y entrenamiento continuo para desarrollar su equipo.

Resumen

¿Y AHORA QUÉ?

Los individuos que van en diferentes direcciones no pueden alcanzar los objetivos del equipo. Sus objetivos sólo se pueden alcanzar cuando se deja clara la misión y se reúne al equipo en torno a objetivos compartidos que se alinean con los valores que se imponen. Establezca expectativas claras y utilice revisiones de desempeño y entrenamiento continuo para estimular el desarrollo de los miembros de su equipo. Fomentar las relaciones y la generación de ideas entre ellos en un ambiente divertido, pero de alto rendimiento. Recompense y celebre las victorias del equipo.

Preguntas de Aplicación

1. ¿Qué habilidades y comportamientos deberían estar en su lista de contratación?
2. ¿A quién necesita despedir o reasignar para mejorar la efectividad del equipo?
3. ¿Cómo puede elevar el nivel de lo que se espera de su equipo y hacer que lo cumplan?
4. ¿Cómo modelarás mejor lo que esperas de su equipo?
5. ¿Cómo descubrirá las fortalezas de los miembros de su equipo y las desarrollarán activamente?
6. ¿Qué tipo de entrenamiento usará el próximo año para ayudar a su equipo a aprender y crecer?

Lectura Recomendada

The Five Dysfunctions of a Team, por Patrick Lencioni

Harvard Business Review on Building Better Teams, por Bob Frisch

¡Haz que suceda!

¿Qué ideas ha despertado en mi este capítulo?

¿Qué luz nueva brilla sobre mi liderazgo y negocio?

¿Qué cambios planeo hacer?

Mis actos para ¡Hacer que Suceda!	Fechas de terminación	
	Propuesta	Actual

Circule la acción apropiada para cada tema:

13. Contratar y delegar a los líderes - ¿He empoderado a otros para que lideren de manera efectiva en ventas, oficina y producción?

                    Mantener   Afinar   Revisar

14. Involucrar a los empleados - ¿he creado una cultura empresarial positiva para que los empleados se preocupen por la empresa y su trabajo?

                    Mantener   Afinar   Revisar

15. Crear trabajo en equipo - ¿Estoy desarrollando a los miembros del equipo y al equipo en su conjunto, ayudándolos a trabajar juntos para lograr objetivos claros que se alineen con nuestros valores?

                    Mantener   Afinar   Revisar

Mi enfoque #1: _____

Construya constantemente la riqueza siendo: vigilante en el manejo del efectivo, diligente en el ahorro, frugal con los gastos, estratégico en la negociación, cauteloso con los préstamos, y cuidadoso en la protección de su negocio.

Capítulo 16 | Alcance un Flujo de Efectivo Positivo

Por Evan Keller

Definición

El flujo de caja positivo comienza con la comprensión del ciclo del flujo de caja:

Ventas ➡ Cobranzas ➡ Efectivo ➡ Pagos a Proveedores & Empleados ➡ Ventas

La gestión eficaz del flujo de caja acelera el movimiento de efectivo a través del ciclo de flujo de caja, haciéndolo disponible para operar y hacer crecer el negocio. Un negocio alcanza un flujo de efectivo positivo cuando produce eficientemente y genera suficientes ventas de alto margen.

Cita de Experto

"Las ventas son buenas. Las ganancias son mejores. Pero vives o mueres con el flujo de dinero". (Norm Brodsky, citado en Small Giants, p.156)

Preguntas de Evaluación

1. ¿Cómo ha utilizado la presión de mantener el flujo de dinero para estimular la eficiencia y la innovación?
2. ¿Cuánto tiempo ha pasado desde su última crisis de flujo de efectivo?
3. ¿Cuánto tiempo podría su empresa operar con sus reservas de efectivo actuales?

Beneficios

¿POR QUÉ?

Supervivencia. En el limitado contexto de la supervivencia de los negocios, estamos de acuerdo con Pehr Gyllenhammar (ex CEO de Volvo) en que "el dinero es el rey". Necesitas dinero en efectivo para operar. Si se queda sin dinero, no puede hacer negocios. Sin empleados pagados y sin suministros comprados, no habrá futuros productos para vender. Si el flujo de efectivo se interrumpe durante demasiado tiempo, ¡estás acabado! Estás oficialmente en bancarrota cuando tus obligaciones a corto plazo exceden sus activos a corto plazo.

Alivio. Un enorme suspiro de alivio llega cuando su negocio finalmente se vuelve viable, es decir, "el punto en el que la empresa puede sostenerse por sí misma con su propio flujo de caja generado internamente" (Norm Brodsky, Street Smarts, p.x).

Opciones. Se pueden ahorrar, invertir y donar más fondos cuando el flujo de caja es positivo. ¡Finalmente se puede pagar por sus años de

253 ALCANCE UN FLUJO DE EFECTIVO POSITIVO

trabajo duro! También puede concentrar más energía y creatividad en el crecimiento a largo plazo.

Reducción de la deuda. El enfoque puede cambiar de hacer la nómina a manejar su carga de deuda a largo plazo. Los plazos más cortos y los mayores pagos iniciales de los préstamos de capital le permiten pagar antes su equipo y sus propiedades, pagar menos intereses y reducir la carga de la deuda en general.

Autodeterminación. Los negocios viables dependen menos de los prestamistas y pueden autofinanciar parte de su crecimiento.

Barreras

Causas externas de las crisis de liquidez: aumento del costo de las materias primas, aumento de los impuestos, más competidores, competidores con precios bajos, consumidores que compran a precios bajos, disminución de la demanda, robos, incendios, tormentas, falta de acceso al capital, clientes que no pagan y condiciones políticas y económicas.

Causas internas de las crisis de liquidez: pérdida de tiempo y materiales, precios demasiado bajos, salarios demasiado altos, préstamos a familiares o amigos necesitados, políticas y prácticas ineficaces de cobro y crédito, no ahorrar dinero para la temporada baja, y crecimiento demasiado rápido.

Valores Subyacentes

Responsabilidad. Aunque las causas externas son reales, no han hecho imposible que funcione en su mercado. En lugar de usar las cosas que no puedes cambiar como excusa para no hacer nada, concéntrate en las causas internas de tus crisis de flujo de caja - y arréglalas antes de que sea demasiado tarde. He aquí un ejemplo negativo que hay que evitar: "Un perezoso dice: '¡Hay un león en la carretera, un león feroz vagando por las calles!" - Proverbios 26:13

Paciencia y resistencia emocional. Ambas son necesarias para sobrellevar los primeros años de escasez. La constante batalla para hacer la nómina puede estresarte hasta el punto de ruptura o aumentar tu dureza. - Génesis 29:20-28

Frugalidad. "El efectivo es difícil de conseguir y fácil de gastar. Hazlo antes de gastarlo" (Norm Brodsky, Street Smart, p.x). Ejerza la disciplina constante de evitar las compras que no benefician realmente a su negocio. Y negocie buenos tratos en las compras que *haga* (capítulo 19).

Pasos a Implementar

Cuando en una crisis de flujo de efectivo, tome estas medidas a *corto plazo* para acelerar el ciclo de flujo de efectivo:

1. Pedir el pago a los clientes que se retrasan, empezando por los más recientes.

2. Explique la situación a sus proveedores y pida que se amplíen los plazos de pago. Para mantener la confianza, es mejor pagar parte de lo que debe a tiempo que pagar todo tarde.

3. Venda los activos innecesarios.

ALCANCE UN FLUJO DE EFECTIVO POSITIVO

4. Descuente los productos que no se venden.
5. Reducir su propio salario.
6. Pagar a los subcontratistas después de que le paguen por sus proyectos, si concuerda con su acuerdo con ellos.

Aunque tomar las medidas anteriores puede hacer que el dinero vuelva a fluir por el momento, no resolverán las causas subyacentes. Para pasar de la supervivencia a la prosperidad, será necesario realizar cambios sistémicos más profundos con el tiempo, incluyendo la implementación de los siguientes sistemas a *largo plazo* para evitar que las crisis de flujo de efectivo vuelvan a ocurrir:

Hacer ventas con suficientes márgenes y volumen. Venda menos de sus productos de bajo margen y más de sus productos de alto margen o introduzca nuevos. Conozca su punto de equilibrio para cada línea de productos y asegúrese de tener márgenes saludables para cubrir los costos y proporcionar ganancias. Capacite a su fuerza de ventas para comunicar el valor que su empresa ofrece y muéstreles cómo pedir con valentía los precios que necesita (capítulo 11). Siempre que sea posible, aumente sus precios lentamente con el tiempo, mostrando a los clientes cómo está proporcionando valor adicional. Los clientes entienden que los costos suben de manera incremental al igual que sus ingresos. Conozca el volumen de ventas necesario para tener una relación saludable de servicio de la deuda y cubrir sus costos fijos. Tenga cuidado de centrarse sólo en el aumento de los ingresos, ya que los empresarios suelen subestimar el costo adicional de crear nuevos ingresos. "Si sólo haces un seguimiento de las ventas, puedes meterte en serios problemas. Las ventas no hacen que una empresa tenga éxito. Las ganancias y el flujo de caja sí lo hacen. Muchas empresas llegan al tribunal de quiebras porque sus propietarios se centran tanto en impulsar las ventas que las ganancias y el efectivo se convierten en una idea de último momento" (Norm Brodsky Street Smarts p.79).

Reducir los costos de producción rastreando los gastos y eliminando el desperdicio. Al mirar mensualmente sus cinco principales gastos (y cualquier otra categoría de gastos conocida por ser propensa al desperdicio) en su estado de ganancias y pérdidas, usted sabrá cuando son inusualmente altos, lo que lo llevará a averiguar por qué y arreglarlo. Dado que la mayoría de sus gastos crecerán con su negocio, es más importante hacer un seguimiento de su proporción con respecto a los ingresos totales en lugar de la cantidad real en dólares. Por ejemplo, los costos de la harina de una panadería crecerán a medida que produzca más pan, pero si su relación con los ingresos generales (costo de la harina en un mes dividido por las ventas totales de pan de ese mes) sube significativamente en comparación con otros meses, alerta al panadero de que se está desperdiciando parte de la harina o que sus empleados están haciendo sus panes demasiado grandes o que demasiados panes se están echando a perder antes de que puedan ser vendidos. Véase el capítulo 18.

Desarrolle un sistema de gestión de inventario eficiente, utilizando programas informáticos para su industria si están disponibles. Al hacer un seguimiento regular de las ventas de cada artículo, comience a ordenar "justo a tiempo" los materiales y el inventario, de modo que rara vez tenga demasiado o demasiado poco de cada artículo, manteniendo a sus clientes contentos sin inmovilizar demasiado capital. Los pedidos más pequeños y frecuentes conservarán el flujo de caja, aunque es posible que quieras hacer pedidos más grandes cuando haya descuentos por volumen o cuando tengas razones para creer que los precios pronto aumentarán drásticamente. Véase el capítulo 10.

ALCANCE UN FLUJO DE EFECTIVO POSITIVO

Desarrollar un sistema para cobrar rápidamente los pagos de los clientes. Exija pagos en efectivo inmediatos siempre que sea posible. Establezca plazos cortos entre la venta, la entrega de la factura y el cobro del pago. Comunique sus expectativas a los clientes y deje de vender a aquellos que constantemente pagan con retraso. Es posible que desee ofrecer un incentivo a aquellos que pagan rápidamente. Mantenga una hoja de cálculo actualizada de la antigüedad de las cuentas por cobrar, que muestre qué cuentas están atrasadas 30, 60 y más de 90 días en el pago, y que se tomen las medidas de cobro adecuadas en cada etapa.

Desarrolle un sistema para ahorrar dinero, creando reservas de efectivo para prevenir futuras crisis de efectivo e incluso comprar nuevo equipo. Cuando el flujo de efectivo es estrecho, parece imposible ahorrar dinero en absoluto. Pero aunque sea una cantidad muy pequeña, establecer este hábito es una importante disciplina de construcción de carácter. Establecer un objetivo de ahorro semanal que es un reto, pero que se puede lograr con determinación y esfuerzo. Esto construye una red de seguridad interna para rescatarse de las crisis de flujo de efectivo. Ver más en el siguiente capítulo (17).

Estudio de Caso

Empecé Tree Work Now en 2005 con un camión prestado de 1979 y dos motosierras prestadas. En el primer trabajo, el camión se atascó y las dos sierras se rompieron. Siempre hemos operado sin inyecciones de capital de los propietarios o inversores externos. Los bancos de la comunidad local otorgaron pequeños préstamos de equipo, creciendo con un historial de pago probado, un crecimiento sólido y una saludable proporción de servicio de la deuda. Empecé a pagarme un salario mínimo regular en el cuarto año. Siempre hemos sido capaces de pagar nuestras cuentas a tiempo, pero nunca sobró mucho - cada año es más fácil. Incluso en el octavo año hubo un par de semanas en las que apenas hicimos la nómina. Después de años de centrarnos en reducir los costes y aumentar el margen y el volumen de nuestras ventas, finalmente tuvimos un respiro en el año nueve. ¡Qué sensación!

Liderando el Yo, Empleados, Sistemas

YO – El control de los costos y la reserva de dinero ilustran una disciplina empresarial clave: hacer sacrificios ahora para crear valor para el futuro. Es probable que haya visto a muchos nuevos propietarios de negocios conduciendo brillantes vehículos nuevos. ¡Tienen las cosas al revés! En el año 11, yo conducía un camión de 11 años. Luego, después de actualizar la flota de equipos pesados generadores de ingresos, era finalmente el momento adecuado para comprar mi primer camión nuevo. Si te cuesta hacer esto de manera consistente, asegúrate de pedirle a un mentor o amigo que te haga

ALCANCE UN FLUJO DE EFECTIVO POSITIVO

responsable. Reflexione regularmente sobre la visión de su compañía para recordarse a sí mismo por qué ha elegido este difícil camino.

EMPLEADOS - Asegúrese de que el personal de cuentas por cobrar siga su sistema o cobre con prontitud, asegúrese de que los vendedores obtengan buenos márgenes y un volumen suficiente, inculque una cultura de frugalidad y eficiencia y recompense a los que la ejemplifican. Sobre todo, nunca se retrase en el pago de las mismas. Esta es una confianza sagrada entre ustedes. Hagan de esta obligación número uno con ellos el uso prioritario de su dinero. Si rompes esta confianza aunque sea una vez, la baja moral de los empleados puede plagar tu negocio y tus mejores empleados pueden buscar un empleador más confiable. "No hagas esperar a tus trabajadores contratados hasta el día siguiente para recibir su paga" (Levítico 19:13). Si usted trata bien a sus empleados, es un poco menos probable que le roben, abusen de su equipo e instalaciones, o pierdan tiempo y materiales.

SISTEMAS - Además de los sistemas sugeridos anteriormente, puede que necesite una política de crédito para los clientes en la que se requiera que éstos demuestren su solvencia. "Cuando entregas un producto o un servicio antes de que te paguen, estás haciendo un préstamo al cliente, y debes tratarlo en consecuencia. Eso significa determinar si los clientes son solventes" (Norm Brodsky Street Smarts p.xi).

¿Y AHORA QUÉ?

Resumen

Si bien es tentador culpar a causas externas por sus crisis de flujo de caja, los empresarios deben centrarse en las causas internas en las que pueden influir. Mientras que las soluciones rápidas pueden proporcionar un alivio temporal, la viabilidad a largo plazo requiere aumentar los márgenes, controlar los costos, gestionar el inventario, cobrar rápidamente y generar ahorros. Este hito requiere disciplina y paciencia para alcanzar.

Preguntas de Aplicación

1. ¿Cuáles son las causas externas e internas de sus crisis de liquidez?

2. ¿Cuál de las soluciones a corto plazo mencionadas debería hacer ahora?

3. ¿Cuál de los sistemas a largo plazo mencionados debería construir, y en qué orden?

4. ¿Qué productos o servicios actuales o futuros le proporcionarán los mejores márgenes?

5. ¿Necesita aumentar sus precios para cubrir los costes y proporcionar un margen de beneficio suficiente?

6. ¿Cuáles son sus categorías de gastos más grandes y más propensas a desperdiciar?

7. ¿Cómo puede mejorar su sistema de gestión de inventario?

8. ¿Comprueba regularmente el estado de sus cuentas por cobrar y es apropiado su tiempo medio de cobro?

9. ¿Cuáles deberían ser sus metas de ahorro actuales - semanales y acumulativas?

Lectura Recomendada

Street Smarts por Norm Brodsky y Bo Burlingham

¡Haz que suceda!

¿Qué ideas ha despertado en mi este capítulo?

¿Qué luz nueva brilla sobre mi liderazgo y negocio?

¿Qué cambios planeo hacer?

Mis actos para ¡Hacer que Suceda!	Fechas de terminación	
	Propuesta	Actual

Capítulo 17 | Ahorre Dinero con Diligencia

Por Jennifer Pettie & Evan Keller

Definición

Las "ganancias retenidas" son dinero que se aparta del flujo de efectivo generado internamente. Aunque parezca imposible en la actualidad, empieza a ahorrar aunque sea una cantidad muy pequeña cada semana. Póngalo en una cuenta separada, trabajando hacia objetivos graduados hasta que finalmente tenga tres meses de capital de trabajo y pueda incluso comprar equipo con sus ganancias retenidas. Un plan de ahorro regular es una parte importante para lograr un flujo de efectivo positivo.

Cita de Experto

"El hábito de ahorrar es en sí mismo una educación; fomenta todas las virtudes, enseña a negarse a sí mismo, cultiva el sentido del orden, entrena a la previsión, y así amplía la mente." –T.T. Munger http://www.forbes.com/sites/robertberger/2014/04/30/top-100-money-quotes-of-all-time/, quote # 51.

Preguntas de Evaluación

1. ¿Tiene una cuenta de ahorro empresarial y con qué frecuencia deposita en ella?
2. Si no está ahorrando actualmente, ¿ve algún beneficio de ahorrar incluso el 1% de sus ingresos por semana?
3. ¿Tiene problemas para hacer la nómina?
4. ¿Qué redes de seguridad tiene para recuperarse de una crisis de flujo de caja?

 Beneficios

¿POR QUÉ?

Tranquilidad. No preocuparse por hacer la nómina reduce el estrés y libera la mente y la energía para que las ideas creativas hagan crecer su negocio.

Opciones ampliadas. La liquidez aumenta la agilidad de su negocio. Puede aceptar un pedido grande y ser capaz de comprar las materias primas que necesitará. Puede lanzar un nuevo producto o hacer una nueva contratación. O cuando un excelente trato llega, no perderá la oportunidad mientras espera un préstamo.

Satisfacción. Mire los ahorros y como el negocio se paga a sí mismo por todo su trabajo duro. Si cada dólar que entra sale por la puerta de atrás, le hace preguntarse: "¿Vale la pena todo esto?" Pero el crecimiento constante de algunas ganancias retenidas le da una sensación de progreso.

Acceso al capital. Más liquidez hará que su balance sea más saludable. Los prestamistas verán que tienes la capacidad de pagar sus préstamos.

Barreras

Escasez de fondos. No importa cuánto haya en su cuenta de operaciones, su negocio tenderá a gastarlo todo. Véase el capítulo anterior (18) sobre el flujo de efectivo.

Escasez de atención. "La escasez de atención nos impide ver lo que es realmente importante. La psicología de la escasez nos absorbe sólo en nuestras necesidades actuales" (Sendhil Mullainathan, "¿Por qué es tan difícil ahorrar dinero? (Time Magazine, http://time.com/money/671/why-is-saving-money-so-hard/).

Mentalidad de escasez. Como está acostumbrado a vivir a duras penas cada semana, puede asumir que es imposible salvar algo. Este bloqueo mental es una barrera más formidable que encontrar fondos para ahorrar.

Valores Subyacentes

Paciencia. Actúe ahora para obtener resultados a largo plazo. - Proverbios 21:5

Esperanza. No ahorrará a menos que crea que puede tener un impacto positivo en su futuro. - Proverbios 13:12**Disciplina.** El ahorro requiere una atención enfocada durante un largo período de tiempo. - Proverbios 30:25

Frugalidad. Un miembro mayor de su familia podría dar un gran consejo sobre esto. Vigilar sus centavos le permitirá ser generoso cuando sea importante - ver capítulo 24.

Pasos a Implementar

Empiece ahora. Aunque el flujo de efectivo sea escaso y sus depósitos sean pequeños, el ahorro es una disciplina que construye el carácter.

Controle el gasto de cerca. Esto crea un margen para el ahorro. Esto incluye hacer un presupuesto. Vea el siguiente capítulo (18) para más detalles. Si no le dice a su dinero a dónde ir, se preguntará a dónde fue.

Abra una cuenta de ahorros separada. Obviamente, si está en el mismo fondo común que su cuenta operativa, se gastará en gastos regulares. Una cuenta separada hace que sea más difícil de gastar y requiere una decisión intencional de usarla para financiar una oportunidad o rescatar una crisis de flujo de caja.

Decida un depósito semanal mínimo. Incluso si es muy pequeño, pague el negocio primero. La forma más simple de ahorrar es no darse nunca la oportunidad de gastar el dinero en primer lugar. Cuando el flujo de efectivo es fuerte, haga depósitos de ahorro adicionales por encima de su objetivo semanal mínimo. En la medida de lo posible, continúe aumentando la cantidad de su depósito semanal.

Automatice sus ahorros. Establezca un retiro semanal automático de la cuenta de cheques en su cuenta de ahorros si su banco tiene esta opción. Esto lo obliga a ser disciplinado.

Establezca metas acumulativas graduadas. Apunte primero a acumular el valor de la nómina de un período de pago. Esto le dará un poco de tranquilidad, sabiendo que tiene el margen para al menos cumplir con su compromiso más importante. Luego acumule los costos operativos de un mes, luego dos, luego tres. Los expertos en negocios corporativos sugieren tener seis meses de capital operativo a mano, pero ¿alguna vez han dirigido un pequeño negocio?

Guarde para su temporada lenta. Si su negocio tiene fuertes fluctuaciones estacionales, entonces necesita aumentar dramáticamente la cantidad de sus ahorros durante su temporada alta. En la temporada lenta, trate de aguantar el mayor tiempo posible para hacer retiros.

Ahorre para la compra de equipos. Después de que gane un poco de espacio para respirar con los ahorros generales, tal vez quiera establecer una cuenta separada para futuras compras de equipo. Aunque esta práctica no le permita comprar equipo con el 100% de efectivo, le ayudará a hacer pagos iniciales más grandes de lo habitual.

Retirarse cuando sea necesario. Haga de esto un último recurso, y no deje que le desanime. Más bien, agradezca que haya podido ahorrar para hacer la crisis más manejable.

Establezca un marco de tiempo para sus objetivos. Una gran herramienta de motivación es darse plazos ambiciosos, pero alcanzables, para lograr sus objetivos.

Adopte una visión a largo plazo. Está acostumbrado a hacer las cosas, a producir resultados. Pero ahorrar meses de capital operativo es uno de los objetivos empresariales más *lento*s de alcanzar. No se desanime. Es posible.

Estudio de Caso

Tree Work Now Inc. está en una industria fuertemente estacional. ¡Los árboles de Navidad son los únicos árboles en los que la gente gasta dinero en invierno! De repente recuerdan sus árboles vivos cuando llega la primavera - mientras plantan flores y escuchan sobre el inminente huracán. Manejar durante tres meses de ventas lentas es una tarea importante, haciendo que ahorrar dinero regularmente sea aún más crucial. ¡Un desafío adicional es que los empleados quieren un bono en la época de Navidad! Hacemos inversiones automáticas durante la mayor parte del año, y tratamos de gastar lo menos posible en el invierno. Esto nos ha permitido financiar un programa de ahorro invernal para nuestros empleados. Igualamos todos los fondos que ellos depositan directamente de su sueldo en sus propias cuentas de ahorros - hasta $2,000/persona (distribuidos durante el mes más lento de nuestro año). Esto nos permite dar un bono de Navidad y a la vez fomentar buenos hábitos financieros. Aunque el flujo de caja es positivo, estamos lejos de nuestro objetivo de tener seis meses de capital operativo en ahorros e inversiones. Paciencia.

Liderando Yo, Empleados, Sistema

YO - Una vez que supera la formidable barrera mental de creer que puede acumular algunos ahorros, ponerse en marcha es súper simple. Después de configurar su cuenta de ahorros, sólo se necesita una pequeña dosis de atención para ajustar las cantidades de su depósito hacia arriba y hacia abajo (si es necesario) a medida que avanza.

EMPLEADOS - Explique la conexión entre la liquidez de la empresa y sus propios medios de vida. Considere los incentivos de los empleados para ayudarle a alcanzar los objetivos de ahorro de la empresa, y un programa de igualación para sus ahorros personales.

SISTEMAS - Los buenos sistemas de ahorro incluyen un plan de ahorro automático en una cuenta separada, un plan para manejar las fluctuaciones estacionales de efectivo, y un marco de tiempo para alcanzar las metas de ahorro. Ver el siguiente capítulo (18) para los sistemas financieros como la presupuestación y la previsión de flujo de caja.

Resumen

¿Y AHORA QUÉ?

Una vez que supere las barreras mentales y acepte que será una larga lucha, su probabilidad de salvar con éxito aumenta drásticamente. La clave más importante es empezar de inmediato. Tomar los simples pasos de establecer cuentas separadas, depósitos automáticos regulares y metas graduales le permitirá ahorrar para futuros gastos operativos, equipos y fluctuaciones estacionales. Ajústese a lo largo del camino y persevere mientras se mueve lentamente hacia sus objetivos.

Preguntas de Aplicación

1. ¿Cómo superará la mentalidad de escasez? ¿Puede pensar en un compañero empresario rebosante de positividad y determinación que pueda animarle a alcanzar sus objetivos de ahorro?
2. ¿Cómo alimentará los valores subyacentes de esperanza, disciplina, frugalidad y paciencia?
3. ¿Cuánto depositará en los ahorros cada semana?
4. ¿Lo configurará para que se transfiera automáticamente?
5. ¿Cuál es su objetivo inicial de ahorro acumulado y cuándo espera alcanzarlo? ¿Qué es lo siguiente que va a intentar?
6. ¿Está listo para comenzar a ahorrar para la compra de equipos?
7. ¿Cuál es su plan de ahorro para las fluctuaciones estacionales del flujo de efectivo?

Lectura Recomendada

Entreleadership - Dave Ramsey

Thou Shall Prosper – Rabbi Daniel Lapin

¡Haz que suceda!

¿Qué ideas ha despertado en mi este capítulo?

¿Qué luz nueva brilla sobre mi liderazgo y negocio?

¿Qué cambios planeo hacer?

Mis actos para ¡Hacer que Suceda!	Fechas de terminación	
	Propuesta	Actual

Capítulo 18 | Controle los Gastos de Cerca

Por Evan Keller

 Definición

Conocer su posición financiera y hacer un seguimiento de sus gastos de un período a otro es importante para dirigir bien su negocio. El control y seguimiento de los gastos proporciona la responsabilidad necesaria para su equipo.

Cita de Experto

"Tienes que saber suficiente contabilidad para saber qué números son los más importantes en tu negocio particular, y luego debes desarrollar el hábito de observarlos como un halcón" (Norm Brodsky, Street Smarts, p.ix).

Preguntas de Evaluación

1. ¿Cómo calificaría la salud financiera de su empresa? ¿En qué números específicos se basa?

2. ¿Es su uso de las finanzas una idea de último momento o las lee para tomar mejores decisiones?
3. ¿Conoce sus mayores fuentes de desperdicio?
4. ¿Monitorea todas las compras de sus empleados?

Beneficios

Claridad. Conocer su salud financiera hace que las decisiones sean mucho más fáciles. Aumenta su confianza para dirigir su compañía hacia adelante.

Previsión. Ver las tendencias de sus números puede ayudarle a hacer cambios para evitar un desastre financiero.

Ahorro. El desperdicio se elimina cuando se asegura de que todas las compras están autorizadas, y cuando encuentra maneras de hacer más con menos.

Barreras

Complejidad. Los números asustan a la gente, y leer los estados financieros lleva tiempo y esfuerzo.

La personalidad. Muchos empresarios son grandes visionarios que no pueden ser molestados con los detalles.

Valores Subyacentes

Atención. Sepa cuándo llegarán sus pagos y a dónde van a parar todos los gastos. - Proverbios 27:23

Eficiencia. Sin ella, no podrá proporcionar valor a sus clientes y generar un beneficio al mismo tiempo.

Responsabilidad. La administración sabia del dinero es esencial para la salud financiera y la confianza del equipo. - Como 16:1-10

Pasos a Implementar

Utilice las finanzas para rastrear y mejorar la eficiencia:

Producir estados financieros mensuales. Algunos los necesitarán para tomar decisiones aún más a menudo. A otros les ayudará más el análisis de tendencias más largas en un período de tres meses. Los estados de mitad de año (30 de junio) y de fin de año (31 de diciembre) merecen una mirada aún más cercana. Usen software, como QuickBooks, para producir sus estados financieros. Siempre y cuando todas las transacciones comerciales de un período hayan sido introducidas correctamente, usted puede producir instantáneamente estados financieros precisos con dicho software.

Comprenda la diferencia entre un balance general y un estado de ganancias y pérdidas (ingresos). Un balance general es una instantánea en el tiempo de la salud financiera de su empresa. Como una radiografía, muestra cómo se ven las cosas hoy en día, pero incluye los factores que llevaron a la actualidad, así como el fumar en el pasado contribuye a la condición pulmonar de hoy en día. Mientras que un balance refleja un momento en el tiempo, una cuenta de pérdidas y ganancias muestra lo que ha entrado y salido en un período determinado, como un mes, un trimestre o un año. Permite seguir las tendencias de las categorías de gastos, así como las sumas importantes como los ingresos totales, el costo de los bienes vendidos, el beneficio bruto y el neto.

Categoriza correctamente los gastos fijos frente a los variables. Los costos fijos son los pagos que debe hacer, ya sea que realice o no ventas en un período determinado, como los servicios públicos. Los costos variables aumentan a medida que aumentan las ventas y la producción - como las materias primas. Estos dos tipos de costos se enumeran en categorías separadas en su estado de ganancias y pérdidas: los costos fijos en "gastos" y los costos variables en "costo de las mercancías vendidas". Si clasifica incorrectamente sus costos, entonces sus estados financieros no serán precisos, y serán menos útiles para tomar buenas decisiones. Usted sabrá mejor que su contador si una categoría de gastos varía proporcionalmente con la producción, así que discuta si sus supuestos se ajustan a su negocio. La definición oficial dice: "Los costos fijos son gastos que no varían con el volumen de ventas, como el alquiler y los salarios administrativos. Estos gastos deben pagarse independientemente de las ventas y a menudo se denominan gastos generales. Los costos variables fluctúan directamente con el volumen de ventas, como la compra de inventario, el envío y la fabricación de un producto" (https://www.sba.gov/content/breakeven-analysis).

Utilice su estado de ganancias y pérdidas para hacer un seguimiento de sus cinco categorías de gastos principales de un período a otro. Para muchas pequeñas empresas, las comparaciones mes a mes serán las más significativas. Dado que muchos negocios tienen fluctuaciones estacionales predecibles en las ventas, la comparación de un mes con el mismo mes del año pasado y del año anterior ofrece una medida fiable del crecimiento. (También se podría comparar con los meses anteriores, el promedio de los últimos tres meses y el promedio del año hasta la fecha). Debería escanear todas las categorías de gastos para detectar cualquier cosa inusual, pero luego rastrear las que son más importantes. Esto debería incluir sus cinco categorías principales, pero también cualquier categoría que sea especialmente propensa al desperdicio. Además de rastrear los números crudos, use los ratios para ver si los gastos están creciendo o disminuyendo en proporción a los ingresos totales. Calcule este porcentaje de la siguiente manera: total de la categoría de gastos / total de ingresos. (Esta proporción también puede ser útil: total de la categoría de gastos / total de todos los gastos). Una vez que tenga las comparaciones de período a período frente a usted, es hora de buscar tendencias y preguntar por qué. ¿Gastó más de lo habitual en combustible el mes pasado porque (1) los precios del combustible subieron, (2) hizo más entregas de lo habitual, (3) un nuevo conductor no conoce las mejores rutas, (4) o un empleado está llenando de combustible su vehículo personal? No basta con producir y conocer sus números, hay que usarlos para discernir lo que está pasando en su negocio y hacer las mejoras necesarias.

Identifique su relación más importante. ¿Qué número único le da la mejor idea de cuán eficiente es la producción de su negocio? Variará de un negocio a otro.

Conozca su "proporción actual". Este coeficiente de liquidez mide su capacidad para cumplir con sus obligaciones de deuda a corto plazo. Se calcula dividiendo el activo corriente por el pasivo corriente (de su balance). Un ratio superior a 1,25 es saludable. Puede estar en problemas si es inferior a 1,0.

Conozca su GAIIDA. ¡¿Diga qué?! GAIIDA es "Ganancias Antes de Intereses, Impuestos, Depreciación y Amortización". De acuerdo con investanswers.com, es una medida del rendimiento operativo de una empresa. Esencialmente, es una manera de evaluar el rendimiento de una empresa sin tener que tomar en cuenta las decisiones de financiación, las decisiones contables o los entornos fiscales.

El GAIIDA se calcula sumando los gastos no monetarios de depreciación y amortización a los ingresos operativos de una empresa.

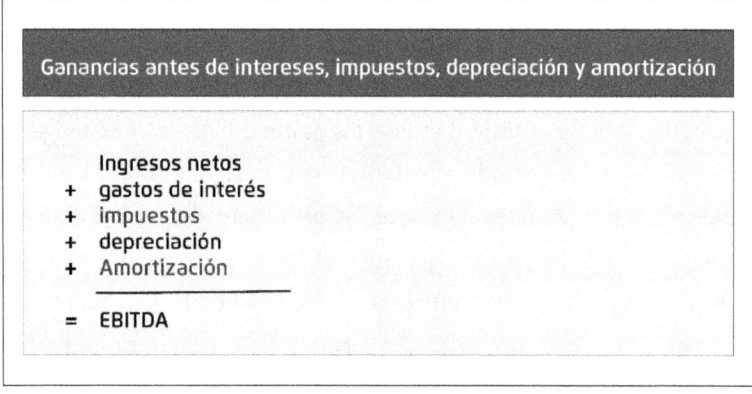

El GAIIDA le permite centrarse en el resultado de las decisiones operativas, excluyendo los impactos de las decisiones no operativas como los gastos de intereses (una decisión de financiación), los tipos impositivos (una decisión gubernamental), o grandes partidas no monetarias como la depreciación y la amortización (una decisión contable).

Al minimizar los efectos no operativos que son exclusivos de cada empresa, el GAIIDA permite a los inversores centrarse en la rentabilidad operativa como medida singular de rendimiento" (http://www.investinganswers.com/financial-dictionary/financial-statement-analysis/earnings-interest-tax-depreciation-and-amortizatio).

Conozca su margen bruto. Mientras que muchos empresarios se obsesionan con impulsar las ventas, se olvidan de ser diligentes con la *calidad* de esas ventas. Eso se puede medir por el margen bruto, es decir, "el porcentaje de su dinero que sobra después de contabilizar el costo directo de lo que sea que esté vendiendo". (El margen bruto es la venta menos el costo de los bienes vendidos. Divide eso por las ventas para calcular el margen bruto"). Creo que el margen bruto es uno de los números más importantes, si no *el más* importante, en cualquier negocio" (Norm Brodsky, Street Smarts, p.x). Ahora bien, si tiene varias líneas de productos, querrá averiguar cuáles de ellas tienen márgenes brutos más altos, para poder concentrarse en vender más de ellas, y posiblemente eliminar las que tienen los márgenes brutos más bajos. Para hacerlo, necesitará rastrearlas por separado para cada línea de productos: ventas, costo de los bienes vendidos, ganancia bruta y margen bruto. Si se encuentra con muchas ventas de bajo margen, Brodsky dice que tiene cuatro opciones para corregirlo: "aumentar los precios, reducir los costos de fabricación, decir no a los negocios de bajo margen o encontrar otros productos que se puedan vender con márgenes más altos" (p.76).

Conozca su punto de equilibrio. Al observar todos sus costos, puede ver si su fijación de precios tiene en cuenta todos sus costos de producción, distribución y comercialización, al tiempo que permite un saludable margen de beneficios.

$$\text{Punto de equilibrio} = \frac{\text{Costos Fijos}}{\text{Precio Por Unidad} - \text{Costo Variable Por Unidad}}$$

Use un "tablero" para ver rápidamente los números que está rastreando. Una vez que ha identificado lo que quiere rastrear, utilice un programa de tablero para obtener información en tiempo real que le gustaría ver diariamente (o al menos semanalmente). Estos programas extraen los datos de QuickBooks y rellenan automáticamente los totales y ratios que son más importantes para ti ahora. Esta función de escaneo rápido aumenta la probabilidad de que utilice sus finanzas.

Aprenda de su contador. Es posible que su contador sólo quiera hacer sus impuestos y terminar con usted. No se conforme con eso. Consiga que él o ella le enseñe a leer las finanzas. Las diez preguntas más importantes que debe hacerle a su contador son:

1. ¿Cómo evaluaría la salud financiera general de mi negocio? ¿Qué números de estas finanzas le dicen eso?
2. ¿Cuál es mi punto de equilibrio y dónde estoy en relación con él?
3. ¿Cree que calificaría para un préstamo y podría pagarlo?
4. ¿Qué tendencias ves en mis números y qué significan?
5. ¿Qué ratios financieros cree que son los más importantes para mi negocio (margen bruto, ratio actual, ratio de deuda-capital, etc.)?
6. ¿Cómo se comparan mis gastos con los de otras empresas de mi tamaño?
7. ¿Dónde sospecha que podría reducir el desperdicio?
8. ¿Con qué frecuencia sugiere que analice mis finanzas?
9. ¿Qué estrategia fiscal recomienda para este año?
10. ¿Sería más ventajoso desde el punto de vista fiscal comprar equipos este año o el próximo?

Haga comparaciones con la industria. Intente averiguar cómo sus gastos se comparan con los promedios de un negocio de su tamaño y tipo en su área. La asociación comercial de su industria o las empresas de pago pueden proporcionar esta información.

Compare los "gastos" con los presupuestos. "Uno de los ejercicios de gestión financiera más importantes es la creación y el uso de un presupuesto: el examen de todos sus gastos y la estimación de lo que serán el próximo año. Esto le hará pensar automáticamente en los impulsores detrás de cada gasto. Y no se preocupe, sus estimaciones casi siempre estarán fuera del objetivo, pero si entiende *por qué* una producto se está excediendo considerablemente del presupuesto, sabrá qué arreglar y cómo" (Joe Worth, Entrepreneur Magazine, octubre de 2012, p.90). Un presupuesto no es más que un estado de ganancias y pérdidas proyectado para el próximo año. Dave Ramsey compara el uso de un presupuesto con mirar a través del parabrisas lo que se avecina y el uso de un estado de ganancias y pérdidas con mirar por el espejo retrovisor para ver lo que ya ha sucedido. Obviamente, necesita ambas cosas. El presupuesto sólo le dice efectivamente a su dinero a dónde ir si lo usa durante todo el año (EntreLeadership p.193).

Establecer y supervisar controles financieros estrictos:

Escanee sus estados de cuenta bancarios y de tarjetas de crédito cada mes. "Hasta que no sepa a dónde va todo su dinero, su negocio no está en buen estado" (Joe Worth, Revista Entrepreneur, Agosto 2013, p.76). Mire cada cheque y cada compra con tarjeta de crédito para ver si hay algo que no sea un verdadero gasto empresarial. Hagan un círculo y pregunten al empleado que hizo la compra sobre ello. No lo haga confrontacional, sino que explique que este es un procedimiento estándar para un negocio bien dirigido. Puede profundizar la confianza con aquellos que son dignos de confianza mientras expone a los que no lo son. Los dos empleados que hemos atrapado usando su tarjeta de crédito para compras personales estaban haciendo compras muy pequeñas que pensaron que no notaríamos. Así que, no sólo mire los grandes números.

Establezca controles y equilibrios. Debería haber más de un par de ojos en cada proceso financiero hecho por el personal de su oficina. Por ejemplo, si una persona hace los depósitos (especialmente si se trata de dinero en efectivo), otra persona debería ingresarlos en QuickBooks. La contadora Jennifer Pettie explica esto: "La separación de funciones es clave para manejar el dinero y hacer la contabilidad. Esto reduce las posibilidades de acciones erróneas e inapropiadas. En pocas palabras, la función de aprobación, la función de contabilidad/reconciliación, y las responsabilidades de custodia del efectivo deben ser separadas entre los empleados. Cuando estas funciones de trabajo no pueden ser separadas, se requiere una estrecha vigilancia por parte de los supervisores. La separación de funciones proporciona controles y equilibrios contra el fraude porque requiere cooperar con otra persona para perpetrar un acto fraudulento".

Estos son algunos ejemplos de separación de funciones:

- La persona que solicita la compra de bienes o servicios no debe ser la que apruebe la compra.

- La persona que aprueba la compra de bienes o servicios no debe ser la que concilie los informes financieros mensuales.

- La persona que aprueba la compra de bienes o servicios no debe poder obtener la custodia de los cheques.

- La persona que mantiene y concilia los registros contables no debe poder obtener la custodia de los cheques.

- La persona que recibe los pagos de los clientes y prepara una lista de ellos no debe ser la persona que hace el depósito y mantiene los registros de cuentas por cobrar.

Establezca los límites de lo que los empleados pueden comprar sin su autorización. Obviamente, usted querrá negociar las compras principales, como equipos, seguros y propiedades - vea el siguiente capítulo para las estrategias de negociación. Deje claro a los pocos con privilegios de escritura de cheques lo que están autorizados a hacer por su cuenta. Establezca límites apropiados en todas las tarjetas de crédito y emita una política de uso de tarjetas de crédito que los empleados firmen. Deshabilite la función de devolución de efectivo de sus tarjetas de crédito y tenga en cuenta que las tarjetas de débito no tienen la misma protección contra el fraude que las tarjetas de crédito.

Contrate a la gente adecuada. A medida que su empresa crece y las finanzas se vuelven más complejas, es posible que necesite contratar a un controlador o jefe de finanzas. Pero la mayoría de las pequeñas empresas dependen de un contable (interno o externo) junto con su contador, que comprueba el trabajo del contable y supervisa la depreciación del equipo y la estrategia fiscal.

Estudio de Caso

Es importante, tanto para el flujo de caja como para la salud financiera general, identificar la relación que es el indicador más fiable de su rentabilidad. Entonces puedes rastrearlo y trabajar para mejorarlo. Por ejemplo, como mi empresa es un negocio de servicios y la nómina es nuestro mayor gasto con diferencia, hacemos un seguimiento de esa proporción (el total de los salarios de los empleados del mes dividido por el total de las ventas de ese mes) cada mes. Dependiendo de la época del año, y de lo bien que le vaya a nuestro personal de ventas y a la tripulación, nuestra proporción de la nómina fluctúa entre el 32 y el 45% de los ingresos. Nuestro objetivo es el 33%, y aunque no sea realista alcanzarlo, queremos estar lo más cerca posible, sin fluctuar tanto. Si nuestros vendedores consiguen los precios correctos para nuestros trabajos y nuestras tripulaciones los completan de manera eficiente, reduciremos ese ratio y mejoraremos nuestra rentabilidad general.

Liderando el Yo, Empleados, Sistemas

YO - Mientras que los contables y los contadores son útiles, tiene que conocer sus números y usarlos para tomar buenas decisiones.

EMPLEADOS - Cada empleado contribuye de alguna manera a los costos, así que fomenta una cultura de la frugalidad. Si no están contentos con sus trabajos, pueden desperdiciar intencionalmente o incluso robar.

SISTEMAS - Los controles y balances, la responsabilidad de las compras en los estados de cuenta bancarios y de tarjetas de crédito, y los ratios de seguimiento de período a período son todos procesos útiles.

 Resumen

¿Y AHORA QUÉ?

Los números manejan un negocio; si no sabe sus números, está volando a ciegas (Norm Brodsky). El uso de las finanzas para rastrear los gastos puede hacer que pases de operar por instinto y conjeturas a tomar decisiones a partir de información confiable. De la misma manera, el seguimiento de los cheques y las compras con tarjeta de

CONTROLE LOS GASTOS DE CERCA

crédito mantendrá a sus empleados honestos y les recordará que el control de los gastos es importante.

Preguntas de Aplicación

1. ¿Cómo puede mejorar la rendición de cuentas de las compras?
2. ¿Cómo puede mejorar su sistema de controles y balances?
3. ¿Cuál de las "diez preguntas más importantes para su contador" utilizará en su próxima reunión?
4. ¿Qué categorías y ratios de gastos empezará a controlar?
5. ¿Dónde cree que puede eliminar los residuos este año?
6. ¿Creará un presupuesto?
7. ¿Qué números rastreará para propósitos de impuestos?
8. ¿Con qué frecuencia analizará sus finanzas?
9. ¿Usará un tablero financiero para una referencia rápida?

Lectura Recomendada

Street Smarts por Norm Brodsky y Bo Burlingham

¡Haz que suceda!

¿Qué ideas ha despertado en mi este capítulo?

¿Qué luz nueva brilla sobre mi liderazgo y negocio?

¿Qué cambios planeo hacer?

Mis actos para ¡Hacer que Suceda!	Fechas de terminación	
	Propuesta	Actual

Capítulo 19 | Negocie Buenos Tratos

Por Evan Keller

Definición

¿QUÉ?

Obtener un gran valor en todos sus gastos y ventas principales es vital para la salud financiera y la longevidad de su negocio. Mucho de lo que haces en los negocios implica negociar, ya sea comprando, vendiendo, arrendando, intercambiando o contratando con: empleados o subcontratistas, socios o inversores, proveedores o clientes, propietarios o inquilinos.

Cita de Experto

"Negociar primero sobre un asunto secundario, entendiendo que -al final del proceso- probablemente dejará que la otra parte obtenga la mayor parte de lo que quiere sobre el asunto en cuestión. Su concesión sobre el primer punto de negociación le dará un poder de negociación adicional cuando ponga sobre la mesa su cuestión número uno" (Norm Brodsky <u>Street Smarts</u> p.93).

Preguntas de Evaluación

1. ¿Cuál es el mejor trato que ha conseguido? ¿Qué lo hizo tan genial?
2. ¿Cuál es el peor negocio que ha hecho y qué ha aprendido de él?
3. ¿Cómo calificaría sus habilidades de negociación?

Beneficios

¿POR QUÉ?

Eficiencia. Los buenos negocios crean valor haciendo más con menos, proporcionando soluciones únicas a precios que los clientes están dispuestos a pagar. Todo esto se reduce si no se negocian buenos tratos en sus insumos.

Viabilidad. Obtener un buen valor por su dinero es importante para lograr un flujo de caja positivo.

Longevidad. Si se siente culpable por ser un negociador duro, recuerde que ser eficiente hoy ayudará a su empresa a estar presente para proporcionar puestos de trabajo y servir a los clientes en el futuro.

Barreras

Supuestos. Puede pensar que sabe lo que quiere la otra parte, pero no lo sabrá de verdad hasta que escuche bien.

Intimidación. No ceda a la presión o al miedo. Por muy poderosa que sea la otra parte, parece que también quiere lo que usted tiene. No haga un trato que no tenga sentido para usted.

Impaciencia. Sepa cuándo esperar su próximo movimiento y no acorte su investigación. Estar demasiado ansioso puede llevarle a un mal negocio.

Valores Subyacentes

La justicia. Tratar a las personas como seres humanos con un valor intrínseco inconmensurable, en lugar de usarlos para conseguir lo que quieres. - Proverbios 11:1, 3

Integridad. Cumplir sus promesas y estar dispuesto a perder dinero para arreglar las cosas en un trato que usted o sus empleados arruinaron. - Santiago 5:12

Lento para hablar. "Si uno da una respuesta antes de oírla, es su locura y su vergüenza". - Proverbios 18:13

Valor para los clientes. Si consigue buenos negocios con sus materias primas y equipos, puede pasar ese valor a sus clientes mientras sigues obteniendo beneficios.

Coraje. Saber cuándo mantener su posición.

Discernimiento. Saber cuándo ceder terreno a un trato que realmente quiere. - Eclesiastés 3:1

Pasos a Implementar

¿CÓMO? **Tenga en cuenta los cambios estacionales del mercado.** ¿Lo que compra o vende tiene mayor demanda durante ciertas épocas del año? Tuve que aceptar un precio más bajo cuando vendí un remolque de viaje en enero, cuatro meses antes de que empezara la temporada de camping. ¿Necesita proceder ahora o puede esperar hasta un momento más óptimo para encontrar lo que quiere al precio correcto?

Sepa lo que está comprando. Haga la investigación necesaria para entender el producto o servicio que está considerando. Esto es especialmente cierto con servicios complejos como seguros, financiamiento y servicios de nómina. El comprador casual no obtendrá un buen trato porque ni siquiera sabe qué términos pedir. Lea la letra pequeña de lo que están ofreciendo, así como investigue la industria. La mejor manera de averiguar qué términos negociar es preguntar a varios proveedores: "¿En qué se diferencia su producto de lo que ofrecen sus competidores?" Usa una hoja de cálculo para comparar las ofertas de las compañías para reducirlo a tres que quieras explorar más.

Identifique sus necesidades y priorícelas. Sepa exactamente lo que quiere del acuerdo y cuáles de esos deseos son imprescindibles. Escríbelos para ayudarte a aclararlos.

Mantenga sus prioridades principales para usted mismo. Haga su tarea para averiguar si los proveedores pueden satisfacer sus necesidades sin detallar lo que es más importante para usted. Haga que su prioridad principal sea uno de los muchos términos del acuerdo, sin llamar demasiado la atención. Si les dices que son los únicos que tienen lo que quieres, no tendrás poder de negociación.

Negocie con más de un proveedor, yendo al último de su socio de negociación preferido. Hazle saber a las otras partes que recibirás varias cotizaciones. Ellos pueden afilar su lápiz para ganar su negocio. Negocie el mejor acuerdo posible con su segundo mejor proveedor, y luego úselo para aprovechar el acuerdo que quiere con su proveedor preferido. Utilice un trato para aprovechar otro, y luego puede volver a visitar al segundo mejor proveedor si su trato preferido fracasa.

Mantenga dos proveedores para todos sus gastos principales. En su columna de la revista INC, Norm Brodsky recomienda que siempre mantengas un proveedor principal, y uno segundo para mantener al primero honesto. Si el primero sube sus precios, baja su calidad, tiene un mal servicio, o se va a la quiebra, tienes a alguien más que puede llenar rápidamente el vacío.

Reúnanse cara a cara, pero sólo después de que ya hayan negociado en su rango de posibilidades. El encuentro en persona muestra un nivel de compromiso que no quieres hacer hasta que hayan demostrado que son lo suficientemente serios como para moverse en tu dirección. Pero necesitas reunirte cara a cara para crear confianza y discernir lo que es importante para ellos.

Construir una relación personal. Hable libremente sobre las conexiones personales que puedas tener. Mejor aún, haga que hablen... de cualquier cosa.

Construye la confianza. Cumpla sus promesas: preséntese a tiempo y proporcione la información que dijo que daría. Sea puntual y confiable en sus comunicaciones. Esto agrega valor a los negocios con usted. Si es posible, aprovecha la confianza que ya has construido con otros - preferiblemente con amigos mutuos, pero también con referencias o críticas.

No asuma que el dinero es siempre la prioridad principal. El tiempo es a menudo un factor importante - pueden necesitar el espacio o el equipo o el dinero de inmediato. Su confiabilidad y capacidad para completar el trato puede ser un factor importante. A menudo hay otros factores exclusivos del trato en cuestión.

Haga preguntas y escuche para conocer sus prioridades. "Escuchar es la parte más importante de cualquier negociación. Asegúrese de escuchar lo que realmente se dice. Desarrolle el hábito de cuestionar lo que ve en la superficie y escarbar para averiguar lo que realmente está pasando" (Norm Brodsky Street Smarts p.103).

Busque cumplir al menos algunas de sus prioridades mientras cumple con las suyas. La negociación es un toma y da.

Negociar en una prioridad secundaria, y luego ceder para ganar influencia en su prioridad principal. Vea la cita de los expertos al principio del capítulo.

Medir su sentido de urgencia. ¿Qué tanto quiere la otra parte hacer negocios con usted? Observe su lenguaje corporal y su tono de voz. Lea otras pistas, como cuándo aparecen, cuánto tiempo pasan con usted y cuánto intentan ganarse su confianza. Su sentido de urgencia es proporcional a la cantidad de concesiones que harán.

Sea honesto sobre los defectos. Si está vendiendo algo con un gran inconveniente, como la vejez o el alto kilometraje, adelante y reconózcalo, luego comparta los factores que lo superan.

Discuta el valor. Destaque el valor de lo que aporta a la mesa. Cuando comparta las formas en que su oferta no encaja exactamente con sus necesidades, no lo diga en exceso. Esto disminuye su credibilidad ya que obviamente no estaría allí si no viera el valor de lo que ofrecen.

Permita que la otra parte proponga el precio. Puede aprender mucho de la otra parte a partir del precio inicial que proponen. ¿Son codiciosos, justos, fanfarrones, serios o poco realistas? Además, el que propone el precio debe esperar una contraoferta.

Si el precio está demasiado lejos de lo que consideraría, ni siquiera contraoferta - siempre y cuando tengan un sentido de urgencia para tratar con usted. Dale algo de tiempo y puede que hagan una contraoferta, dándole un punto de partida más razonable para negociar.

Sepa de antemano de qué condiciones estará dispuesto a alejarse. Salir sin un acuerdo es una poderosa herramienta de negociación, así que no tenga miedo de usarla. Esto puede ser literalmente salir sin un trato, o simplemente dejar que la comunicación se estanque hasta que la otra parte se mueva dentro de su rango de posibilidades. Cuando se vaya, deje claro lo que se necesitará para volver a la mesa de negociaciones.

Esté preparado para ofrecer una concesión para conseguir su máxima prioridad. Esto podría ser un plazo más largo, un volumen más alto, la entrega del equipo, o algún otro beneficio para endulzar el trato. Ambas partes deben alejarse sintiendo que tienen un buen trato. Después de todo, las transacciones comerciales son acuerdos voluntarios que están destinados a ser ganadores. Cada parte renuncia al exceso de valor que tiene para recibir el valor que necesita.

Pida los extras. Deje que le endulcen el trato. A veces pueden dar algo extra sin lastimarse demasiado. Por ejemplo, en un equipo usado, pueden estar dispuestos a cambiar el aceite, a ponerle combustible e incluir una rueda de repuesto o un accesorio.

Paga un poco más por la calidad. Consiga el mejor precio que puedas, pero considera los altos costos ocultos que vienen con los productos de baja calidad.

Cuando llegues a un acuerdo, ponlo por escrito. Incluya quién está de acuerdo en hacer qué y cuándo. Asegúrese de que ambas partes lo firmen y reciban una copia. Cumpla puntualmente con su parte del trato.

En las negociaciones adversas:

1. Si la otra parte piensa que les debes dinero, el tiempo está de su lado. Es probable que sean más flexibles si negocias más tarde.

2. Esté preparado para comprometerse. Si bien es óptimo que todos salgan ganando, el mejor escenario en las negociaciones adversas es que ambas partes obtengan algo de lo que quieren y acepten también alguna decepción.

3. Sopese el estrés emocional, la distracción mental y los costos financieros antes de ir a la corte. A menudo el mejor curso de acción es resolverlo entre ustedes sin intermediarios.

Estudio de Caso

Recientemente vendí un tractor por el doble de lo que pagamos hace dos años. Gran parte de eso fue el gran precio que mi hermano negoció con el cliente que estaba ansioso por deshacerse de él. Lo había usado para un proyecto de construcción de una sola entrada y aunque lo vendió barato, aun así ahorró dinero haciendo el proyecto él mismo. Entonces, cuando decidí venderlo, pude conseguir un gran precio por él debido a su gran condición y a sus bajas horas. Tuve que superar dos grandes inconvenientes con los compradores potenciales: tenía ocho años y no tenía una cabina cerrada y con aire acondicionado como la mayoría de las otras disponibles en el mismo modelo. Utilicé muchas de las tácticas sobre las que escribo aquí. La comunicación rápida y profesional me diferenció y creó confianza. El feliz comprador dijo: "No hay mucha gente por ahí que haga negocios como tú". Tenía dos compradores potenciales y usé ese hecho para mostrar el valor de mi producto y aumentar el sentido de urgencia. Habíamos llegado a un punto muerto después de regatear el precio durante una semana. Estábamos a 2.000 dólares de distancia en un equipo de 33.000 dólares. Cuando mi otro comprador potencial se retiró, hice una concesión final que convenció a mi comprador. Le ofrecí pagar el envío si cumplía con mi última contraoferta, ya que tenía una opción de envío que sabía que era menos de la mitad de lo que él podía enviar. Los 850 dólares que pagué por el envío me compraron 2.000 dólares en el trato, y él no tuvo que pasar por la molestia de recogerlo a 1400 km de distancia. Todo el mundo estaba feliz - ¡como debe ser!

Liderando el Yo, Empleados, Sistemas

YO - Tenga cuidado con lo que dice. Sepa lo que quiere. Conozca sus límites. Escuche bien. Ayude a que el acuerdo funcione para la otra parte.

EMPLEADOS - Los empleados pueden hacer algunas de las investigaciones y negociaciones preliminares para los grandes acuerdos, así que puede que quiera compartir algunas de estas habilidades de negociación con ellos. Cuando negocien sus salarios con usted, considere el costo de contratar y entrenar a un sustituto, mientras ve claramente sus fortalezas y debilidades.

SISTEMAS - Las hojas de cálculo de comparación pueden ayudar en la fase de investigación de una compra importante. Los contratos escritos son esenciales para asegurar que los términos de un acuerdo sean claros y aplicables.

Resumen

¿Y AHORA QUÉ?

Sepa lo que quiere de un trato, pero en lugar de compartir todos esos detalles, concéntrese en escuchar y aprender lo que es más importante para la otra parte. Calcule su sentido de urgencia cuando se encuentre en persona. Construye la relación dejándolos hablar, y luego trata de cumplir con algunas de sus prioridades mientras recibes las tuyas. Sepa cuándo alejarse, hacer una contraoferta o mantenerse firme. Comprométase cuando su sentido de urgencia para hacer el trato sea más fuerte que el de ellos. Consiga el acuerdo por escrito y fírmelo.

Preguntas de Aplicación

1. ¿En cuál de sus categorías de gastos buscará mejores ofertas?
2. ¿Qué investigación necesita hacer para su próxima compra importante?
3. ¿Quiénes son los dos principales proveedores de su próxima compra importante?
4. ¿En cuál de las habilidades de personas mencionadas arriba quiere crecer?

Lectura Recomendada

Street Smarts por Norm Brodsky y Bo Burlingham

¡Haz que suceda!

¿Qué ideas ha despertado en mi este capítulo?

¿Qué luz nueva brilla sobre mi liderazgo y negocio?

¿Qué cambios planeo hacer?

Mis actos para ¡Hacer que Suceda!	Fechas de terminación	
	Propuesta	Actual

Capítulo 20 | Acceda al Capital y Limite la Deuda

Por Evan Keller

Definición

Las pequeñas empresas deben ser capaces de adquirir el capital que necesitan para crecer, manteniendo al mismo tiempo la carga de la deuda global en proporción adecuada a los activos e ingresos de la empresa.

Cita de Experto

"¿Cuál es el nivel 'apropiado' de deuda? Esto se convierte en un acto de equilibrio porque usted quiere evitar un apalancamiento excesivo y minimizar las salidas de efectivo para el servicio de la deuda, pero también quiere impulsar el crecimiento y aumentar el rendimiento de la inversión del propietario... "Lo que es mejor para su negocio" es realmente la única respuesta correcta... Depende de su objetivo estratégico, su actitud personal hacia el riesgo, el tipo de negocio que opera, el tamaño de su empresa, su dinámica de flujo de caja, la volatilidad de sus ventas, su situación competitiva, etc."(Michael Gerber, E-Myth Mastery p.204)

Preguntas de Evaluación

1. ¿Puede conseguir toda la financiación que requiere a tasas atractivas?
2. ¿Tiene relaciones fuertes y a largo plazo con múltiples prestamistas?
3. Si vendiera hoy todos los bienes inmuebles y equipos de su empresa a valor de mercado, ¿pagaría el producto todos sus préstamos?
4. ¿Su balance general muestra un patrimonio positivo? ¿Tiene más patrimonio que el año pasado y el anterior?
5. ¿Cuál es su proporción de servicio de la deuda? (Calcúlelo por: ingresos operativos netos anuales / total anual de pagos de deuda).
6. ¿Conoce la carga total de su deuda actual?
7. ¿Qué hace actualmente para mantener su deuda bajo control?
8. ¿Tiene el deseo y el plan de hacer que su empresa esté libre de deudas?

 Beneficios

¿POR QUÉ?

Agilidad. El acceso al capital le permite crecer cuando se presentan oportunidades o mantenerse al día con la producción existente cuando el equipo actual falla.

Aumento de la capacidad. El capital para equipos o materias primas le permite satisfacer más y mayores pedidos.

Salud financiera. Cuando usted sólo asume la deuda necesaria y la paga diligentemente, su balance general mostrará una fuerte viabilidad y valoración de la empresa.

Barreras

No es rentable. Cuando sus estados de pérdidas y ganancias (y declaraciones de impuestos) no muestran un historial de rentabilidad, un banco no le hará un préstamo. ¿Puedes culparlos? Los empresarios enojados a menudo culpan al prestamista, diciendo "los bancos no prestan dinero".

Mal crédito. Las quiebras personales y las ejecuciones hipotecarias en su informe de crédito (o el de su pareja) pueden descalificarlo de los prestamistas tradicionales por un período de tiempo.

Deuda fugitiva. Si es imprudente en la acumulación de deuda, devalúa su propia empresa, paraliza su flujo de caja, se arriesga a la quiebra de la empresa y reduce sus posibilidades de obtener financiación adicional.

Valores Subyacentes

Confianza. Se trata de la relación (¡y los números!). Los prestamistas - como todas las personas - quieren hacer negocios con aquellos que conocen y en los que confían. Si demuestra integridad y una buena gestión empresarial a lo largo del tiempo, un prestamista puede tomar un riesgo mayor sobre usted de lo que normalmente lo haría. - Proverbios 20:6-7

Discernimiento. Averigüe qué inversiones aumentan la eficiencia de sus operaciones o conducen a más ventas de alto margen. Evite las compras por vanidad que no hacen crecer su negocio, como los coches de lujo y las oficinas. - Proverbios 23:1-3

Restricción. Es prudente no asumir más de lo que puede manejar. Crezca despacio y con constancia en lugar de excederse y perder todo lo que ha construido. "Se alienta el fracaso no fatal y es como se aprende a andar en bicicleta. Pero cuando pida un préstamo para implementar su último plan 'brillante', aumentará exponencialmente las posibilidades de un fracaso fatal" (Dave Ramsey, Entreleadership p.196). - Proverbios 23:4

Previsión. Use el análisis del punto de equilibrio, el consejo de su contador y la intuición conservadora para medir si la compra de nuevos equipos se pagará más que por sí misma.

Diligencia. Si quiere que los prestamistas le proporcionen más financiación, entonces controle su deuda actual, incluyendo el pago de las tarjetas de crédito cada mes. Cuando venda equipos o bienes raíces, utilice todo el dinero para pagar la deuda a largo plazo. - Eclesiastés 5:4-5

Pasos a Implementar

Acceso al capital:

1. **Aumente la rentabilidad de su empresa.** Esta es la forma más segura de obtener un préstamo, ya que demuestra al banco que tiene la capacidad de devolverlo. Los empresarios a menudo trabajan con sus contadores para mostrar una pérdida de fin de año para minimizar su carga fiscal. Esta estrategia es a menudo sabia, pero a veces necesita ser limitada por su necesidad de préstamos. Otra práctica que reduce la rentabilidad es que los empresarios paguen los gastos personales con los fondos de la empresa. Esto también parece poco profesional para los banqueros que está tratando de impresionar. Manténgalos separados.

2. **Establezca relaciones duraderas y de confianza con los prestamistas, preferentemente bancos comunitarios locales con decisiones locales, un servicio excelente y una burocracia limitada.** Establezca la confianza a lo largo del tiempo siendo un buen negocio y cliente personal. No escriba cheques sin fondos y mantenga saldos saludables de cheques y ahorros. A lo largo de un largo período de tiempo, esto creará una equidad en la relación que le servirá bien al pedir un préstamo. Conocer a los oficiales del banco a nivel personal aumentará esa confianza (es decir, si demuestra integridad personal). Incluso cuando no necesite un préstamo, reúnase con su banquero al menos trimestralmente, y manténgalo informado de los grandes acontecimientos de su negocio.

3. **Reúnase con su contador antes de pedir un préstamo.** Obtenga asesoramiento sobre si puede manejar el préstamo que desea (utilizando el análisis del punto de equilibrio y la previsión del flujo de caja). Obtenga ayuda para entender sus finanzas, incluyendo las tendencias de su rentabilidad que pueden interesar al banco. Conozca su propia relación de servicio de la deuda y por qué es lo que es. Nuevamente, calcule por: ingresos operativos netos anuales / total anual de pagos de deuda. Muchos bancos sólo le prestarán dinero si el suyo es de 1,25 o más.

4. **Tenga sus asuntos financieros en orden cuando solicite un préstamo.** Esté preparado para completar un estado financiero personal, proporcione sus dos declaraciones de impuestos personales y de negocios más recientes, y proporcione los dos últimos años de estados financieros así como los del año hasta la fecha. Dado que el banco probablemente sabe poco de sus prácticas comerciales, puede que lean mucho sobre lo lento o rápido que usted es capaz de compilarlos. Los documentos lentos, incompletos o conflictivos pueden aumentar su tasa o acabar con su préstamo.

5. **Usar las líneas de crédito de manera adecuada.** Los bancos serán cautelosos si su línea de crédito siempre está al máximo o se usa para equipos, impuestos o gastos mensuales regulares.

6. **Cierre las líneas de crédito innecesarias.** Si ha acumulado suficientes ganancias retenidas, pueden servir como su propia línea de crédito interna, permitiéndole cerrar la que cobra en lugar de pagar intereses. Esto ayudará a sus posibilidades de préstamo a plazo, ya que los prestamistas a menudo asumirán una línea de crédito de salida máxima cuando calculen su capacidad de devolver el préstamo que

está solicitando. Cerrar las líneas de crédito que ya no necesita es una gran manera de sacar la deuda de sus libros.

7. **Construya su almacén de ganancias retenidas.** Los prestamistas ven esto como otra fuente potencial para pagar su préstamo. Véase el capítulo 17.

8. **Limpie su crédito personal, si es posible.** Si hay una entrada negativa injusta en su informe de crédito, ofrezca documentación para explicarla.

9. **Si no ha establecido confianza con el prestamista al que está solicitando, proporcione referencias crediticias sólidas con los proveedores con los que ha hecho negocios durante un tiempo.** ¡Ofrezca estas referencias antes de que las pidan!

10. **Si el banco dice "no" después de tomar todos los pasos anteriores, asegúrese de entender exactamente por qué, y bajo qué condiciones habrían dicho "sí".** No permita que su frustración perjudique la relación que pueda necesitar más tarde. En su lugar, tómelo como una crítica constructiva para hacer correcciones en su negocio que lo hagan más fuerte.

11. Si los bancos tradicionales no le prestan, y usted todavía está convencido de que está listo para un nuevo préstamo, hay otras alternativas, incluyendo:

    - Prestamistas de industrias específicas - Estas personas conocen su industria y entienden algunas de las peculiaridades de su situación, por lo que pueden leer sus factores de riesgo mejor que algunos bancos.

    - Financiación del fabricante - A menudo se puede comprar nuevos equipos o vehículos directamente del fabricante a tasas más bajas que los bancos tradicionales. Como conocen su garantía mejor que el banco promedio, pueden acercarse a un cliente riesgoso de manera diferente.

- Préstamos de la SBA - Estos préstamos respaldados por el gobierno reducen los riesgos para los bancos y las cooperativas de crédito, permitiéndoles hacer préstamos que no ofrecerían de otra manera (a empresas nuevas o a empresas de riesgo como los restaurantes). Tienen tasas bajas y plazos largos, pero tienen estipulaciones pesadas, y requieren mucho tiempo y papeleo. Tome uno sólo como último recurso. Para más información, véase el estudio de caso que figura a continuación.

- Préstamo entre pares - Las tasas de interés son más altas que las de los prestamistas tradicionales, pero es más fácil calificar para ello, aunque es posible que tenga que empezar con un préstamo más pequeño del que le gustaría.

- Capitalistas de riesgo, inversionistas ángeles, inversionistas conocidos personalmente - La información sobre estos es abundante y está fuera del alcance de este libro, así que seré breve. La desventaja es que querrán una participación en el capital de su empresa, requieren un proceso riguroso, y una relación más estrecha - incluyendo una opinión en la dirección de su empresa. En el lado positivo, pueden infundir enormes cantidades de capital que a veces se necesitan para el desarrollo de productos o un crecimiento explosivo. Esta es una de esas bifurcaciones que definen el camino. Construir un negocio sin préstamos significa un crecimiento más lento, pero puedo decirte que no hay nada como ser forzado a ser rentable desde el primer día. Empecé mi negocio sin capital y con herramientas prestadas que se rompieron en el primer trabajo, pero eso me mantuvo en la ruina. Jason Fried dice esto sobre su gran empresa: "...docenas de capitalistas de riesgo y firmas de capital privado nos han ofrecido mucho dinero. En cambio, mis clientes siempre han sido mis inversores. Mi objetivo siempre ha sido ser rentable en el primer día... [La financiación externa] reemplaza el ajetreo, el desecho, la lucha, con un falso consuelo de 'podemos preocuparnos de eso más tarde'". ("How to Get Good at Making Money", Inc Magazine, marzo de 2011, p.60,

http://www.inc.com/magazine/20110301/making-money-small-business-advice-from-jason-fried.html).

- Familia y amigos – Puse esto último porque complica las relaciones personales.

Limite la Deuda:

1. Conozca su carga de deuda total actual (usando una hoja de cálculo como se describe más adelante en "Sistemas").
2. Evite compras innecesarias. Obtenga un buen asesoramiento y pruebe primero con los alquileres a corto plazo.
3. Negocie buenos acuerdos en todo lo que compre - vea el capítulo 19.

4. **Compre con sus ganancias retenidas en lugar de un préstamo cuando sea posible.** Planifique compras grandes ahorrando de su flujo de caja interno - vea el capítulo 17.

5. **Compre las tasas de interés y las comisiones de apertura entre sus prestamistas.** En un préstamo de 100.000 dólares en cuatro años, pagas unos 4.500 dólares más por un préstamo del 8% comparado con uno del 6%. Advertencia: Pagaría hasta un 1% más a un prestamista con el que tengo una fuerte relación y con el que es fácil trabajar.

6. **Asegúrese de que el plazo de su préstamo no sobrepase el valor de su garantía.** No consiga un préstamo a seis años para un equipo que pierda la mayor parte de su valor en cuatro. Si todavía debe dinero cuando el equipo supera su valor, la venta se complicará por el hecho de que el banco tiene el título de propiedad.

7. **Consiga el plazo más corto (¡sí, el pago más alto!) que su flujo de efectivo pueda manejar.** En un préstamo de 100.000 dólares al 6%, paga aproximadamente el doble de interés en seis años comparado con tres años. Más importante aún, el plazo más corto liberará el flujo de efectivo para futuras necesidades de equipo. Advertencia: el pago más alto de un plazo más corto perjudica más su relación de servicio de deuda (pero por un período de tiempo más corto).

8. **Haga un pago inicial sustancial si su flujo de efectivo puede manejarlo.** Si su empresa aún no tiene un flujo de caja positivo, deberá adoptar el enfoque opuesto en este paso y en el anterior.

9. **Pague la deuda a largo plazo con todas las ganancias de las ventas de equipos y bienes raíces que ya no se necesitan.**

Sea disciplinado en esto. La única excepción debería ser la reinversión en la compra de nuevos equipos.

12. Pagar la deuda a largo plazo con excedentes inesperados (siempre y cuando no amenace su flujo de efectivo).

13. Pague primero los préstamos con las tasas más altas. Esto es, a menos que necesite liberar el flujo de caja (y aumentar la proporción de servicio de la deuda) pagando el préstamo o los préstamos con el saldo más *bajo*.

14. Limite su propia paga hasta que tenga un patrimonio positivo y pueda asegurar todo el financiamiento que necesite.

15. Compre nuevo cuando el banco no financie equipos usados, cuando el fabricante ofrezca excelentes tasas o garantías necesarias, o cuando los costos de mantenimiento de los equipos usados superen los ahorros de precio.

16. Compre usado cuando el equipo nuevo se deprecia demasiado rápido o está sujeto a impuestos adicionales. Comprar sólo equipo usado de último modelo para que los costos de mantenimiento sean bajos. Empiece a buscar mucho antes de que lo necesite, ya que el equipo usado de modelo tardío puede ser difícil de encontrar.

17. Considere la posibilidad de arrendar en lugar de comprar, especialmente si no necesita el equipo o los bienes inmuebles a largo plazo. Otras razones incluyen evitar las deudas o aprovechar las bajas tasas de arrendamiento. Si no puede permitirse comprar un equipo nuevo, el arrendamiento de un equipo nuevo le costará menos en mantenimiento que la compra de un equipo antiguo.

18. Subcontratar las funciones que requieren equipo adicional, y luego comprar el equipo más tarde cuando pueda permitírselo. O - especialmente si no ayudan a producir sus

productos o servicios principales - continúe subcontratando esas funciones a otras personas que posean ese equipo.

19. **Pague su tarjeta de crédito comercial todos los meses.** Es probable que tenga una tasa de interés más alta que sus otros préstamos. ¡Mi empresa tardó varios años en alcanzar este objetivo; es posible!

Estudio de Caso

Cuando mi empresa tenía 11 años, todavía conducía un camión igual de viejo. Cuando me preguntaron por qué compré nuevos volquetes para la tripulación, pero yo mismo conducía una camioneta vieja, respondí: "Tengo que cuidar de mi bebé ahora para que me cuide bien después".

Ahora que hemos acumulado algunas reservas de efectivo (como se aconseja en el capítulo 17), cerré nuestra línea de crédito y cubrí cualquier gasto grande e inesperado con nuestras propias ganancias retenidas. Como el flujo de caja positivo ha eliminado la necesidad de minimizar los pagos mensuales, empecé a recibir préstamos de equipo a 24-36 meses en lugar de a 60 meses.

Eso nos ayudó a controlar nuestra carga de deuda mientras comprábamos 5-8 piezas de equipo pesado cada año. En nuestro décimo año, comenzamos a comprar *todo* el equipo nuevo - volquetes de 15 años de antigüedad por unos nuevos de 120.000 dólares. Después de años de pagar la mayoría de nuestros préstamos antes de tiempo, nuestro próximo hito será pagar toda la deuda de la compañía, lo cual estamos programados para cumplir en el año 15. Entonces seremos nuestro propio banco. Eso sí que es libertad.

Liderando el Yo, Empleados, Sistemas

YO – Tome estas importantes decisiones e iniciativas financieras con el asesoramiento de su contador. Sólo tome préstamos que tengan una excelente oportunidad de hacer crecer su empresa y sea diligente en el pago de la deuda.

EMPLEADOS - Asegúrese de que el personal de su oficina pague sus préstamos a tiempo y le proporcione informes financieros precisos con regularidad.

SISTEMAS - Haga una hoja de cálculo de todas sus deudas, con el monto del préstamo, el saldo actual y el pago mensual. Incluya las fechas de origen, maduración, pago mensual, tasa de interés, plazo, prestamista, número de préstamo y garantía. Utilícela para mantener un total actualizado de su carga de deuda total y para comparar rápidamente las tasas y los términos entre los prestamistas. Puede ver de un vistazo cuándo un próximo pago aumentará su flujo de efectivo. Otra razón para crear esta hoja de cálculo es que los prestamistas potenciales le pedirán una lista de los pagos de su deuda para calcular la proporción del servicio de la deuda.

Resumen

¿Y AHORA QUÉ?

Acceda al capital construyendo un historial de rentabilidad, gestionando su historial de crédito, conociendo sus ratios financieros pertinentes con la ayuda de su contable, fomentando relaciones bancarias sólidas y proporcionando informes financieros y declaraciones de impuestos actuales. Si sus solicitudes de préstamo son denegadas, arregle los problemas de su negocio y explore prestamistas no tradicionales. Limite la deuda conociendo su carga de deuda, evitando préstamos innecesarios, obteniendo tasas bajas y plazos cortos, y pagando diligentemente sus préstamos - temprano si es posible. Decida si su empresa debe trabajar para estar completamente libre de deudas. Estos pasos se sumarán a la agilidad, capacidad y salud financiera de su empresa.

Preguntas de Aplicación

1. ¿Cuál de los pasos anteriores para acceder al capital va a tomar?
2. ¿Cuál de los pasos anteriores para limitar la deuda va a tomar?
3. ¿Cómo podría querer cambiar su actitud sobre los banqueros hacia una postura más constructiva?
4. ¿Qué compras importantes necesitará hacer durante el próximo año? 5. ¿Cuál es su estrategia fiscal?
5. ¿Qué préstamos espera pagar a continuación? ¿Es factible pagar toda su deuda?

6. ¿Está obteniendo lo que necesita de su contador y encargado de la contabilidad?

7. ¿Qué tipos de prestamistas no tradicionales valdría la pena explorar?

Lectura Recomendada

Street Smarts por Norm Brodsky

¡Haz que suceda!

¿Qué ideas ha despertado en mi este capítulo?

¿Qué luz nueva brilla sobre mi liderazgo y negocio?

¿Qué cambios planeo hacer?

Mis actos para ¡Hacer que Suceda!	Fechas de terminación	
	Propuesta	Actual

Capítulo 21 | Administre los Riesgos Principales

Por Evan Keller

Definición

¿QUÉ?

A medida que su empresa tiene más y más éxito, tiene más y más que perder. Aparentemente pequeños descuidos pueden poner en riesgo sus años de inversión. Varios pequeños pero importantes pasos para identificar y manejar esos riesgos aumentarán su tranquilidad y le protegerán de una pérdida paralizante.

Cita de Experto

"Sean plenamente conscientes de la condición de su rebaño, y presten mucha atención a sus rebaños. La riqueza no es para siempre; ni una corona dura de una generación a otra." - Proverbios 27:23-24, del rey Salomón, uno de los pueblos más ricos del mundo antiguo.

Preguntas de Evaluación

1. ¿Qué riesgos ya está manejando bien?

2. ¿Qué le ha impedido concentrarse en reducir los principales riesgos restantes?

3. ¿Qué preocupaciones sin abordar tiene su familia y su socio comercial?

Beneficios

¿POR QUÉ?

Tranquilidad. Dormirá mejor por la noche sabiendo que no está a un accidente o una demanda de la quiebra.

Relaciones pacíficas. Cuando los acuerdos están por escrito, la confianza puede superar la sospecha en varias relaciones de trabajo.

Confianza. Puede tomar riesgos sabios para expandirse cuando las amenazas ominosas se manejan bien.

Creación de riqueza. Mientras que la gestión de riesgos cuesta dinero, puede mantener el motor económico funcionando incluso cuando se produce un desastre.

Barreras

Postergarlo. Muchas cosas que sabemos que tenemos que hacer son desplazadas por la "tiranía de lo urgente". Las políticas y contratos escritos requieren tiempo y enfoque mental.

El costo. Los seguros y los abogados cuestan dinero, a menudo mucho.

Lo desconocido. No somos conscientes de algunos riesgos importantes hasta que es demasiado tarde.

La complejidad. Los acuerdos operativos pueden ser desalentadores de entender y componer.

La informalidad. Estamos tentados a dejar algunos acuerdos importantes a los acuerdos verbales, pero el apretón de manos de la buena voluntad puede agotarse cuando la adversidad financiera o relacional golpea.

Valores Subyacentes

Sabiduría. Proteger su mayor inversión es algo muy sencillo. - Proverbios 3:21-26

Responsabilidad. Su familia y sus empleados dependen de usted para proteger sus medios de vida.

Precaución. Su optimismo debe ser atenuado por el realismo sobre la depravación humana y un mundo donde las cosas a menudo van mal. - Mateo 10:16

Cumplimiento. Por difícil que sea esa palabra para este empresario renegado escribir, el incumplimiento de la ley puede acarrear duras penas además de ser un mal ejemplo. - Romanos 13:1

Visión. Ver las posibilidades futuras debería influir en lo que se enfoca hoy. - Proverbios 31:25-27

Pasos a Implementar

¿CÓMO? Identifique sus principales vulnerabilidades usando estas preguntas:

EQUIPO/PROPIEDAD

1. ¿Tiene un seguro adecuado para todos los vehículos y equipos desde el primer hasta el último día en que están en servicio?
2. ¿Mantiene todo el equipo y los vehículos en condiciones de seguridad?
3. ¿Necesita adquirir equipos más nuevos para reducir el riesgo de accidentes?
4. ¿Está su propiedad asegurada contra todo tipo de pérdidas?
5. ¿Tiene planes de contingencia de emergencia, especialmente para los desastres naturales a los que es propensa su localidad? 6. ¿Están los árboles cercanos a sus edificios sanos y debidamente podados? (¡Como cualquier buen hombre de árboles se preguntaría!)
6. ¿Tiene una fuente de energía de reserva, como un generador, si sus operaciones dependen en gran medida de la electricidad?
7. ¿Asegura toda la propiedad física apropiadamente, con: cerraduras, cámaras, vallas, sistemas de seguridad y de rastreo GPS?
8. ¿Cambia las cerraduras cuando un empleado es despedido?

9. ¿Cómo se asegura de que el fallo de una nueva ubicación (o producto) no paralizará todo su negocio?

10. ¿Mantiene los títulos, los portátiles, el dinero aún no depositado y la información sensible de los productos en una caja fuerte a prueba de fuego?

EMPLEADOS

1. ¿Realiza comprobaciones de antecedentes de los posibles empleados?

2. ¿Tiene una política escrita sobre el abuso de sustancias y la hace cumplir con exámenes de drogas antes, después y al azar?

3. ¿Tiene una política de seguridad escrita, entrenamiento de seguridad continuo, chequeos de seguridad al azar, y reuniones documentadas del comité de seguridad al menos trimestralmente (en industrias de trabajo manual)?

4. ¿Sus políticas de empleados están compiladas en un manual, y tiene una declaración de acuerdo firmada por cada empleado reconociendo que las han recibido y leído?

5. ¿Se asegura de cumplir todas las leyes antidiscriminatorias con sus empleados y clientes?

6. ¿Guarda con cuidado cualquier secreto comercial que ayude a los competidores a reducir su ventaja competitiva?

7. ¿Sus empleados han firmado acuerdos de no competencia?

8. ¿Su empresa depende demasiado de un solo empleado? ¿Qué puede hacer para capacitar a otros para manejar varias partes del trabajo de esta persona?

9. ¿Hace controles regulares de inventario para evitar robos?

10. ¿Ha expresado una política de tolerancia cero para el uso de equipos y productos de la empresa para uso personal sin permiso?

11. ¿Reconcilia diariamente el dinero en efectivo?

12. ¿Ha establecido la separación de funciones (véase el capítulo 18) para reducir el fraude interno?

13. ¿Se asegura de que todos los subcontratistas estén plenamente asegurados?

14. ¿Tiene un acuerdo de exención de responsabilidad firmado con cada subcontratista?

CLIENTES

1. ¿Utiliza contratos escritos para todos los clientes, proveedores y subcontratistas importantes?

2. ¿Ud. otorga créditos significativos sólo a clientes de confianza o a aquellos que ha investigado y de los que ha recibido un depósito considerable?

3. ¿Depende excesivamente de un pequeño número de clientes o proveedores? ¿Cómo puede diversificar?

4. ¿Podrían los clientes perder rápidamente el interés en su principal línea de productos?

5. ¿Utiliza liberaciones de responsabilidad para todas las responsabilidades a las que pueden estar expuestos sus clientes?

6. ¿Tiene suficiente cobertura de responsabilidad civil para el tamaño de su empresa y el tipo de industria en la que trabaja?

ADMINISTRE LOS RIESGOS PRINCIPALES

7. ¿Responde rápidamente para resolver cualquier queja importante de los clientes a fin de reducir al mínimo las demandas?

8. ¿Vigila regularmente su reputación en línea?

SOCIOS

1. Si tiene uno o más socios, ¿tiene un acuerdo operativo firmado y notariado que estipule todo, desde el porcentaje de la propiedad hasta las obligaciones asignadas, pasando por la compensación y la separación, incluidas las contingencias de muerte y divorcio?

2. ¿Tiene un plan de sucesión por escrito si piensa jubilarse y traspasar el negocio a un socio o miembro de la familia?

3. ¿Tiene una póliza de seguro de vida considerable para todos los propietarios, o empleados "clave" que serían difíciles de reemplazar?

4. ¿Tiene seguro de discapacidad y salud para todos los propietarios?

5. ¿Tiene un testamento actualizado y un poder notarial duradero?

6. ¿Toma medidas para evitar el robo de identidad?

FINANZASE

1. ¿El 100% de su nómina está "en los libros", incluyendo los bonos?

2. ¿Reporta todos sus ingresos y paga sus impuestos? ¿Mantiene los registros apropiados? ¿Cómo le iría en una auditoría del IRS?

3. ¿Realiza una planificación fiscal para evitar una gran carga fiscal sorpresa?

4. ¿Planea sus compras de equipo para maximizar las deducciones de la Sección 179?

5. ¿Realiza auditorías de nómina periódicamente para asegurarse de que las horas se reportan honestamente?

6. ¿Monitorea todos los gastos de los empleados - especialmente las tarjetas de crédito de la compañía - y tiene los controles y balances adecuados?

7. ¿Evita el uso de tarjetas de débito ya que son menos seguras que las de crédito?

8. ¿Limita el número de firmantes en la cuenta corriente de su empresa?

9. ¿Tiene suficientes ahorros e inversiones accesibles para cubrir tres meses de gastos operativos en caso de que experimente una crisis importante de flujo de caja?

10. ¿Se asegura de no crecer tan rápido que su flujo de caja no pueda cubrir el aumento de los costos de producción hasta que lleguen los pagos de las nuevas ventas?

11. ¿Tiene una excesiva relación entre deuda y capital social?

TECNOLOGÍA

1. ¿Protege sus contraseñas financieras importantes?

2. ¿Cambia las contraseñas cuando alguien con acceso a ellas abandona la empresa?

ADMINISTRE LOS RIESGOS PRINCIPALES

3. ¿Tiene un firewall y una protección antivirus adecuada?
4. ¿Protege su propiedad intelectual con marcas y patentes adecuadas?
5. ¿Limita el acceso a su sitio web FTP y a sus cuentas financieras? ¿Varía el nivel de acceso según el puesto de trabajo?
6. ¿Posee URLs similares a las suyas para protegerse de imitadores y errores ortográficos?
7. ¿La URL de su sitio web se renueva automáticamente para que nunca pueda ser secuestrada por un rescate?
8. ¿Mantiene segura la información de las tarjetas de crédito de sus clientes (ya sea en línea o de otro tipo)? Si guarda estos datos en un archivo, ¿tiene un seguro cibernético que cubra las violaciones de datos?
9. ¿Tritura toda la información confidencial que se descarta?
10. ¿Tiene todos sus datos respaldados en línea

Consulte a los expertos apropiados sobre los riesgos que más le preocupan, incluyendo banqueros, contadores, abogados, planificadores financieros y agentes de seguros.

Determine qué riesgos son los más grandes y tienen una mayor probabilidad de ocurrir.

Priorice y programe los que abordará. Movilícese usted mismo, sus empleados y los expertos externos que sean necesarios para aplicar las estrategias de gestión de riesgos. La acción adoptará muchas formas, entre ellas la compra de seguros, la elaboración de pólizas, la celebración de contratos y la promulgación de procedimientos. Comuníquese según sea necesario con todos los que se vean afectados por los cambios que usted haga, ayudándoles a ver los beneficios de sus alteraciones del statu quo.

Estudio de Caso

En los primeros años de Tree Work Now, probé un nuevo trabajador, planeando añadirlo a la nómina después de ver si tenía las habilidades y la ética de trabajo adecuadas. Mi retraso negó que estuviera cubierto por nuestra política de compensación laboral cuando se cayó de un árbol y se rompió la pierna esa primera semana. Por supuesto, demandó a mi empresa y a la compañía de seguros. Esto comenzó un dolor de cabeza de 18 meses para mí, lleno de declaraciones, comparecencias en la corte, esas temidas cartas certificadas e insomnio. Al menos disfruté dando un alegato final en el que regañé al abogado del acusado por asumir un caso tan frívolo - ya que el empleado dio positivo en cocaína después de su caída. (Ganamos el caso.) Esto revela otro error. Aunque teníamos una política de no drogas, no hicimos pruebas de drogas previas al empleo - algo que corregimos rápidamente.

Liderando el Yo, Empleados, Sistemas

YO - No se deje abrumar por el número de responsabilidades potenciales. Más bien canalice ese miedo en una priorización clara y una acción rápida. La gestión de riesgos no es su papel más emocionante, por lo que se necesita una intencionalidad extra. Ser un tomador de riesgos no le da licencia para ser imprudente.

EMPLEADOS - Muchas áreas de la administración de riesgos implican protegerlo a usted de los empleados, proteger a los empleados de los riesgos y conseguir su ayuda para reducir varias vulnerabilidades. Por lo tanto, comunique sus expectativas y reconozca sus contribuciones positivas.

SISTEMAS - Los tipos de sistemas necesarios incluyen políticas de empleados, procedimientos financieros, contratos, y chequeos regulares en una variedad de operaciones que podrían ir al sur sin atención.

Resumen

¿Y AHORA QUÉ?

La gestión de los principales riesgos puede mejorar la rentabilidad, la moral y la tranquilidad. Es lo más sabio y responsable que se puede hacer, un ejemplo de trabajar "en", no "en" su negocio. Sus mayores vulnerabilidades pueden estar relacionadas con los equipos/propiedades, los empleados, los clientes, los socios, las finanzas o la tecnología. Una vez que haya identificado sus mayores riesgos, consulte a los expertos, determine el tamaño y la probabilidad de los riesgos, priorice y programe sus intervenciones, y luego promulgue y comunique sus soluciones.

Preguntas de Aplicación

1. ¿En cuál de estas categorías de riesgo es usted más vulnerable: equipo/propiedad, empleados, clientes, socios, finanzas o tecnología?

2. Utilizando las muchas preguntas de la sección "Pasos para la implementación", ¿qué riesgos necesita manejar mejor?

3. ¿Qué exposiciones a la responsabilidad civil apuntalará este año? ¿Qué abordará el próximo año?

4. ¿Qué expertos necesita consultar?

5. ¿Qué socios y empleados necesita reclutar para formular e implementar su plan de gestión de riesgos?

Lectura Recomendada

Small Business Risk Management Resources de SBDC: www2.lsbdc.org/Documentmaster.aspx?doc=2313

Risk Management for Small Businesses por Manoj Jain

¡Haz que suceda!

¿Qué ideas ha despertado en mi este capítulo?

¿Qué luz nueva brilla sobre mi liderazgo y negocio?

¿Qué cambios planeo hacer?

Mis actos para ¡Hacer que Suceda!	Fechas de terminación	
	Propuesta	Actual

Capítulo 22 | Resista a la Corrupción

Por Evan Keller, adaptado en gran parte del Corruption Toolkit de businessasmission.com, con permiso.

Definición

¿QUÉ?

"La corrupción se define como el abuso de poder por parte de alguien a quien se le ha confiado, para su propio beneficio privado. La forma más común de corrupción es el soborno, que se define como la entrega o recepción de dinero, un regalo u otra ventaja como un incentivo para hacer algo que es deshonesto, ilegal o un abuso de confianza en el curso de los negocios". - Los "Principios Empresariales para Contrarrestar el Soborno" de Transparencia Internacional: Edición para Pequeñas y Medianas Empresas"

Cita de Experto

"La ética puede definirse como la filosofía moral de conocer la diferencia entre lo que está bien y lo que está mal y actuar en consecuencia. Incluye un deber y una obligación moral de hacer el bien... La ética tiene su raíz en la palabra griega "ethos" que significa carácter; por lo tanto, un marco ético es un conjunto sistemático de conceptos que proporciona directrices para un comportamiento correcto que demuestra el carácter ideal del individuo y la empresa".

- Larry Sharp "Directrices Para La Ética Empresarial Intercultural", http://businessasmission.com/guidelines-business-ethics/

Preguntas de Evaluación

1. ¿Qué acciones no éticas se le han pedido que haga en el último año?
2. ¿Cuáles son las probables consecuencias de no pagar nunca un soborno?
3. ¿Ha preparado a sus empleados para prevenir y responder a demandas poco éticas?

Beneficios

Conciencia limpia. Hacer lo correcto es bueno para su bienestar mental y espiritual. Fortalece su carácter, sobre todo si el estar de pie para el bien es costoso.

La falta de intensificación. Una vez que se sabe que cumple con las demandas no éticas, esas demandas aumentarán en frecuencia y cantidad, con el potencial de llevar su negocio a la bancarrota. Por otro lado, si se niega a ceder a tales demandas, podría costarle mucho a corto plazo, pero probablemente le ahorrará dinero a largo plazo ya que menos gente perderá su tiempo haciéndole demandas poco éticas.

Agente de cambio. Otros pueden seguir tu ejemplo mientras les muestras cómo se puede resistir a la corrupción de forma rentable. Resistir a la corrupción puede aumentar su influencia como se ve en el siguiente estudio de caso.

Barreras

Pérdida de dinero. Perder un trato o el permiso del gobierno para hacer negocios puede ser muy costoso.

Pérdida de tiempo. Los retrasos en los procesos burocráticos o en los acuerdos comerciales a menudo se traducen en una pérdida de beneficios.

Pérdida de vida. El crimen organizado utiliza amenazas de violencia en sus esquemas de extorsión.

Valores Subyacentes

Responsabilidad ante Dios. "Fiodor Dostoievski escribió proféticamente: 'si no hay Dios, entonces todo es permisible. El crimen será inevitable". El ateísmo eliminó la base de la responsabilidad personal y la rendición de cuentas por el comportamiento ante Dios y ante la sociedad. El ateísmo eliminó cualquier autoridad moral más alta que la propia. La consecuencia natural es la mentalidad de "cada hombre para sí mismo" y "la supervivencia del más apto", en lugar de por principio y el imperio de la ley." - Kevin White, Director de la Fundación Religious Freedom and Business en Kazakhstan, http://businessasmission.com/worldview-implications-kazakhstan/ - 2 Corintios 5:10

Emulación de Cristo. Como seguidores de Jesús, estamos llamados a encarnar su gracia, verdad y justicia. Esto nos llevará tanto al sufrimiento como a la gloria a medida que nos parezcamos más a él, que es el verdadero propósito de Dios para nosotros. - Romanos 8:17

Abogacía para los pobres. La corrupción a menudo involucra a los poderosos oprimiendo a los pobres, algo que Dios odia y promete juzgar. - Isaías 1:23

Los principios sobre las ganancias. Mientras que un negocio necesita ser rentable para mantenerse en el negocio, debemos tener valores más altos que la maximización de la ganancia.

Dependencia de Dios. Mientras que los corruptos buscan aprovechar su poder sobre nosotros, debemos recordarnos continuamente que Dios puede incluso sacar el bien de su maldad. Sólo Dios tiene el control y es nuestro último y bondadoso proveedor. - Mateo 6:25-33

Intrépido. Cuando te enfrentas a un sistema corrupto, te haces enemigos. Maxime Pierre de Partners Worldwide en Haití dice "No te importa tener enemigos; los enemigos corruptos revelan tu integridad". Me contó una vez que su pastor habló públicamente en contra de los funcionarios corruptos del gobierno y poco después circularon falsas acusaciones sobre él. Cientos de personas protestaron pacíficamente en su apoyo; el público sabía quién era corrupto y quién no. - Salmo 27:1

Pasos a Implementar

Encuentre soluciones empresariales creativas. Negarse a pagar un soborno puede retrasar las aprobaciones burocráticas o las transacciones con los proveedores. La extorsión también es un problema importante en algunos lugares. Muchos de nuestros amigos de negocios en Honduras tienen que ser discretos a la hora de publicar sus números de teléfono o mostrar sus caras en sus materiales de marketing. Por ejemplo, debido a que las pandillas llamaban amenazando con la violencia si Mayte no pagaba el "impuesto de guerra", se sintió obligada a quitar su número de teléfono del cartel frente a su salón de belleza en Tegucigalpa. En su lugar, ha empleado una variedad de otras formas de conectarse con clientes potenciales y continuar haciendo crecer su negocio. Así que, cuando la corrupción ataca, aproveche la oportunidad para comprometerse plenamente con su creatividad para hacer avanzar su empresa a pesar de ese desafío. Tal vez esta es una forma en que Dios sacará el bien del mal.

Sea fuerte. El soborno prospera con la presión, con su tiempo y dinero. La extorsión prospera con el miedo y la intimidación. En ambos casos, los perpetradores buscan objetivos fáciles y probablemente buscarán otras víctimas cuando usted se resista. "No te dejes vencer por el mal" (Romanos 12:21). Tome precauciones razonables contra las amenazas creíbles.

Prepare a sus empleados. Comience por escribir y explicar las buenas políticas. Hágalos firmar un código de conducta cada año comprometiéndose con ellas.

Prevenga y responda a las demandas. La publicación RESIST (véase la lectura recomendada más abajo) ofrece una guía detallada para ambos, incluyendo prácticas generales (en el apéndice) y la aplicación específica a 22 escenarios de corrupción comunes.

Examinar las propuestas potencialmente corruptas. Para aplicar la "Regla de oro", Dwight Nordstrom sugiere "practicar el 'juego de roles inverso': ponerse en el papel de cada una de las partes involucradas en el acuerdo". Si usted es el 'vendedor' potencial en la acción propuesta, invierta los papeles y conviértase en el 'comprador'. Cuando desempeñe los papeles, póngase en el lugar del máximo responsable de la otra parte y pregúntese si le gusta lo que la acción propuesta hará a su empresa. ¿Tiene algún sentimiento negativo ahora respecto a la acción propuesta?" - Prácticas de Prevención de la Corrupción de Pacific Resources International: Proceso de 4 pasos

Retirarse. Niéguese a realizar transacciones que violen la ley, las políticas de su empresa y la "Regla de Oro".

Trabajar con las autoridades contra la corrupción. Revelar demandas corruptas específicas, fomentar la aprobación de buenas leyes anticorrupción y la aplicación de esas leyes.

Estudio de Caso

Turbocam fabrica piezas de turbinas usando una técnica de ingeniería de precisión llamada mecanizado en 5 ejes. La técnica de 5 ejes utiliza fresadoras controladas por ordenador que mueven e inclinan tanto la pieza que se está cortando como la propia herramienta de corte en 5 ejes diferentes. Este nivel de precisión permite el mecanizado de formas muy intrincadas y las máquinas necesarias son extremadamente complejas, con componentes mecánicos y eléctricos delicados.

En 1993, cuatro años después de su fundación, Turbocam India finalmente tuvo todo el papeleo necesario para importar su primera máquina de 5 ejes. A su llegada a la India, la máquina fue retenida en la aduana del aeropuerto de Bombay con sus delicados componentes expuestos a los elementos. Sabiendo que la máquina probablemente se arruinaría por el clima húmedo, Duncan se sintió presionado por las demandas de "aceitar las ruedas" de la Aduana de Bombay con el pago de un soborno. Una noche, mientras las cosas se ponían a punto y el camino a seguir no parecía obvio, la esposa de Duncan le animó, "¿Por qué no le preguntas al Señor lo que debes hacer? Abriendo la Biblia a su lectura diaria de ese día, Duncan estaba seguro de que tenía su respuesta cuando leyó las palabras de Job 15 versículo 34; "Porque la compañía de los impíos será estéril, y el fuego consumirá las tiendas de los que aman los sobornos". Así que la compañía se mantuvo firme en su valor principal de no pagar sobornos y esperó 3 meses antes de que su máquina fuera liberada. Como temía, la máquina fue muy dañada, pero décadas después, Turbocam ha crecido en éxito empresarial y como catalizador para otros en la lucha contra la corrupción. Muchas personas han dicho que es imposible hacer lo que han hecho y aun así lo siguen haciendo. Hace apenas unos años tuvieron que esperar 16 permisos diferentes para establecer una nueva fábrica en tierras de Goa y, a pesar de los costos adicionales incurridos, se mantuvieron firmes en sus convicciones de no pagar nunca un soborno. Ahora están teniendo un efecto dominó al compartir su historia. La historia de su compañía les ha dado una voz en la plaza pública y la están usando.

La corrupción es uno de los temas de debate más candentes en la sociedad india, con esporádicas protestas a nivel nacional y una legislación anticorrupción constantemente estancada en el proceso político indio. En este clima, los miembros de la empresa han podido compartir la historia de Turbocam y se han abierto las puertas para poder influir en la arena pública. El periódico Times of India publicó un par de artículos sobre la política de no soborno de Turbocam y, de vuelta en Goa, Savio notó las consecuencias de esos artículos cuando el Presidente del polígono industrial donde se encuentra la planta de Turbocam envió copias a todas las demás empresas del polígono diciendo: "Este es uno de los nuestros, ¡ahora tenemos que actuar así como un grupo!". Tanto Duncan como Marian han recibido el prestigioso "Karmaveer Puraskaar", los Premios Mundiales para la Acción Ciudadana y la Justicia Social. Vea la historia completa de Jo Plummer en: http://businessasmission.com/turbocam-india/

Liderando el Yo, Empleados, Sistemas

YO – Ponga el estándar alto. Su empresa sólo será tan ética como usted. Algunas cosas son más importantes que el dinero y la eficiencia. Dios lo ve, y él es su proveedor.

EMPLEADOS - Espere una completa transparencia, evite los pagos en efectivo, y exija la aprobación antes de dar cualquier regalo necesario para obtener negocios o hacer algo.

SISTEMAS - Implementar la segregación de funciones (ver capítulo 18) para reducir el fraude interno. Tener una política escrita para tratar con el soborno y la extorsión, e incluir cláusulas anticorrupción en sus contratos.

¿Y AHORA QUÉ?

Resumen

Resistir a la corrupción requiere dosis igualmente gravosas de resistencia emocional y de diligencia debida. Hacer lo correcto es a menudo costoso a corto plazo, pero es fiel a los valores que son más

---

NEGOCIO COMO MISIÓN HOJAS DE AYUDA

6 COSAS CUANDO TE ENFRENTAS A…

CORRUPCIÓN

ESTAR CLARO ¿He hecho un compromiso claro y público con la integridad? ¿Tienes políticas que respalden eso?

SER LEGAL ¿Esta acción viola alguna ley? ¿Conozco la ley que se aplica a mi contexto empresarial?

SER TRANSPARENTE ¿Es este acuerdo transparente para todas las partes? ¿Puedo hacer esta transacción abiertamente?

SE RESPONSABLE ¿Se puede documentar esta transacción en de alguna manera? ¿Resistiría la auditoría?

SER CIERTO ¿Puedo orgullosamente contarles a otros sobre esta acción? ¿Mi instinto o mi conciencia me dicen que no?

SER BÍBLICO ¿Me alineo con la enseñanza de la Biblia sobre el soborno? ¿Son mis acciones un buen testimonio de Cristo?

« MANTENERME. IMPRIMIRME. »

BUSINESSASMISSION.COM

altos que los beneficios.

Preguntas de Aplicación

1. ¿Cuáles son las consecuencias de las diversas respuestas a esta medida propuesta?

2. ¿Es la medida propuesta transparente para todas las partes interesadas?

3. ¿Viola la ley la acción propuesta?

4. ¿Pasa la acción propuesta la "Prueba de las Cuatro Vías" de Rotary International? Recitamos estas cuatro preguntas en Rotary todos los jueves por la mañana: "¿Es la verdad? ¿Es justo para todos los interesados? ¿Creará buena voluntad y mejores amistades? ¿Será beneficioso para todos los interesados?"

5. ¿La acción propuesta se basa en la codicia y oprime a los impotentes?

6. ¿La acción propuesta "pervierte el curso de la justicia" (Proverbios 17:23)?

7. ¿Refleja la acción propuesta la "Regla de Oro" de "haz a los demás lo que quieras que te hagan a ti" (Mateo 7:12)

Lectura Recomendada

"Business Principles for Countering Bribery" por Transparency International

"RESISTA - Resistencia a la extorsión y a la solicitud en las transacciones internacionales" de la Cámara de Comercio Internacional, Transparencia Internacional, el Pacto Mundial de las Naciones Unidas y el Foro Económico Mundial.

¡Haz que suceda!

¿Qué ideas ha despertado en mi este capítulo?

¿Qué luz nueva brilla sobre mi liderazgo y negocio?

¿Qué cambios planeo hacer?

Mis actos para ¡Hacer que Suceda!	Fechas de terminación	
	Propuesta	Actual

GrowBook
Plan de Acción
Por Evan Keller, Junio 2017

Circule la acción apropiada para cada tema:

16. Alcance un Flujo de Efectivo Positivo - ¿Estoy practicando una gestión eficaz de la afluencia de efectivo, y construyendo sistemas para prevenir futuras crisis de flujo de efectivo?

    Mantener   Afinar   Revisar

17. Ahorre dinero diligentemente - ¿Ahorro regularmente tanto como puedo en una cuenta separada, construyendo pacientemente la fuerza financiera?

    Mantener   Afinar   Revisar

18. Controle los gastos de cerca - ¿Me estoy volviendo más eficiente rastreando mis gastos y monitoreando las compras de los empleados

    Mantener   Afinar   Revisar

19. Negocie Buenos Tratos - ¿Negocio grandes acuerdos aprendiendo lo que es importante para la otra parte, construyendo la confianza, y buscando el logro de mis máximas prioridades mientras cumplo con algunas de las suyas?

    Mantener   Afinar   Revisar

20. Acceda al Capital y Limite la Deuda - ¿Estoy obteniendo acceso al capital siendo rentable, controlando la deuda y proporcionando documentación a los prestamistas? ¿Evito préstamos innecesarios y pago mis préstamos lo más rápido posible?

    Mantener   Afinar   Revisar

21. Administre los Riesgos Principales - ¿He identificado y gestionado mis principales riesgos relacionados con la propiedad, los empleados y los clientes?

    Mantener   Afinar   Revisar

22. Resista la Corrupción - . ¿Ha escrito políticas y procedimientos para que sus empleados sepan cómo responder a demandas poco éticas? ¿Resistes a la corrupción incluso cuando es muy generosa?

    Mantener   Afinar   Revisar

Mi enfoque #1: _____

Use todo lo que se le ha dado para beneficiar a los demás, sirviendo a los empleados, a los empresarios, a la comunidad y al mundo. Allí, en su tiempo, el talento y el tesoro encontrarán su verdadero propósito y alegría

Capítulo 23 | Ayude a sus Empleados a Crecer

Por Mano De La Vega & Grace John

Definición

¿QUÉ?

El desarrollo de los empleados implica una evaluación continua de las habilidades y aspiraciones de sus empleados, con el objetivo de optimizar ambas. Ayudar a los empleados a crecer como personas es importante porque las personas importan. Demostrará que te preocupas y profundizará en esas relaciones. Beneficiará a su empresa, mejorará sus vidas personales y los preparará para futuros roles dentro o fuera de la empresa.

Cita de Experto

"La mayoría de los empleadores están tratando de extraer valor de su gente. Si fomenta los sueños, estará añadiendo valor a sus vidas" (Mark Miller, Chess Not Checkers, p. 82).

Preguntas de Evaluación

1. ¿Cómo ha ayudado a los empleados a crecer?

2. ¿Ha identificado a los empleados con capacidad para crecer más allá de su función actual?

3. ¿Qué inversiones está haciendo en los empleados, para que sigan comprometidos con su negocio a largo plazo?

4. ¿Los empleados lo valoran más allá de su sueldo?

5. ¿Cómo ha afectado su atención o falta de atención a las familias e intereses de los empleados a sus relaciones con ellos y su trabajo para usted?

6. ¿Está desconectado de la vida personal de sus empleados? ¿Cuáles son los pros y los contras de ese enfoque?

Beneficios

Madurez. Las personas que están creciendo serán mejores miembros de la familia, empleados y ciudadanos.

Gratitud. A medida que se interesen genuinamente en su futuro y les ayuden a dar pasos hacia adelante, ambos apreciarán más la relación.

Aumento de la productividad. Tomar un interés honesto en alguien construye la lealtad. Los empleados leales están más comprometidos. Los empleados comprometidos son más productivos. Cuídelos y puede que ellos cuiden de su empresa. Estos son los empleados que dan el esfuerzo extra, trabajan la hora extra, o vienen con su próxima gran idea porque están comprometidos con el crecimiento de su negocio. Además, invertir en estas relaciones puede facilitar el momento en que usted tenga que enfrentarlos o pedirles que produzcan más en el trabajo.

Aumento de influencias. A medida que les de más a los demás, querrán apoyar lo que es importante para ti. Esto aumenta su capacidad como líder, fortaleciendo su equipo para llevar a cabo su negocio y sus iniciativas sin fines de lucro.

Cumplimiento. Es satisfactorio ver a un empleado prosperar gracias a su orientación.

Crecimiento desde el interior. El crecimiento de los equipos desde la interior cuesta menos que la contratación desde el exterior.

Barreras

Orientación de la tarea. A menudo tenemos tanta prisa por hacer la tarea que tenemos entre manos que ignoramos a la gente.

Falta de preocupación. ¿Realmente se preocupa por sus empleados o sólo por lo que pueden hacer por usted?

Límites relacionales. Puede que tenga miedo de familiarizarse demasiado y de perder su influencia profesional. Aunque puede ser imposible desarrollar verdaderas amistades entre iguales con tus empleados, ellos te respetarán más si inviertes en su desarrollo personal y profesional.

Recursos limitados. No permita que las restricciones financieras le impidan invertir en sus empleados. Inhibirá el crecimiento a largo plazo de su negocio si no desarrolla a su gente.

Valores Subyacentes

La gente importa. Las personas y las relaciones significativas entre ellas son de suma importancia. C.S. Lewis reorienta nuestra perspectiva: "No hay gente común. Nunca has hablado con un simple mortal. Naciones, culturas, artes, civilizaciones - éstas son mortales, y su vida es para nosotros como la vida de un mosquito" (C.S. Lewis, <u>The Weight of Glory</u> p. 45-46). - 1 Pedro 5:2-3

Páguelo por adelantado. Así como varias personas han usado su experiencia para moldearte, comparte con los empleados cómo su crecimiento interno llevó a su éxito externo. - 1 Pedro 2:2

Legado. La marca de un gran líder es lo que se deja atrás. Invierta en lo más importante - la gente.

 ## Pasos a Implementar

Evaluar el talento. Aunque este capítulo se centra en el desarrollo personal, no olvides el desarrollo profesional como se explica en el capítulo 15. Imagine el potencial de la carrera de sus empleados. Discierna qué habilidades necesitan más desarrollo y proporcione oportunidades para que se perfeccionen.

Sea curioso. Pregunte sobre sus familias e intereses. Sepa los nombres de sus familiares y lo que les gusta hacer en su tiempo libre. Recuerde y revise lo que comparten con usted. Si le resulta difícil recordar esas cosas, tome notas a las que pueda remitirse.

Proporcione apoyo personal. Al mismo tiempo que tiene cuidado de mantener los límites apropiados, esté disponible para apoyar a sus empleados en los asuntos personales y familiares que decidan compartir con usted.

Sea considerado. Dé regalos de cumpleaños y notas de agradecimiento. Aplauda los aniversarios de boda y de trabajo, y otros hitos que sean importantes para ellos.

Escuche. Usted está sintonizado con las necesidades de su negocio; se necesita una intencionalidad extra para sintonizar con sus empleados. Haga preguntas abiertas y déjelos hablar sin interrupción. Aprenderá algunas cosas valiosas sobre ellos y su empresa. Puede que incluso descubra que sus aspiraciones pueden satisfacer una necesidad en su empresa.

Ayudar a aumentar su capacidad. Deles libros sobre temas en los que les gustaría crecer. Ayúdeles a asistir a seminarios y clases para que aprendan, crezcan y obtengan certificaciones.

Honrar su privacidad. Si prefieren mantener sus vidas personales para sí mismos, honren eso. Tendrá más influencia personal con ciertos empleados, y eso está bien.

No discrimine. Aunque naturalmente invertirá más en empleados con mayor potencial, hay requisitos legales que establecen que ciertos programas deben estar disponibles para todos los empleados, o para todos los que cumplan ciertos criterios (duración del cargo, tiempo completo, etc.).

Invierta en su salud física. Independientemente de que pueda o no ofrecer un seguro de salud, los programas de bienestar pueden aumentar el compromiso y la retención de los empleados. Los programas pueden centrarse en la pérdida de peso, la nutrición, el ejercicio o el cese del tabaco. Dado que las compañías de seguros pueden cobrar más a los fumadores por el seguro de salud, dejar de fumar puede ser un beneficio para usted y sus empleados. Obviamente, sea sensible en la forma en que aborda estos temas, centrándose en sus necesidades sentidas.

Invierta en su salud financiera. Conecte a sus empleados con la información y los servicios financieros que les ayudarán a aumentar sus ahorros, a manejar sus deudas y a planificar su futuro. Esto es importante para nutrir el pensamiento a largo plazo y la gratificación retrasada que es tan vital para el éxito en la vida. Saber que están construyendo riqueza a largo plazo puede hacer más soportable el duro trabajo de hoy. También puede ayudarles a ahorrar dinero para obtener un bono de fin de año equivalente, como se describe en el estudio de caso del capítulo 17.

Apoye sus sueños. (Ver la cita del experto al principio de este capítulo.) Saben que realmente le importa cuando les ayuda a alcanzar sus sueños que pueden no beneficiar a su empresa. Incluso mejor si puedes beneficiar a ambos, como el programa de asistencia hipotecaria mencionado en el capítulo uno. Así es como funciona: para ayudar a los empleados de alto rendimiento en la compra (o pago inicial) de una casa, Tree Work Now Inc. iguala dólar por dólar un máximo de 2.000 dólares por año y 10.000 dólares en total para el pago inicial de la hipoteca de una casa. Este beneficio refuerza el pensamiento a largo plazo, la estabilidad familiar y la lealtad y longevidad de los empleados. También promueve un alto rendimiento ya que el monto de la contrapartida se basa en las puntuaciones de la revisión del rendimiento.

Anímelos a establecer sus propias metas personales. Además de las metas de salud y financieras, pueden querer hacer cambios en su familia, carrera, educación o participación en la comunidad. Es posible que quieran crecer emocional, espiritual o mentalmente. Es posible que no estén acostumbrados a fijar o perseguir metas, por lo que podría leer el capítulo 3 con ellos.

Ayúdeles a ver su propio potencial. Si superó sus propias expectativas para sí mismo, ¿cómo crecieron sus horizontes de posibilidades? Tal vez fue viendo a un compañero comenzar a sobresalir, o tal vez alguien te desafió a la grandeza. Como alguien a quien esperan respetar, estás en posición de señalar su potencial. Desafíalos a crecer. Señala los logros que han alcanzado hasta ahora y ayúdales a ver el potencial que viste cuando los contrataste. Construye su confianza y apóyalos mientras persiguen sus objetivos. Puede usar la herramienta "Estrategia-Historia-Estado" de Tony Robbins para ayudar a sus empleados a reescribir sus historias y superar las barreras de larga data. Vea: http://sourcesofinsight.com/change-your-strategy-change-your-story-change-your-state/.

Traigan a los expertos. Refuerce sus objetivos con estrategias de asesores financieros, entrenadores de vida, nutricionistas, entrenadores personales, etc. Ofrecer seminarios en grupo en las reuniones de la compañía, y luego ofrecer pagar todo o parte del costo de las reuniones individuales de seguimiento para los empleados que quieran ir más allá.

Fomentar la responsabilidad y el apoyo a sus objetivos. Necesitarán este impulso para seguir adelante. Anímelos a elegir a alguien que les haga responsables de sus objetivos personales al menos trimestralmente. Puede o no ser usted. Si tienes que presionarlos mucho para completar las iniciativas relacionadas con el trabajo, alguien más podría ser el mejor para presionarlos personalmente.

Estudio de Caso 1

Yo (Mano) recuerdo cuando Ashley vino a trabajar a nuestro restaurante - el segundo trabajo en su joven vida. Así que, por falta de confianza, dijo en su entrevista que no estaba segura de poder hacer el trabajo. Pero yo sentí que podía, si su confianza crecía. Creció de muchas maneras mientras invertimos en ella hasta que se fue a la universidad. Dos años después, nos escribió esta carta:

> Sólo quería agradecerle lo que gané durante mi tiempo trabajando como camarera en De La Vega hace un par de años. A pesar de que sólo fui parte del equipo durante unos meses, aprendí mucho a través de la experiencia. Estaba tan intrigado por el ambiente familiar y la cultura única del restaurante que decidí escribir mi tesis universitaria sobre el tema de la cultura de la empresa. Gracias por compartir conmigo cómo formaron sus valores centrales a partir de los de Zappos.com. Continué mi investigación y me di cuenta de que Zappos es un lugar en el que me encantaría trabajar algún día porque los valores y objetivos de la compañía coinciden con los míos. Así que me inscribí después de graduarme en mayo, y la próxima semana me mudaré a Las Vegas para trabajar en las oficinas centrales de Zappos como Asistente de Mercadeo. "La gratitud es tu actitud diaria" [un valor esencial del restaurante] se me ha quedado grabado y quería extender la mano y agradecerte por inspirarme.

Que tengas un gran y ocupado fin de semana,

Ashley Kasevich

Este es un gran ejemplo de cómo los valores de nuestra compañía y nuestros esfuerzos por desarrollar a nuestros empleados dieron sus frutos. Ella se inspiró claramente para hacer un movimiento positivo que beneficiará su vida personal y su carrera. De eso se trata ayudar a los empleados a crecer.

Estudio de Caso 2

Isabel vino a trabajar para nosotros cuando cumplió 18 años. En su entrevista, yo (Mano) pude ver que era una persona apasionada, y quería aplicar su energía creativa en nuestra cocina. No tenía ninguna habilidad en la cocina, pero estaba ansiosa por aprender y sobresalir. Estaba abierta a la retroalimentación constructiva y actuó rápidamente. Con entrenamiento regular y un plan de desarrollo personal, pudimos ayudar a Isabel a mejorar sus habilidades de comunicación y de cocina hasta el punto de que se convirtió en nuestra principal chef de preparación. Isabel se convirtió rápidamente en una empleada clave en la que otras personas confiaban y admiraban.

Su pasión nunca disminuyó, incluso después de que le diagnosticaran cáncer durante el embarazo de su primer hijo. Los médicos pensaron que era imposible salvar tanto a la madre como al niño, así que Isabel y su marido se enfrentaron a la dura decisión de elegir a quien querían para sobrevivir. Pero el fuego y la determinación de Isabel demostraron que los médicos estaban equivocados. Fue capaz de dar a luz a una hermosa niña, mientras que también sobrevivió al intenso proceso de dar a luz a medida que su cáncer se aceleraba.

Como una empresa que valora el trabajo en equipo y las buenas relaciones con los empleados, todos nos unimos para recaudar fondos para los tratamientos del cáncer de Isabel. Su historia y su actitud inspiraron a todos los que la rodeaban, incluyendo a su familia, amigos, clientes, personal del hospital e incluso a completos desconocidos.

Cuando su hija Anisa tenía tres años, Isabel perdió su batalla contra el cáncer. Siempre recordaremos a Isabel como una persona que creció inmensamente como empleada destacada, amiga, madre e inspiración para vivir con pasión.

Liderando el Yo, Empleados, Sistemas

YO – Si eres como la mayoría de los empresarios que se esfuerzan, es posible que deba convencerse de que esto es importante. El desarrollo de los empleados comienza con un buen liderazgo - ver capítulo 1.

EMPLEADOS - No se puede invertir en todos por igual, así que invierta más en sus líderes principales y potenciales. Busque a aquellos que realmente quieran crecer y sean receptivos a su entrenamiento. Haga que sus empleados escriban sus talentos, metas y aspiraciones. Evalúe continuamente cómo puede conectar las habilidades de sus empleados con las necesidades de su empresa.

SISTEMAS - Además del proceso de revisión de desempeño aconsejado en el capítulo 15, programe tiempo para ponerse al día con sus empleados personalmente. Haga un sistema para registrar y actualizar su progreso en sus metas personales. Estarán agradecidos por el crecimiento, y se darán cuenta de que te preocupas por ellos como personas y no sólo por lo que obtienes de ellos. Otros sistemas incluyen programas de bienestar y ahorro que podría implementar, y tal vez seminarios trimestrales de expertos externos sobre varios aspectos del desarrollo personal.

¿Y AHORA QUÉ?

Resumen

Ayudar a los empleados a crecer requiere muy poca inversión regular e intencionalidad, pero produce resultados de gran envergadura en términos de lealtad, productividad y madurez de los empleados. Comienza con la curiosidad de los empleados, prestando atención a lo que es importante para ellos, escuchando cómo quieren crecer, y apoyándolos mientras persiguen metas de crecimiento personal. Si bien gran parte de esto sucede de manera individual - especialmente con sus líderes y líderes potenciales - hay algunas iniciativas que pueden programarse para todos los empleados, como los planes de bienestar y de ahorro. Más allá de los "cómo", muchos empleados necesitarán ayuda para superar las barreras mentales y emocionales para crecer. Construir su confianza y ayudarles a ver su propio potencial. Invertir en los empleados es importante porque las personas importan, y es una de las mayores oportunidades de hacer una diferencia con su vida.

Preguntas de Aplicación

1. ¿Cómo se volverá más curioso, atento, solidario y considerado?
2. ¿Cómo conocerá los sueños de sus empleados? ¿Cómo los ayudará a hacerse realidad?
3. ¿Cómo se desarrollará aún más como modelo para sus empleados?

4. ¿Cuándo son las mejores oportunidades en su semana de trabajo para estar más disponible para sus empleados?
5. ¿A qué empleados de alto potencial ayudará primero?
6. ¿Qué sistemas para el establecimiento de metas personales, la revisión y la rendición de cuentas fomentará?
7. ¿Qué recursos utilizará para ayudar a los empleados a descubrir y perseguir su potencial, y a superar las mentalidades limitantes?
8. ¿Qué expertos va a traer y con qué frecuencia?

Lectura Recomendada

Awaken the Giant Within por Anthony Robbins.

"Por Qué El Desarrollo De Los Empleados Es Importante, Descuidado Y Puede Costar Su Talento" por Victor Limpman, Forbes, 29 de Enero 2013: http://www.forbes.com/sites/victorlipman/2013/01/29/why-development-planning-is-important-neglected-and-can-cost-you-young-talent/

¡Haz que suceda!

¿Qué ideas ha despertado en mi este capítulo?

¿Qué luz nueva brilla sobre mi liderazgo y negocio?

¿Qué cambios planeo hacer?

Mis actos para ¡Hacer que Suceda!	Fechas de terminación	
	Propuesta	Actual

Capítulo 24 | Aconseje a Otros Emprendedores

Por Evan Keller

 Definición

La tutoría empresarial implica una relación continua y de confianza en la que el mentor entrena, anima y apoya al alumno en su liderazgo empresarial. Esto se hace a través de reuniones regulares en las que el mentor escucha, hace preguntas, ofrece consejos, y anima a los alumnos a establecer y alcanzar objetivos que conduzcan al crecimiento de la empresa y la creación de empleo.

Cita de Experto

"La tutoría se ha convertido, para mí, en uno de los principales deberes de cualquier líder" (Max De Pree, ex CEO de Herman Miller, Leadership is an Art p.vii).

Preguntas de Evaluación

1. ¿Quién ha sido su mejor asesor de negocios?
2. ¿Disfruta transmitir lo que está aprendiendo en los negocios?
3. ¿Cuál de sus experiencias y habilidades empresariales sería más valiosa para un alumno?

Beneficios

¿POR QUÉ?

Apalancamiento. Es gratificante saber que sus lecciones duramente ganadas ayudarán más que su propia empresa.

Solidaridad. A través de las industrias e incluso de las culturas, los empresarios saben lo que los demás están pasando. Esto puede ser una gran fuente de apoyo cuando los empleados, la familia y los amigos no lo entienden.

El crecimiento. Los mentores crecen por sí mismos, ya que la tutoría los mantiene listos para liderar su propia empresa.

Impacto. El crecimiento empresarial y la creación de empleo resultantes benefician a comunidades enteras.

Servicio. La mayoría de las oportunidades que los empresarios tienen para servir no se dedican a lo que mejor saben hacer: ¡hacer crecer los negocios! El asesoramiento empresarial es una oportunidad para transmitir su pasión.

Barreras

Independencia. Los empresarios son autosuficientes; es difícil para algunos admitir que les vendría bien la ayuda.

Duda de sí mismo. Los mentores potenciales a menudo dudan de si tienen las habilidades y la experiencia adecuadas para ser efectivos. Si ha comenzado y desarrollado un negocio exitoso, ya ha hecho la parte difícil. Pasar esa experiencia es fácil.

Diferencias interculturales. Hay barreras de idioma y cultura cuando se es mentor internacional.

Sospecha. Crear confianza puede ser difícil cuando se ofrece ser mentor de alguien que no conoce bien. Puede ser difícil para su alumno abrirse y compartir información sensible, como secretos comerciales, financieros, conflictos y fracasos.

Valores Subyacentes

Servicio. Nos sentimos más satisfechos cuando amamos a nuestro "prójimo", lo cual es fundamental para nuestro propósito como humanos. - Marcos 12:31

Relaciones. Como seres relacionales, encontramos el sentido al conectarnos con los demás. - Génesis 2:18

Creación de capacidad. Los empresarios están ansiosos por recibir y transmitir la inversión de alto impacto del capital intelectual. Como el conocimiento de los negocios se comparte en el contexto de las amistades a largo plazo, los líderes empresariales locales se cultivan y lideran el camino para abordar las necesidades de sus comunidades.

Los negocios como una fuerza para el bien. Como principal mecanismo de creación de riqueza, las empresas son la mejor esperanza para crear puestos de trabajo que mejoren la dignidad y sacar a las comunidades de la pobreza. Creemos que esto es fundamental para el verdadero propósito de los negocios. - Deuteronomio 8:18

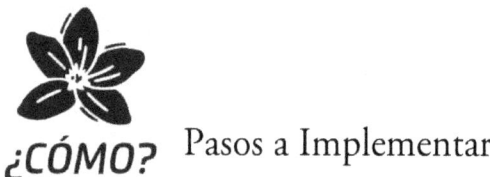 Pasos a Implementar

Establecer la(s) relación(es) de tutoría:

1. **Encuentre dos o tres pupilos a los que servir.** Ofrezca como mentor a alguien con quien ya tenga respeto y confianza mutua.

2. **Elija a los alumnos que estén abiertos al coaching y cuyos negocios tengan un fuerte potencial de crecimiento.** Asegúrese de que están ansiosos por perseguir objetivos de crecimiento personal y empresarial.

3. **Cree un ambiente de confianza. Prometa una estricta confidencialidad.** Hágale saber a sus alumnos que pueden esperar que usted los escuche con empatía y les proporcione responsabilidad y apoyo para su trabajo.

4. **Creen una estructura juntos. Acuerden la frecuencia y la duración de sus reuniones y dónde se reunirán.** (Es importante reunirse al menos una parte del tiempo en el lugar de trabajo de su alumno.) Decidan si se comprometen a uno o dos años.

5. **Establezcan juntos los objetivos.** Acuerden metas para su relación de mentores, como hacer crecer sus empresas, crear empleos y ayudar a la comunidad a prosperar.

Conozca su papel:

1. **Construya relaciones.** Hacer una conexión personal es el entorno en el que los otros objetivos pueden florecer. En las relaciones es donde se produce la transformación, así que conozca y construya la confianza.

2. **Entrene las decisiones de negocios.** Conozca su negocio, haga preguntas de sondeo y centre su atención en los aspectos del negocio donde se encuentran las mayores oportunidades y desafíos. Ayúdeles a tomar mejores decisiones y a hacer crecer el negocio, conduciendo hacia una cultura más sana y una mayor rentabilidad.

3. **Mentorice su liderazgo.** Si se centran únicamente en "asesorar decisiones empresariales", se les podría acusar de dar consejos útiles sin construir realmente su propia capacidad para tomar decisiones más sabias y convertirse en mejores líderes empresariales. Por lo tanto, además de centrarse en el negocio, enfóquese en el líder del negocio. Esto implica ayudarles a crecer personal y profesionalmente de cualquier manera que les haga mejores líderes. Esta podría ser su inversión más impactante.

4. **Hacer conexiones.** El aislamiento es una definición de la pobreza. Todos nos enriquecemos increíblemente con las conexiones que tenemos en nuestra comunidad, por lo que uno de sus papeles clave como mentor es facilitar las conexiones entre los beneficiarios y las personas o recursos que podrían añadir valor a sus negocios.

Seguir las mejores prácticas de mentores:

1. **Sea un amigo.** Demuestre que es más un amigo que un jefe. Pase tiempo personal con ellos y conozca a sus familias.
2. **Fomente el servicio a la comunidad.** Ayude a los alumnos a usar sus negocios para servir a la comunidad. Empiece por preguntar: "¿Qué necesidades de la comunidad le preocupan?" Ayúdelos a convertir sus preocupaciones en acciones, y busque formas de trabajar juntos para servir a su comunidad. Fomente la inversión en la comunidad que es tanto intrínseca (a través de sus bienes, servicios, trabajos e ingresos recirculados) como instrumental (a través de sus relaciones, tiempo, influencia y beneficios).
3. **Fomentar la integridad.** Ayudar a los beneficiarios a crear una cultura de confianza con sus empleados, clientes y proveedores, haciendo consistentemente lo que prometen. Ayúdeles a construir un trabajo en equipo que conduzca a relaciones en las que todos ganen.
4. **Enfrentar juntos los desafíos.** Comparta cómo superó los mismos obstáculos que ellos están enfrentando, y sea honesto acerca de los desafíos que aún enfrenta. No pretenda tener todas las respuestas - los alumnos se relacionarán con sus debilidades más que con sus fortalezas. Saber que tiene luchas les ayudará a enfrentar las suyas.
6. **Discutan sus problemas.** Permitir que la situación actual y las necesidades sentidas de los aprendices dirijan la conversación: "¿Qué le gustaría discutir hoy?" Pregúnteles al principio de cada visita de los mentores qué oportunidades y desafíos enfrentan actualmente en su negocio.
7. **Haga preguntas que inviten a la reflexión.** Haga preguntas que les ayuden a pensar en temas importantes. Descubrir la dirección correcta los impulsará a cambiar más que el hecho de que les digan qué hacer. "Los buenos entrenadores hacen

preguntas abiertas que provienen de una posición no experta. No pretenden tener las respuestas. Si el cliente parece atascado, puede ser apropiado traer sus respuestas a la conversación. Si es así, preséntelas siempre en un marco generoso y no juicioso" (artículo "El arte del coaching" de Vistage).

8. **Use *GrowBook*.** Discuta un capítulo por mes con sus aprendices, ayudándolos a aplicarlo a sus negocios.

9. **Use *StartBook*.** Si están en la fase de inicio, este currículo nuestro pone los negocios en los términos más simples y los pasos de acción.

10. **Use el cuadro general.** Esta herramienta al final de *Start*Book y *Grow*Book les ayudará a evaluar las fortalezas y debilidades de su negocio en un solo minuto.

11. **Utilice el Plan de Acción.** Ayude a los "alumnos" a evaluar la madurez de sus negocios usando el Plan de Acción al final de *Grow*Book. Les ayudará a decidir en qué áreas trabajar en los próximos 12 meses.

12. **Estrategias para el futuro.** Ayudar a los alumnos a pasar de sobrevivir hoy a crear un futuro próspero. Afirmar su capacidad de mejorar su negocio, ayudarles a establecer objetivos a largo plazo y trabajar hacia ellos paso a paso. Mostrar cómo la innovación y la determinación han mejorado su negocio a lo largo del tiempo.

13. **Ofrezca asesoramiento.** Cada vez que se reúnan, ofrezcan recomendaciones escritas que mejoren su negocio.

14. **Fomente el establecimiento de objetivos.** Al final de cada visita de los mentores, pídales que establezcan y escriban tres metas para trabajar hasta que se encuentren de nuevo. Pregúnteles cómo les fue con esos objetivos en su próxima

reunión. Muestre respeto por sus ideas y afirme su capacidad de hacer cambios positivos.

15. **Cumpla sus promesas.** Escriba y siga las formas en que dijo que los ayudaría.

16. **Cumpla con sus citas.** Programe su próxima reunión, escríbala y recuérdesela el día anterior. Sea confiable y puntual para crear confianza y dar un buen ejemplo.

17. **Pídales que sean mentores de otros.** Anímelos a invertir en otros dos empresarios, manteniendo la cascada de entrenamiento en marcha.

18. **Sea positivo.** Siempre encuentre algo en su trabajo que lo complemente. Ofrezca su oído atento, estímulo, oración y apoyo. Su presencia afirmativa puede hacer una gran diferencia.

19. **Mejore sus habilidades de tutoría.** Continúe creciendo como mentor reflexionando sobre sus experiencias de tutoría y aprendiendo de la lectura e interacción con otros mentores.

Estudio de Caso

A través de la organización sin fines de lucro que dirijo -Creando Empleos Inc.-, los empresarios estadounidenses han estado asesorando a grupos de empresarios en Haití y Honduras desde 2011 (y en otros países desde entonces). Estas relaciones han sido muy gratificantes y productivas. Vamos por una semana a la vez y proporcionamos un seminario de entrenamiento de negocios junto con tutoría personalizada en los negocios de los "alumnos". Durante los primeros años, nuestro equipo rotativo de mentores envió de 1 a 3 mentores en visitas trimestrales, y ahora vamos dos veces al año para apoyar a los alumnos que se han convertido en mentores. Ellos están tomando la delantera y haciendo una diferencia en sus comunidades. Hemos tomado lo que hemos aprendido de esos años de tutoría de los empresarios del mundo en desarrollo y hemos creado un programa de formación de certificación. A través de esta Academia de Creación de Empleos, equipamos a las organizaciones sin fines de lucro mundiales para que capaciten a los empresarios utilizando nuestros planes de estudio (*Start*Book y *Grow*Book). Si desea saber más sobre cómo utilizar sus habilidades de capacitación y su perspicacia empresarial para servir con nosotros, por favor envíeme un correo electrónico a: evan@creatingjobs.org y revisa nuestros programas en creatingjobs.org.

Aquí está un esquema general de cómo se ve una sesión de tutoría individualizada en nuestros programas internacionales:

Intercambiar saludos cálidos en su propio idioma.

Encuentren un lugar tranquilo para sentarse, si es posible.

Pregunten y compartan sobre las familias.

Preguntar y compartir sobre negocios.

Compartan cualquier recurso que hayan investigado para ellos.

Pregunte: "¿Cómo le fue en los últimos tres meses para alcanzar sus metas?"

Pregunte: "¿Qué le gustaría discutir hoy?"

Junto con sus propias preguntas para estimular el crecimiento de su liderazgo y su negocio, utilice el Perfil de Salud Empresarial para discutir los problemas a los que se enfrentan.

Analicen juntos sus últimos informes financieros.

Registren el número de empleos actuales.

Ofrezca sus tres mejores recomendaciones y pídales que escriban sus tres principales objetivos para los próximos tres meses.

Grábelos usted mismo y haga un seguimiento de su progreso. Hágales saber cuándo deben esperar una visita de seguimiento y también cuándo volverán.

Discuta al menos un aspecto de la ayuda para convertirse en mentor, como: la importancia de la tutoría, su capacidad y progreso para convertirse en mentor, un proceso sencillo para empezar, o los retos y oportunidades de los empresarios a los que están asesorando.

Discutir las formas en que pueden aprovechar su negocio para servir a la comunidad.

Invítelos a los eventos de capacitación empresarial, si están disponibles.

Terminen con la afirmación de las cosas positivas que están viendo en sus negocios y oren por ellos si quieren.

Liderando el Yo, Empleados, Sistemas

YO – Como uno está acostumbrado a ser "el jefe", se necesita un ajuste para compartir los consejos y empujarlos un poco mientras se afirma que las decisiones son suyas. Escuchar activamente y hacer preguntas provocadoras son habilidades importantes para crecer.

EMPLEADOS - Aunque sus empleados probablemente no tengan un papel en esto, puede ser positivo para ellos saber que usted está dando. En algunos casos, incluso podrías ser mentor de un empleado que aspira a iniciar un negocio. Aunque las cláusulas de no competencia y la cautela con sus secretos comerciales son a menudo sabias, los empresarios pueden ser demasiado temerosos de los competidores. Tener competidores fuertes puede ser positivo, y si su negocio está proporcionando un valor excepcional, no debe temer a una empresa nueva. Me enorgullece ver a varios ex empleados triunfar en sus propios negocios en la misma industria.

SISTEMAS - Creating Jobs Inc tiene una variedad de herramientas gratuitas para ayudarle a ser un mentor efectivo. El proceso más importante es actualizar las recomendaciones escritas de su mentor y sus objetivos de los alumnos cada vez que se reúnen. Use estas para dar forma a sus conversaciones y a su responsabilidad.

Resumen

¿Y AHORA QUÉ?

Los mentores de negocios deben aplicar sus habilidades sociales y empresariales para ser efectivos en ayudar a los alumnos y a sus negocios a crecer. Después de encontrar aprendices que estén dispuestos a mejorar su liderazgo y sus negocios, tendrá que desarrollar con ellos relaciones personales y de confianza que sean mutuamente beneficiosas. A través de sus preguntas, consejos, estímulo y responsabilidad, ayúdeles a establecer y alcanzar objetivos, hacer crecer sus negocios, crear empleos y aprovechar sus negocios para servir a sus comunidades.

Preguntas de Aplicación

1. ¿Quiere probar la asesoría de negocios? Si es así, ¿quiénes son algunos de los potenciales aprendices?
2. ¿Prefiere ser mentor por su cuenta o trabajar con Creating Jobs Inc.?

3. ¿Qué dudas tiene, si es que las tiene, sobre su disposición a servir como mentor de negocios?

4. ¿Qué tan bueno es usted para crear y hacer preguntas abiertas que ayuden a sus alumnos a descubrir soluciones a sus desafíos?

5. ¿Cuál de las mejores prácticas anteriores será la más desafiante para usted?

Lectura Recomendada

Artículo "Art of Coaching" por Vistage

¡Haz que suceda!

¿Qué ideas ha despertado en mi este capítulo?

¿Qué luz nueva brilla sobre mi liderazgo y negocio?

¿Qué cambios planeo hacer?

Mis actos para ¡Hacer que Suceda!	Fechas de terminación	
	Propuesta	Actual

Capítulo 25 | Sirva con Tiempo, Talento & Valor

Por Evan Keller

Definición

¿QUÉ?

Mientras que algunos lo ven como una obligación, en realidad es una alegría servir a la comunidad y al mundo con el tiempo, el talento y el valor que se te ha confiado. Tienes ganancias, habilidades y energía que pueden hacer contribuciones únicas para mejorar nuestro mundo. Además de ser satisfactorio, hace que su negocio sea más atractivo para los clientes

Cita de Experto

"Los empresarios inventan, crean, imaginan el futuro, producen cosas, alimentan a las personas, salvan vidas y mejoran el bienestar de los demás arriesgando su dinero y su tiempo" (The Poverty of Nations por Wayne Grudem y Barry Asmus p.179).

Preguntas de Evaluación

6. ¿Cuál es su nivel actual de servicio con tiempo, talento y valor?
7. ¿Está en el nivel correcto dada la rentabilidad de su negocio?
8. ¿Cuál es el momento de generosidad del que está más orgulloso?

Beneficios

¿POR QUÉ?

Cumplimiento. Somos más felices cuando servimos a los demás.

Atracción. Los clientes y los empleados quieren trabajar con gente que demuestre que les importa.

Apalancamiento. Los años de esfuerzo agotador para lanzar su negocio lo hicieron una persona más fuerte e inteligente. Ahora, esas lecciones duramente ganadas pueden valer la pena para algo más que su propia empresa. Pueden beneficiar al mundo de las organizaciones sin fines de lucro.

Barreras

Un solo resultado final. Si sólo valoras el beneficio, no estarás muy motivado para servir.

Falta de líderes y sistemas. Si su negocio no está maduro, dependerá de usted constantemente - como un niño con su madre - impidiéndole un servicio externo significativo. Véase el capítulo 13.

Problemas de flujo de caja. Si todavía está luchando para hacer la nómina semanal, es posible que no pueda contribuir mucho financieramente a las causas que le interesan. De la misma manera, su tiempo y talento tal vez se concentren sólo en hacer las mejoras necesarias para el negocio. Vea el capítulo 16.

Valores Subyacentes

El empoderamiento. Deberíamos fomentar la capacidad de los pobres con las herramientas para mejorar.

Generosidad. El que da siempre parece recibir tanto como el que recibe. - 2 Corintios 9:6-11

El amor. "Ama a tu prójimo como a ti mismo". - Marcos 12:31

Esperanza. Nos motiva la confianza en que nuestro servicio importa y marca la diferencia. - Proverbios 11:10-11

Administración. Somos responsables de usar sabiamente lo que se nos ha dado. - Mateo 25:20-21

¿CÓMO?

Pasos a Implementar

Examine su mentalidad. ¿Realmente cree que puede marcar la diferencia? ¿O este mundo está demasiado roto - con la pobreza, la injusticia y la violencia tan arraigadas y más allá de su erradicación? Sin recurrir a la creencia de que los humanos arreglaremos este mundo roto por nuestra cuenta, ¿cree que Dios hará que todas las cosas sean correctas y hermosas algún día, que incluso sus más pequeños esfuerzos por el bien realmente importen? Si es así, ese sentido de esperanza es una de las motivaciones más fuertes posibles para dar su esfuerzo de todo corazón para hacer del mundo un lugar mejor.

Haga crecer su motor económico. Sin un negocio fuerte, no tendrá el tiempo ni el dinero para dar a las organizaciones comunitarias. Un negocio fuerte también aumentará su respeto dentro de la comunidad. Esta influencia añadida le permitirá hacer más y traer más gente a su lado para servir - si decide utilizarlo de esa manera.

Afile sus habilidades. A medida que desarrolle un negocio maduro, dominará algunas habilidades increíbles que pueden ser usadas en una variedad de formas para servir al mundo.

Ver los negocios como una fuerza para el bien. Cuando empecé mi negocio, me sorprendieron mucho todas las nuevas oportunidades que se abrieron para marcar la diferencia. Mientras que la caridad se basa a menudo en limosnas que perpetúan la dependencia, el negocio es por definición el vehículo ¡más sostenible del planeta! Y aunque el negocio ha sido utilizado como una herramienta de codicia para explotar a las personas y el medio ambiente, su verdadero propósito es servir a las comunidades con trabajos que mejoren su dignidad y productos/servicios que satisfagan sus necesidades físicas.

Dese cuenta de lo mucho que tiene que ofrecer. Una combinación poderosa para aprovechar los negocios para el bien es su motor económico, su perspicacia para los negocios y su perspectiva esperanzadora. Refiérase a mi diagrama al final del capítulo para ver cómo la falta de cualquiera de estos tres reduce su capacidad de servir de manera óptima con su tiempo, talento y tesoro. Pero estos tres juntos le dan: corazón para dar, manera de dar, y valor para dar. Esta es una rara y poderosa combinación; no la desperdicie.

Sirva con sus mejores habilidades. Los talentos empresariales a menudo se desperdician cuando a los empresarios se les pide que hagan cosas que casi cualquiera podría hacer.

Use sus productos y servicios reales para mejorar el mundo. Con suerte, la venta de sus productos ya está satisfaciendo necesidades reales. ¿Existen situaciones en las que puedes hacer más, como por ejemplo, descontar sus productos a organizaciones sin fines de lucro en las que confías? Tal vez podrías contribuir con productos para servir a aquellos que han perdido todo en un accidente o desastre natural. O tal vez un amigo o familiar de un empleado tiene una necesidad especial que sus servicios pueden satisfacer; esto profundizaría el compromiso de su empleado mientras sirve a los necesitados.

Mejore su industria. Sobre todo con el ejemplo de su empresa, obligue a sus competidores a mejorar para mantenerse en el negocio. Haciendo equipo con otros, también puede mejorar las expectativas o las regulaciones de las empresas de su industria. Todo el mundo gana - especialmente el cliente.

Considere la posibilidad de trabajar con Creating Jobs Inc. Le ofrecemos la oportunidad de utilizar sus habilidades empresariales para el bien global. Puede ayudarnos a "co-crear negocios y comunidades prósperas". Se sorprendería de cómo casi todo lo que ha aprendido y soportado en su propio negocio puede ayudar a alguien más en el suyo, incluso en una cultura muy diferente. En lugar de dar limosnas que socavan la iniciativa, creamos la capacidad de los empresarios para satisfacer las necesidades de sus propias comunidades. Es emocionante ver cómo empresarios valientes responden a sus seminarios de orientación y de negocios con cambios positivos en sus negocios que reducen la pobreza en sus comunidades. Las amistades actuales son igualmente satisfactorias. Vea cómo funcionan nuestros programas en www.creatingjobs.org y envíame una nota si tienes alguna pregunta: evan@creatingjobs.org.

Encuentre su enfoque. Ya sea con Creating Jobs Inc. u otra organización, sugerimos canalizar su tiempo, talento y tesoro en uno o dos ríos en lugar de una docena de pequeños arroyos. Esto optimizará su efectividad. Mientras que yo soy un poco voluntario en mi Club Rotario, la mayor parte de mi atención se centra en el funcionamiento de Creating Jobs Inc. Donar mi tiempo para eso está incluso escrito en el acuerdo operativo de Tree Work Now Inc.

Involucre a sus empleados. Algunas empresas construyen toda su cultura en torno al servicio comunitario, pagando y reconociendo a los empleados por sus horas de voluntariado. Por ejemplo, Frontier Communications involucra a cientos de empleados de todos los niveles en el voluntariado. Es un gran sentido de trabajo en equipo, orgullo de la compañía y compromiso de los empleados. También podría obtener la opinión de los empleados sobre las organizaciones sin fines de lucro a las que donas. (Prepárese para escuchar: "¡Soy una organización benéfica!") Hemos encontrado que esto es muy atractivo para algunos empleados. Otro enfoque es igualar un porcentaje de las donaciones de los empleados a las organizaciones de caridad de su elección.

Involucre a sus clientes. La gente se siente bien haciendo negocios con empresas con conciencia social. "Por cada par de gafas que vende Warby Parker, hace una donación que permite la formación en óptica en los países en desarrollo... Al arraigar la marca en algo significativo, Warby Parker transmite ese significado a sus consumidores, haciéndoles sentir que se sienten capacitados por una compra que no sólo se ve increíble sin quebrar la banca, sino que también contribuye al bien común" (Hamish Campbell, Entrepreneur Magazine, agosto de 2015, pág. 46).

Decida cómo quiere dar el dinero. En Tree Work Now, nuestro objetivo es donar el 10% de lo que podamos añadir a los ahorros a largo plazo. Esto nos motiva a ahorrar y asegura que nuestras donaciones no paralizan nuestro flujo de efectivo.

Decida a quién dar el dinero. Nuestros criterios en Tree Work Now son:

1. **Enfoque.** Preferimos dar regalos más grandes a unas pocas organizaciones para tener un mayor impacto. 1/3 de nuestras donaciones van a Creating Jobs Inc.

2. **Necesidad.** Todas las organizaciones sin fines de lucro tienen necesidades continuas, pero los desastres crean necesidades especiales. Aproveché una donación de Tree Work Now para involucrar a la junta y a los miembros de mi Club Rotario en la donación de $1150 a las familias de las víctimas del tiroteo de Charleston.

3. **Eficacia.** Las organizaciones sin fines de lucro están orientadas a atender necesidades sistémicas a largo plazo, pero su eficacia varía mucho. Busca resultados sólidos.
4. **Relación.** Tiene sentido dar donde hay una conexión personal. Las donaciones fortalecen esas relaciones y abren otras formas de dar.
5. **Valores.** Damos a organizaciones con las que tenemos algunos valores comunes.

Estudio de Caso

Rajesh, un inmigrante de la India reside con su hermosa familia en Lake Helen, FL y trabaja como diseñador de software. Había estado buscando una oportunidad de utilizar Tree Work Now Inc para servir de alguna manera a los aldeanos en el pueblo pobre de La Salle, Haití, donde tenían que caminar hasta el siguiente pueblo para obtener agua fresca. Cuando le presenté mi estimación a Rajesh por el día de trabajo en el árbol que su propiedad necesitaba, me di cuenta de que *este* era mi momento. Mostró un interés considerable cuando se enteró de que hacíamos trabajos de desarrollo internacional. Así que lo resolvimos para que su donación financiara el proyecto que se necesitaba en Haití: mi equipo realizaría su trabajo de arbolado sin costo alguno para él, y él escribiría un cheque de 2.000 dólares que se destinaría a la perforación de un pozo en esa aldea haitiana sin agua. Esta creativa forja de relaciones y el uso de los recursos fueron bastante satisfactorio. Aunque mi compañía no recibió ningún pago por un día entero de uso de mi equipo pesado y la mano de obra de un gran equipo, ¡fue quizás nuestro mejor día hasta ahora! Mientras mis empleados sudaban ese día, sabían que sus esfuerzos estaban sirviendo a sus compañeros atrapados en una pobreza crónica en un ambiente económico difícil, quizás despertando el deseo de continuar haciéndolo. Estaban algo confundidos porque les estaba pagando mientras que yo no me pagaba a mí mismo. Todas las partes involucradas hicieron su parte por el bien global ese día. Qué gran día fue.

Liderando el Yo, Empleados, Sistemas

YO – Es posible que deba invertir en usted mismo (habilidades y crecimiento de la empresa) antes de poder dar todo lo que quiera. No hunda su negocio en su afán de dar. En realidad puede hacer más a largo plazo construyendo un negocio fuerte. Advertencia: eso no significa que no pueda empezar de a poco ahora. Hay valor en construir la disciplina y la virtud de la generosidad.

EMPLEADOS - La mejor manera de liderar su equipo es con el ejemplo. Los empleados verán que no le rige la codicia, que no sólo es un jefe, sino un humano con corazón.

SISTEMAS - Los principios que sugerimos arriba le ayudan a decidir de antemano qué tipo de necesidades atenderá. El mismo enfoque se puede aplicar a su tiempo; otros llenarán su agenda con *sus* prioridades si *usted* no lo hace primero. (Ver capítulo 1.) Un sistema para los empleados sería compensar algunas de sus horas de voluntariado. Un sistema para los clientes sería un programa de compra y entrega como el que usa Tom's Shoes o dar un porcentaje de las ganancias a una causa particular.

¿Y AHORA QUÉ?

Resumen

Los negocios pueden ser una poderosa fuerza para el bien de la comunidad y del mundo. Un empresario con un fuerte motor de negocios, sólidas habilidades empresariales y una perspectiva esperanzadora está rebosante de un impacto potencial. Enfoque su tiempo y talento en una sola dirección para hacer la mayor diferencia. También puede dar fondos de manera sistemática y con un propósito.

RECETA: NEGOCIOS PARA EL BIEN

Preguntas de Aplicación

1. ¿Cuál es su mayor motivación para marcar la diferencia en el mundo?

2. ¿Cuáles son sus fortalezas y pasiones personales y cómo se cruzan con las mayores necesidades de su comunidad?

3. ¿Qué necesidad de la comunidad está su negocio en una posición única para satisfacer?

4. ¿Cómo podrían sus empleados querer ser voluntarios? ¿Cómo puede capacitarlos para que lo hagan y construir el trabajo en equipo en el proceso?

5. ¿Cómo puede involucrar a sus clientes en el servicio del bien común?

6. ¿Está interesado en convertirse en un mentor de negocios con Creating Jobs Inc.?

7. ¿Qué proceso y parámetros para dar fondos se ajustan mejor a su empresa?

Lectura Recomendada

Start Something That Matters por Blake Mycoskie

The Poverty of Nations por Wayne Grudem y Barry Asmus

¡Haz que suceda!

¿Qué ideas ha despertado en mi este capítulo?

¿Qué luz nueva brilla sobre mi liderazgo y negocio?

¿Qué cambios planeo hacer?

Mis actos para ¡Hacer que Suceda!	Fechas de terminación	
	Propuesta	Actual

GrowBook
Plan de Acción
Por Evan Keller, Junio 2017

Circule la acción apropiada para cada tema:

23. Ayude a Sus Empleados a Crecer - ¿Estoy ayudando intencionadamente a los empleados a aumentar sus habilidades, maximizar sus fortalezas y alcanzar sus aspiraciones?

        Mantener   Afinar   Revisar

24. Aconseje a otros Emprendedores - ¿Estoy construyendo relaciones de confianza con empresarios enseñables, ofreciendo a través de preguntas provocadoras, estímulos regulares y consejos sensatos? ¿Les ayudo a establecer y alcanzar objetivos de crecimiento empresarial y creación de empleo?

        Mantener   Afinar   Revisar

25. Sirva con tiempo, talento & valor - ¿Estoy aprovechando mi negocio e influencia para servir a mi comunidad? ¿Uso mis ganancias y habilidades para hacer una diferencia en el mundo?

        Mantener   Afinar   Revisar

Mi enfoque #1: _____

Conclusión
Por Evan Keller

La mayor parte de este libro es sólo sentido común, así que el verdadero valor es ponerlo en práctica. El mayor cambio hacia la madurez de su negocio viene por pasar más tiempo trabajando "por" él en lugar de "en" él. Al igual que levantar pesas puede parecer una pérdida de tiempo hoy, dejándolo adolorido y débil, construya músculo para el mañana. Se trata de construir capacidad. Cambiemos la metáfora a la crianza de los hijos. Si protege a su hijo durante 20 años de todas las decisiones y peligros, ¿puede esperar que tome decisiones estelares el primer día que esté solo? Si una buena estrategia de crianza es dar cada vez más responsabilidad con consecuencias reales, entonces pregunto " ¿Su negocio es lo suficientemente maduro para sobrevivir sin usted?" No es que quiera dejarlo, pero puede que quiera una relación de adulto a adulto con él. Cuando ya no tenga que cambiarle los pañales, podrá tener una relación más agradable y mutua.

Y un negocio exitoso no siempre es enorme. Es mejor estar sano que ser enorme. "Es fácil confundir el tamaño con la grandeza y el crecer con el mejorar" (Burlingham p.257). El crecimiento de los ingresos es a menudo necesario, pero hay formas más importantes de crecer, incluyendo: eficiencia, excelencia, compromiso de los empleados, posición de efectivo y satisfacción del cliente. Esperamos que siga los consejos de este libro para desarrollar su negocio, con la ayuda de las herramientas de planificación Plan de Acción y Make it Happen de este libro. Lo mejor de todo es que crecerá personalmente a medida que practique un buen liderazgo y sirva a su comunidad.

Una vez que haya construido un negocio próspero, esperamos que considere usar sus habilidades como entrenador o mentor de negocios con Creating Jobs Inc. Aprenda acerca de nuestros programas en creatingjobs.org o envíenos un correo electrónico a info@creatingjobs.org. Nos encantaría escuchar sus ideas para hacer este libro mejor para otros empresarios. ¡Gracias por leer!

GrowBook
Sinopsis

GrowBook ofrece 25 pasos para madurar su negocio para operar sin problemas y de manera rentable, incluso cuando no está presente. Todo comienza con el establecimiento de metas para mejorarse a sí mismo y a su negocio constantemente, luego tomar medidas constantes...

Construir una marca que se centra en las necesidades del cliente. Encuentre una solución que los clientes anhele y "wow" cada vez. Dar un esfuerzo prioritario para convertir esa confianza en un flujo constante de nuevos clientes. Para producir de manera eficiente lo que sus clientes quieren, construya un equipo de empleados prósperos que: compartan sus valores, tengan una responsabilidad real, disfruten de un fuerte trabajo en equipo y sigan perfeccionando sus habilidades. Déles un camino claro para desarrollar dentro de su empresa. Con la ayuda de sus empleados, cree sistemas que puedan utilizar para producir resultados fiables y eficientes. Sea frugal con el gasto y diligente con el ahorro para desarrollar pacientemente la fortaleza financiera. Usa tus recursos en expansión, perspicacia e influencia para servir a los demás.

El pivote clave para poner GrowBook en práctica es trabajar menos "en" su negocio y más "en" su negocio. Transición de ser un gran técnico a un emprendedor exitoso.

GrowBook
Un Vistazo

Descubre quién eres y hacia dónde te diriges como persona y como empresa. Mejora como persona y a tu negocio todos los días, utiliza la lectura, la reflexión y la escritura como herramientas principales y ponte en acción!

Centra tus mensajes de marketing en las necesidades del cliente. Hasta que tengas más clientes de los que puedas atender, convierte en tu prioridad número encontrar clientes sea en línea o presencialmente de uno a uno.

Brinda soluciones que los clientes anhelen y utiliza la retroalimentación de clientes para mejorarlas. Trabaja para producir con eficiencia cada vez más.

Vende a un alto margen basado en confianza y en un valor superior. Refuerza ambos excediendo las expectativas del cliente.

Multiplica tu capacidad empoderando líderes con una autoridad real. Crea una situación donde puedan ganar-ganar ayudando a los empleados a desarrollar sus habilidades y construir su trabajo en equipo. Muéstrales un camino de avance, y que les importas.

Crea riqueza de forma constante siendo vigilante en la administración del efectivo, diligente en el ahorro, ahorrador al gastar, estratégico en la negociación, cauteloso con los préstamos y cuidadoso en la protección de tu negocio.

Usa todo lo que te han dado para servir a los demás, para bendecir a tus empleados, empresarios, comunidad y al mundo. En esto tu talento y tesoro encontrarán su verdadero propósito y gozo.

¿Qué necesidad tiene cada aspecto de tu negocio?
Escriba "mantener", "afinar" o "reconstruir" debajo de cada icono.

Mi Gran Enfoque:

RESPONDA a estas 25 preguntas para evaluar su crecimiento hacia cada logro.

CIRCULE "mantener", "afinar" o "revisar" para identificar las necesidades de su negocio en los próximos 12 meses.

Parte Uno | Liderazgo

1. Conduzcase a Sí Mismo - ¿Está invirtiendo intencionadamente en sus relaciones personales, en su crecimiento y en su salud?

Mantener   Afinar   Revisar

2. Establezca el Rumbo - ¿Ha escrito la visión, la misión y los valores de su empresa? ¿Se asegura de que todo lo demás esté alineado con ellos?

Mantener   Afinar   Revisar

3. Persiga Objetivos - ¿Ha escrito los objetivos para este año y los persigue fielmente?

Mantener   Afinar   Revisar

4. **Desarrolle Sistemas** - *¿Escribe, implementa y mejora los procesos de los empleados para aumentar la eficiencia de sus operaciones y la coherencia con sus clientes?*

Mantener   Afinar   Revisar

5. Innove Constantemente - *¿Siempre encuentra maneras de mejorar su negocio?*

        Mantener   Afinar   Revisar

6. Supere el Fatalismo - *¿Cree usted la verdad de que tiene el poder de moldear positivamente su futuro?*

        Mantener   Afinar   Revisar

Parte Dos | Posición en el Mercado

7. Cliente de Artesanía-Branding Enfocado - *¿Ha desarrollado un nombre, un eslogan y un logotipo que hable de las necesidades de sus clientes y revele sus soluciones únicas?*

        Mantener   Afinar   Revisar

8. Genere un Flujo Suficiente de Clientes - *¿Tiene un sistema de generación de clientes potenciales fuerte? Si no, ¿pasa usted un tiempo considerable buscando clientes potenciales?*

        Mantener   Afinar   Revisar

Parte Tres | Producción

9. Cree Soluciones Únicas para los Clientes - *¿Proporciona soluciones únicas que la gente*

quiere y que encajan con la identidad de su empresa? ¿Hace prototipos de nuevos productos y los prueba con algunos de sus clientes?

Mantener   Afinar   Revisar

10. Produzca con Eficiencia - ¿Trabaja para mejorar la eficiencia de su producción para poder complacer a los clientes mejor y más rápido?

Mantener   Afinar   Revisar

Parte Cuatro | Ventas & Servicio

11. Cierre Suficientes Ventas de Alto Margen - ¿Construye relaciones de confianza con sus clientes potenciales, comunicando el valor que ofrece y manteniéndose firme en sus precios?

Mantener   Afinar   Revisar

12. Multiplique los Clientes Felices - ¿Supera constantemente las expectativas de sus clientes y va más allá de lo que se requiere para corregir los errores de sus clientes?

Mantener   Afinar   Revisar

Parte Cinco | Empleados

13. Desarrolle Ventas, Producción & Líderes de Oficina - ¿Ha sido capaz de dejar de lado estas

áreas de responsabilidad y capacitar a otros para sobresalir en ellas?

Mantener   Afinar   Revisar

14. Enganche a los Empleados - ¿Ha construido una cultura de empresa positiva para que los empleados se preocupen por la empresa y su trabajo?

Mantener   Afinar   Revisar

15. Construya Trabajo en Equipo - ¿Estás desarrollando a los miembros del equipo y al equipo en su conjunto, ayudándoles a trabajar juntos para lograr objetivos claros que se alineen con tus valores?

Mantener   Afinar   Revisar

Parte Seis | Finanzas

16. Alcance un Flujo de Efectivo Positivo - ¿Está practicando una gestión eficaz del flujo de efectivo, construyendo sistemas para prevenir futuras crisis de flujo de efectivo?

Mantener   Afinar   Revisar

17. Ahorre Dinero con Diligencia - ¿Ahorra

regularmente tanto como puede en una cuenta separada, construyendo pacientemente la fuerza financiera?

    Mantener Afinar Revisar

18. **Controle los Gastos de Cerca** - *¿Se está volviendo más eficiente rastreando sus gastos y monitoreando las compras de los empleados?*

    Mantener Afinar Revisar

19. **Negocie Buenos Tratos** - ¿Negocia grandes acuerdos aprendiendo lo que es importante para la otra parte, creando confianza y tratando de lograr sus prioridades principales mientras cumple con algunas de las suyas?

    Mantener Afinar Revisar

20. **Acceda al Capital & Limite su Deuda** - ¿Está obteniendo acceso al capital siendo rentable, controlando la deuda y proporcionando documentación a los prestamistas? ¿Evita los préstamos innecesarios y paga sus préstamos lo más rápido posible?

    Mantener Afinar Revisar

21. **Administre los Riesgos Principales** - ¿Ha identificado y gestionado sus principales riesgos relacionados con la propiedad, los empleados y los clientes?

22. Resista a la Corrupción - ¿Ha escrito políticas y procedimientos para que sus empleados sepan cómo responder a las demandas poco éticas? ¿Resiste a la corrupción incluso cuando es costosa?

Mantener   Afinar   Revisar

Parte Siete | Devolver

23. Ayude a sus Empleados a Crecer - ¿Está ayudando intencionalmente a los empleados a desarrollar sus habilidades, maximizar sus fortalezas y alcanzar sus aspiraciones?

Mantener   Afinar   Revisar

24. Aconseje a Otros Emprendedores - ¿Construye relaciones de confianza con empresarios capaces de aprender, ofreciendo preguntas que invitan a la reflexión, estímulos regulares y consejos sensatos? ¿Les ayuda a establecer y alcanzar objetivos para el crecimiento de los negocios y la creación de empleo?

Mantener   Afinar   Revisar

25. Sirva con Tiempo, Talento & Valor - ¿Está aprovechando su negocio e influencia para servir a su comunidad? ¿Utiliza sus ganancias y

habilidades para hacer una diferencia en el mundo?

        Mantener   Afinar   Revisar

Resumen de Plan de Acción

Número de áreas para...   Mis tres áreas de fuerza
principales:

Mantener: _____   1. _____

Afinar: _____   2. _____

Revisar: _____   3. _____

Las tres áreas principales en las que actuaré: Y mi siguiente paso para cada una:

1. _____

2. _____

3. _____

Contribuidores

Evan Keller, Autor Principal y Editor General – Evan está casado con su amada esposa Karen, de 26 años, una ex enfermera que es una

increíble cocinera y panadera. ¡Además de escapar a las montañas, disfrutan de su vida juntos en el centro de Florida, que está cerca de sus súper divertidos 13 sobrinos y sobrinas! Evan es adicto al baloncesto y a las excursiones a la montaña, y practica el ciclismo todoterreno y el remo. Aprecia los amigos cercanos, el cruce de culturas, el arte, la música blues, y los libros de teología y negocios. En el trabajo, es el fundador y director ejecutivo de Creating Jobs Inc. y fundador y director ejecutivo de Tree Work Now Inc.

Jennifer Pettie, Autora – "Jen" es propietaria de un negocio de bienes raíces en Burlington, Carolina del Norte, donde es una contadora con 10 años de experiencia en finanzas y auditoría. Le gusta correr en las carreras y entretener a su perro Artie, que desea que le deje dormir en el sofá. (Por lo demás, él piensa que ella es maravillosa y da los mejores regalos.) Ella está buscando un título avanzado en ciencias de la información y es una mentora principal de Creating Jobs Inc en Haití.

Mano De La Vega, Autor – Mano es un mexicano-americano casado con la venezolano-americana Janett, con dos hijos, Mia y Diego. Juntos, forman una familia hermosa, inteligente y divertida. Mano tiene formación en ingeniería y es fundador y director ejecutivo de De La Vega Restaurante & Galleria junto con su hermana, la chef Nora. Presentan una fina cocina centro mexicana y una cultura de empleados única y cercana. Ver delavegart.com. Mano es el mentor principal de Creating Jobs Inc. en México y ha sido una gran parte de la formación y el crecimiento de la organización.

Grace John, Autora – Grace es una indio-americana que emigró a Ft. Lauderdale, Florida, a una edad temprana. Su enfoque de liderazgo y sus valores centrales fueron fomentados por padres inmigrantes indios con valores cristianos. Le gusta correr, viajar, especialmente a lugares con grandes spas, y pasar tiempo con la familia, especialmente con sus dos sobrinos pequeños. Grace es Directora Senior en una compañía de energía de Fortune 200 y es miembro de la Junta de Creating Jobs Inc.

Dr. Carol Keller-Vlangas – Creadora de la bibliografía, editora, y la madre de Evan.

Karen Keller – Correctora de texto, fuente de grandes ideas, y la esposa de Evan.

CONTRIBUIDORES

Paris Pena – Videógrafo de la campaña indiegogo.com de GrowBook, paris@volusia.me.

Cross Lingo - Jose Elvir, Traductor (Español), facebook.com/crosslingo.

Colibri Translation Services - John Adams, Traductor (Francés, Criollo haitiano), colibritranslation@gmail.com.

Polgarus Studio – Formato del libro impreso, www.polgarusstudio.com.

Partners Worldwide – Hemos aprendido mucho de ustedes y disfrutamos trabajando con ustedes para servir a los empresarios del mundo en desarrollo. Gracias por su asociación.

Tree Work Now Inc - Un gran agradecimiento a mi hermano y socio, Dani Keller, y a nuestro gran equipo de Tree Work Now Inc. Al llenar hábilmente algunos de mis antiguos roles, ellos potencian el trabajo de Creating Jobs Inc - incluyendo este libro.

 **Creating Jobs Inc** – Sus miembros de la directiva, mentores, entrenadores y empresarios inspiradores están entretejidos en el tejido de este libro. ¡Un corazón se siente agradecido con todos!

Neal Aspinall – Artista del ícono, NealAspinall.com.

E-Book Launch – Formateo del libro electrónico, team@ebooklaunch.com.

Donadores – Paulette Boyer, Blair Brumenschenkel, Andrew Hardesty, y Jeff Hostetter. ¡Muchas gracias!

Bibliografía

12-questions-to-measure-employee-engagement. (s.f.). Recuperado de Gallup's Employee Engagement Survey: (http://www.dandbconsulting.com/12-questions-to-measure-employee-engagement).

5-employee-engagement-activities-to-help-your-bottom-line. (s.f.). Recuperado de Frontstream blog: Frontstream blog: (http://www.frontstream.com/5-employee-engagement-activities-to-help-your-bottom-line).

Andruss, P. (2012, Abril). *Secrets of the 10 Most-Trusted Brands.* Recuperado de Entrepreneur Magazine: (http://www.entrepreneur.com/article/223125).

Blanchard Training and Development, Inc. (s.f.). *Creating Effective Leaders Through Situational Leadership.* Recuperado de Blanchard Training and Development: (https://www.theseus.fi/bitstream/handle/10024/33027/Mwai_Esther.pdf?sequence=2)

Bluestein, A. (2013, Septiembre). You're Not That Innovative. *INC Magazine.*

Bowles, S. (2009, Marzo). *When Economic Incentives Backfire.* Recuperado de HBR.org: (https://hbr.org/2009/03/when-economic-incentives-backfire).

Brodsky, N., & Burlington, B. (2008). *Street Smarts.* New York: Portfolio Hardcover.

Buckingham, & Coffman. (1999). New York: Simon y Schuster.

Burlingham, B. (2016). *Small Giants.* New York: Penguin.

Campbell, H. (2015, Agosto). *Entrepreneur Magazine*, p. 46.

Clark, R. P. (2008). *Writing Tools.* New York: Little, Brown, and Co.

Collins, J. (2011). *Good to Great.* New York: Harper Collins.

Collins, J. (2012, Junio). From Good to Great. *INC Magazine*, p. 71.

Covey, S. (1989). *The Seven Habits of Highly Effective People.* New York: Simon and Schuster.

Crouch, A. (2008). *Culture Making.* Downers Grove: Intervarsity Press.

Cunningham, M., & Clifton, D. (2001). *Now, Discover Your Strengths.* New York: The Free Press.

DenBesten, K. (2008). *Shine.* Shippensburg: Destiny Image.

DePree, M. (2004). *Leadership as Art.* New York: DoubleDay.

Employee-engagement-ideas-that-work. (s.f.). Recuperado de Truist blog: (http://truist.com/employee-engagement-ideas-that-work).

Eurich, T. (2014, Mayo). Bankable Leadership. *Entrepreneur Magazine.*

Flatworld Knowledge. (s.f.). Recuperado de Bookhub: (http://catalog.flatworldknowledge.com/bookhub/7?e=collins-ch11_s03).

Ford, H. (s.f.). *Quotes of Authors*. Recuperado de Brain Quote.com: (http://www.brainyquote.com/quotes/authors/h/henry_ford.html).

Fried, J. (2011, Febrero). How to Turn Disaster into Gold. *Inc Magazine*.

Frisch, B. (2011). *Harvard Business Review on Building Better Teams*. Boston: Harvard Business Review Press.

George, M. (2004). *The Lean Six Sigma Pocket Toolbook*. New York: McGraw Hill.

Gerber, M. (2005). *E-Myth Mastery*. New York: Harper Collins.

Greger, M. (2015). *How Not to Die*. New York: Flatiron Books.

Grudem, W., & Asmus, B. (2013). *The Poverty of Nations*. Wheaton: Crossing Books.

Harnish, V. (2014). *Scaling Up*. Ashburn, VA: Gazelles, Inc.

Heath, C., & Heath, D. (2008). *Made to Stick*. New York: Random House.

Hirshberg, M. C. (2012, Diciembre). *Let's Talk About This*. Recuperado de INC Magazine: (http://www.inc.com/magazine/201212/meg-cadoux-hirshberg/lets-talk-about-this.html).

Hock, D. (2002, Invierno). The Art of Chaordic Leadership. *Leader to Leader*, p. 22.

How a Small Business Can Use Lean Manufacturing. (s.f.). Recuperado de Mike on Manufacturing: (http://www.mikeonmanufacturing.com/mike-on-manufacturing/2009/12/how-a-small-business-can-use-lean-manufacturing.html).

Hybels, B. (2002). *Courageous Leadership*. Grand Rapids: Zondervan.

Karol, R., & Nelson, B. (s.f.). *New Product Development for Dummies*.

Kahle, D. (2017, Abril). *Finding the Right Business Model or Being the Right Business Leader?* Recuperado de the Business as Mission Blog: (http://businessasmission.com/models-or-leaders-staff-pick/).

Kotter, J. (1996). *Leading Change*. Boston: Harvard Review.

Kruse, K. (2012, 22 Junio). *Employee Engagement 2.0*. Recuperado de Forbes.com: (http://www.forbes.com/sites/kevinkruse/2012/06/22/employee-engagement-what-and-why/).

Lapin, D. (2002). *Thou Shall Prosper*. Hoboken: John, Wiley, and Sons, Inc.

Lausanne Movement. (2017, 18 Octubre). *Wealth Creation: Biblical Views and Perspectives*. Retrieved from Lausanne.org: (https://www.lausanne.org/content/wealth-creation-biblical-views-perspectives)

Lencioni, P. (2002). *The Five Dysfunctions of a Team*. San Francisco: Jossey Bass.

Lewis, C. S. (2001). *The Weight of Glory*. New York: Harper One.

Limpman, V. (2013, 29 Enero). *Why Employee Development Is Important, Neglected And Can Cost You Talent*. Forbes.

Manoj, J. (2013). *Risk Management for Small Businesses.* Create Space.

Manoj, J. (2015, July 24). *Risk Management for Small Businesses.* Recuperado de Small Business Risk Management Resources from SMDC: (www2.lsbdc.org/Documentmaster.aspx?doc=2313).

Marquet, D. (2012). *Turn the Ship Around.* New York: Penguin.

Medina, J. (2014). *Brain Rules.* Seattle: Pear Press.

Meuteman, R. (2014, Mayo). *Entrepreneur Magazine.*

Miller, M. (2015). *Chess Not Checkers.* Oakland, CA: Berrett-Koehler Publishers, Inc.

Mullainathan, S. (2013, 17 Diciembre). *Why is Saving Money So Hard?* Recuperado de Time Magazine: (http://time.com/money/671/why-is-saving-money-so-hard/).

Munger, T. T. (2014, 30 Abril). *Quote #51.* Recuperado de Top-100-money-quotes-of-all-time: T.T. Munger: (http://www.forbes.com/sites/robertberger/2014/04/30/top-100-money-quotes-of-all-time), quote # 51.

Mycoskie, B. (2011). *Start Something that Matters.* New York: Spiegel & Grau.

Nussbaum, S. (2005). *American Cultural Baggage.* Maryknoll: Orbis Books.

Pink, D. H. (2010). *Drive: The Surprising Truth About What Motivates Us.* Penguin Audio.

Ramieri, J., & Ramieri, M. (n.d.). *Buyer's Guide*. Recuperado de Inspired Bronze.com: (www.inspiredbronze.com).

Ramsey, D. (2011). *Entreleadership*. New York: Howard Books.

Ranking Factors. (2012, 24 Julio). Recuperado de moz.com: (https://moz.com/local-search-ranking-factors).

Robbins, A. (2007). *Awaken the Giant Within*. New York: Free Press.

Robinson, J. (2013, May). *Entrepreneur Magazine*, p. 64.

SMART Goals. (2015, 24 Julio). Recuperado de Wikipedia: (www.wikipedia.org/wiki/SMART_criteria).

Stanley, A. (2007). *Making Vision Stick*. Grand Rapids: Zondervan.

Starting Manufacturing Business Guide. (n.d.). Recuperado de Bizfilings.com: (http://www.bizfilings.com/Libraries/pdfs/starting-manufacturing-business-guide.sflb.ashx).

Warrell, M. (2017, May 30). *Pursue Purpose Over Success: The Science Behind Mark Zuckerberg's Advice to Harvard Grads*

Recuperado de Forbes.com: (https://www.forbes.com/sites/margiewarrell/2017/05/30/feeling-stuck-take-zuckerbergs-advice-and-commit-to-a-purpose-bigger-than-yourself/#14731db7462e)

Wickman, G. (2011). *Traction*. Dallas, TX: BenBella Books.

Younker, J. (2000). *The Art of Coaching*. SanDiego: Vistage International.

Ziglar, Z. (2004). *Secrets of Closing the Sale*. Grand Rapids: Revell.

www.ingramcontent.com/pod-product-compliance
Lightning Source LLC
Chambersburg PA
CBHW050100170426
43198CB00014B/2403